Visões e identidades brasileiras de Shakespeare

Marcia A. P. Martins
(Org.)

VISÕES E IDENTIDADES BRASILEIRAS DE SHAKESPEARE

Editora Lucerna
Rio de Janeiro – 2004

Copyright © 2004 by
Marcia A. P. Martins

Todos os direitos reservados e protegidos.
Proibida a duplicação ou reprodução deste livro ou partes do mesmo, sob quaisquer meios, sem autorização expressa dos editores.

Produção gráfica
Editora Lucerna

Diagramação
Victoria Rabello

Revisão
Marcia A. P. Martins
Iva Sofia Gonçalves Lima

Ilustração
Diogo Maduell

CIP-Brasil. Catalogação na fonte
Sindicato Nacional dos Editores de Livros, RJ

v817

    Visões e identidades brasileiras de Shakespeare / Marcia A. P. Martins (org.). – Rio de Janeiro : Lucerna, 2004
    224p. ; 23cm.

    Inclui bibliografia

    ISBN 85-86930-37-7

    1. Shakespeare, William, 1564-1616. 2. Shakespeare, William, 1564-1616 – Traduções. 3. Tradução e interpretação.
I. Martins, Marcia A. P.

04-1355

CDD-418.02
CDU-81'255.4

EDITORA LUCERNA® é marca registrada da
EDITORA YH LUCERNA LTDA.
Rua Colina, 60 / sl. 210 – Jd. Guanabara
CEP 21931-380 – Rio de Janeiro – RJ
Telefax: (21) 3393-3334 / 2462-3976
www.lucerna.com.br / info@lucerna.com.br
Caixa Postal 32054 – CEP 21933-970 – Rio de Janeiro – RJ

SUMÁRIO

Apresentação
Novas leituras, novas identidades: visões brasileiras de Shakespeare 7
　MARCIA A. P. MARTINS

Autores 13

Seriam Tamora, Créssida e Cleópatra *Riot Grrrls*? 17
　AIMARA DA CUNHA RESENDE

A identidade feminina em *Otelo* 32
　WILLIAM SOARES DOS SANTOS

A (des)construção discursiva da megera shakespeariana:
os casos de Katherine e Beatrice 54
　RITA DE CÁSSIA MARINHO PAIVA

Tradução e (identidade) política: as adaptações de
Monteiro Lobato e o *Julio César* de Carlos Lacerda 81
　JOHN MILTON E ELIANE EUZÉBIO

A análise lingüística de diálogos de Shakespeare
(em tradução brasileira) via implicaturas conversacionais 101
　BEATRIZ VIÉGAS-FARIA

Traduzindo o trocadilho: o humor de *O mercador de Veneza* em português . 127
　MARCIA A. P. MARTINS

A tradução das figuras de linguagem: o desafio de *Otelo* 149
　CRISTINA RYMER WOOLF DE OLIVEIRA

Uma reflexão sobre o tratamento da linguagem
obscena em traduções brasileiras de *Hamlet* 173
　NEUZA LOPES RIBEIRO VOLLET

A lâmina da palavra: a linguagem do horror em *Macbeth* 183
　VIVIEN KOGUT LESSA DE SÁ

As primeiras estrelas shakespearianas nos céus
do Brasil: João Caetano e o teatro nacional 200
  JOSÉ ROBERTO O'SHEA

Resumos/Abstracts 217

Apresentação

Novas leituras, novas identidades: visões brasileiras de Shakespeare

Marcia A. P. Martins

A partir de meados da década de 90, uma das questões que mais vêm despertando interesse nos meios acadêmicos é a da identidade, estudada a partir de diferentes molduras teóricas e disciplinas, especialmente nas ciências humanas e sociais. Stuart Hall (2000), um dos principais pensadores dos estudos culturais, vê a identidade como múltipla, definida historicamente e sujeita a constantes transformações, dependendo de como é representada nos sistemas culturais em que se encontram. Isso se aplica tanto a indivíduos quanto a imagens de autores e de obras, que podem assumir identidades diferentes em momentos distintos, identidades multifacetadas, não unificadas em torno de uma única visão.

O tema desta coletânea – *Visões e identidades brasileiras de Shakespeare* – surgiu a partir da percepção de que tanto a tradução, nos seus aspectos de atividade prática e teórica, quanto as análises críticas, informadas por paradigmas diversos, contribuem para criar novas identidades do texto shakespeariano e para reforçar outras.

A visão da tradução como reescritura – produção ativa de um texto que se assemelha ao "original" mas mesmo assim o transforma – sugere que, nessa transformação, novas identidades serão forjadas, a partir da mediação do leitor/tradutor e do ambiente cultural e ideológico de recepção.

Enquanto isso, nos últimos 20 anos, a lingüística vem desenvolvendo reflexões norteadas pelo princípio básico de que todo uso da língua codifica padrões ideológicos ou estruturas discursivas que atuam na mediação de representações do mundo através da linguagem. Os estudiosos inseridos nesse ramo da lingüística, conhecido como lingüística crítica, vêem a linguagem e a sociedade como inevitavelmente imbricadas e consideram todo tipo de discurso ou comentário sobre o mundo como uma visão mediada do mesmo. Conseqüentemente, toda análise de base lingüística construiria uma identidade legítima – embora não a única – para seu objeto.

Paralelamente aos avanços da lingüística e de outras disciplinas tradicionais, os anos 1970 viram nascer um novo paradigma, o dos estudos culturais, o qual reflete a visão atual de um mundo múltiplo e aberto às mais variadas influências culturais, não mais preso às concepções tradicionais de cultura no sentido de "civilização" como resultado de um processo evolutivo. Tendo como preocupação examinar o modo como os valores, ideologias e instituições resultam em práticas diferentes em momentos históricos distintos, os estudos culturais configuraram-se como disciplina a partir da tradição de estudar a cultura sob uma perspectiva não elitista, enfatizando o pluralismo e a diferença e adotando uma pauta política explícita. Essa proposta contra-hegemônica propicia, naturalmente, novas leituras de supostas "realidades", igualmente construindo identidades diferentes das tradicionalmente percebidas: novas identidades femininas, étnicas, sexuais, pós-coloniais.

No âmbito dos estudos da literatura, as teorias de leitura pragmáticas surgidas nas décadas de 1970 e 1980, como a estética da recepção e o *reader-response criticism*, bem como o pensamento pós-estruturalista, antidicotômico por natureza e desconstrutor do *logos*, ocuparam o espaço central – até então dominado pelas propostas imanentistas – e possibilitaram novas visões e interpretações do texto literário.

Por fim, como área de confluência de discursos tradutórios, ideológicos, literários, lingüísticos, culturais e nacionais está a palavra shakespeariana, propícia a constantes e instigantes releituras e reescrituras, hermética e transparente ao mesmo tempo, permanentemente desafiadora, encerrando promessas de novos sentidos e *insights*.

É isso que os ensaios deste volume têm em comum: a paixão por um autor cuja obra elude as interpretações "definitivas", os sentidos unívocos, as chaves infalíveis para o seu entendimento. A partir de uma concepção de identidade como algo dinâmico e em processo de construção, um texto, uma obra, um personagem, um autor não *são*, mas *estão* – provisoriamente, fragmentariamente. Além disso, como observa Moita Lopes (1998), uma importante parte da constituição da identidade se dá via discurso: ao se engajarem em uma prática discursiva, os indivíduos ao mesmo tempo se constroem e são construídos.

As reflexões aqui reunidas criam, portanto, novas identidades de Shakespeare ou de seus personagens e oferecem novas visões de sua obra. E, na medida em que seus autores estão inseridos em um universo cultural específico, que é o Brasil dos dias de hoje, estamos considerando essas visões e identidades como "brasileiras". Podemos agrupar essas contribuições a partir de seus respectivos enfoques.

Os estudos culturais pensados por Stuart Hall, Raymond Williams e Homi Bhabha, entre outros, informam alguns dos ensaios aqui encontrados, contribuindo para construções identitárias de personagens shakespearianos, e com-

APRESENTAÇÃO

põem eventuais parcerias com a lingüística aplicada. O ensaio de **Aimara da Cunha Resende** faz uma leitura de três heroínas shakespearianas, Tamora, Créssida e Cleópatra – de *Tito Andrônico, Troilo e Créssida* e *Antonio e Cleópatra*, respectivamente – numa análise comparativa entre as mesmas e as *Riot Grrrls* contemporâneas, jovens entre treze e trinta anos, ligadas à cultura pop, que se rebelam contra a pressão convencional da sociedade. Ao identificar as características comuns que tornam aquelas personagens precursoras desse movimento, considerado "a quarta onda" do feminismo, que subverte o sistema hegemônico machista, a autora vê Shakespeare como, talvez, um antecessor dos movimentos de libertação da mulher.

William Soares dos Santos elege a tragédia *Otelo* para discutir a problemática da identidade social no discurso escrito, a partir de uma concepção de leitura como ato social. O fio condutor de sua leitura é a lingüística aplicada, por ser uma área de investigação social que trata de problemas de uso da linguagem enfrentados pelos participantes de interações discursivas. Nas palavras do autor, o trabalho aponta para a possibilidade de que a ação dos personagens femininos shakespearianos reflita, até certo ponto, o mundo limitado no qual a mulher elisabetana tinha permissão para transitar e evidencia a importância do discurso para a construção e manutenção da identidade feminina dependente da ideologia do patriarcado. Sua leitura cria, portanto, uma outra identidade para esta obra de Shakespeare, forjada a partir de um contexto acadêmico brasileiro.

Partindo, igualmente, de uma concepção sociointeracional de leitura, e do discurso como um poderoso instrumento de operação no social, atuando inclusive, e principalmente, na formação da identidade dos seres sociais, **Rita de Cássia Marinho Paiva** trabalha com as questões de discurso e gênero na construção da identidade feminina, observando mais objetivamente a figura da megera, personagem teatral e, ao mesmo tempo, figura real da sociedade elisabetana. Através da leitura de *A megera domada* e *Muito barulho por nada*, a autora busca observar os mecanismos que constroem, reconstroem e desconstroem as identidades e cassam a voz dos dominados, representados pelas personagens Katherine, na primeira peça, e Beatrice, na segunda. É a possibilidade de participarmos dos processos de construção – via discurso – do mundo à nossa volta, postulada pelo socioconstrucionismo, que autoriza as novas identidades que emergem da reflexão de Paiva.

Diferentes aspectos das relações entre tradução, ideologia e política são examinados no ensaio de **John Milton** e **Eliane Euzebio**, que focaliza traduções realizadas no Brasil entre 1930 e 1945, período marcado pelo governo ditatorial de Getúlio Vargas, e entre 1950 e 1954. Os autores trabalham com o pressuposto de que a tradução é uma atividade que não se dá num ambiente neutro mas, sim, em situações políticas e sociais reais, cujos participantes têm interesses específicos na produção e recepção dos textos selecionados que circularão em sistemas lingüísticos e culturais diferentes daqueles que os geraram. Na linha dos estudos culturais, que atribuem à tradução o poder de transportar atitudes ideológicas e desafiar posturas hegemônicas diante da sociedade e da cultura, e entendem o estudo de traduções e tradutores como uma forma de identificar tais atitudes, Milton e Euzebio desenvolvem um estudo sobre as adaptações para o público infantil feitas por Monteiro Lobato e a tradução de *Julio César* por Carlos Lacerda. Em ambos os casos, o gesto tradutório foi politicamente motivado e informado, com a diferença que Lobato demonstrava seu engajamento através das adaptações feitas no texto, enquanto Lacerda o fazia por meio da própria seleção das obras a serem traduzidas e dos possíveis paralelos a serem construídos entre essas obras e o momento histórico e político vivido pela cultura receptora.

Dialogando com o enfoque lingüístico dos ensaios de Santos e Paiva, mas a partir de uma outra vertente, que é a da pragmática, o trabalho de **Beatriz Viégas-Faria** apresenta uma interface entre pragmática lingüística e tradução literária, ao recorrer à Teoria das Implicaturas de Grice para ilustrar o cálculo inferencial de sentidos implícitos em passagens de *Romeu e Julieta*, *A tempestade* e *Muito barulho por nada*. A autora acredita no potencial dessa teoria para dar suporte, juntamente com estudos aprofundados em Lógica, a um possível modelo teórico que se proponha a sistematizar, de maneira especializada, a tradução desse tipo de significado implícito na literatura de ficção, num tipo de estudo que vem suplementar aqueles realizados sob as perspectivas dos estudos literários e culturais comparados.

A contribuição de correntes do pensamento teórico-crítico contemporâneo também se faz presente, seja através da desconstrução de Derrida, afiliada ao pós-estruturalismo, a tendência pós-moderna "mais direta e explicitamente relacionada aos estudos da linguagem" (Arrojo, 1996), seja buscando em críticos como Cleanth Brooks e Stanley Cavell o instrumental teórico para construções identitárias e novas leituras na obra do Bardo. **Neuza Lopes Ribeiro Vollet**, a partir do estudo de duas abordagens diferentes à questão da linguagem da sexualidade em *Hamlet*, em traduções brasileiras, argumenta que as diferenças de tratamento observadas decorrem de concepções diferentes sobre o autor, ou seja, dependem das identidades que lhe são atribuídas. Adotando a visão foucaultiana de que o nome do autor funciona como regulador dos significados atribuídos à sua obra, Vollet procura mostrar que os significados do autor, as condições de produção da obra e seus objetivos dramáticos não po-

APRESENTAÇÃO

dem ser recuperados, mas, sim, interpretados de uma determinada perspectiva histórica, cultural e ideológica.

O ensaio de **Vivien Kogut Lessa de Sá** se detém sobre o potencial da linguagem shakespeariana como elemento essencial para a construção do *páthos* na própria encenação da peça. A escolha da peça *Macbeth* foi estratégica, na medida em seu texto, apesar de altamente conciso, apresenta uma densidade de violência responsável por criar a atmosfera de horror que permeia a história. Como aponta a autora, os personagens nomeiam a violência tanto quanto a perpetram; pela linguagem eles partilham dessa violência, seja nas palavras encantatórias das bruxas, seja na cumplicidade do casal de protagonistas. O estudo se dedica a analisar várias maneiras como essa violência se manifesta na peça pela linguagem, propondo categorias para essa linguagem e descrevendo possíveis efeitos sobre o leitor/espectador.

O desafio que a riqueza da dicção shakespeariana e dos seus tão celebrados recursos retóricos constitui para o tradutor são o tema dos artigos de **Cristina Rymer Woolf de Oliveira e Marcia A. P. Martins**, que abordam, respectivamente, o tratamento das figuras de linguagem em *Otelo* e dos trocadilhos em *O mercador de Veneza* em traduções brasileiras. A motivação de ambas as pesquisas foi o fato de que a análise das soluções tradutórias encontradas para os trocadilhos e jogos de palavras é especialmente interessante para os estudiosos da área, na medida em que tais recursos retóricos não só representam um desafio grande para os tradutores, como também permitem que estes se tornem mais visíveis e se inscrevam mais explicitamente no texto através de suas estratégias.

Como os estudiosos de Shakespeare não nos deixam esquecer, sua dramaturgia não foi originalmente concebida para outro fim que não o teatro, o que torna fundamentais quaisquer reflexões sobre a introdução de suas peças em outros sistemas culturais, bem como o lugar do teatro em geral, e do shakespeariano em particular, nesses sistemas receptores. **José Roberto O'Shea**, ciente de todos esses aspectos, e ainda do papel-chave de atores e empresários na difusão de um autor estrangeiro e de sua obra, volta seu olhar de pesquisa para a figura do ator-empresário João Caetano dos Santos, que esteve no centro da atividade dramática brasileira ao longo de três décadas (1835-1863) e foi, segundo consta, o primeiro "ator shakespeariano" brasileiro a atuar profissionalmente como Hamlet e Otelo. Com suas montagens, que usavam traduções ora feitas diretamente do inglês, ora baseadas nas clacissizantes imitações francesas de Jean-François Ducis, Caetano foi responsável pela construção das identidades atribuídas a Shakespeare no Rio de Janeiro oitocentista. Em última análise, o ensaio procura testar a hipótese de Caetano ter sido, também, o fundador do teatro nacional no sentido mais estrito do termo.

Acreditamos, portanto, que esta coletânea irá preencher um espaço de articulação entre o discurso da diferença, a visão de tradução como reescrita transformadora e construtora de novas identidades, os estudos lingüísticos e literários como propiciadores de interpretações inéditas ou não-canônicas e os estudos culturais como promotores da visibilidade dessas novas identidades e arena de resistência a postura hegemônicas e/ou universalizantes, tendo como principal objeto de estudo o texto shakespeariano, cujo extremo vigor mantém-se permanentemente renovado mesmo depois de mais de quatrocentos anos de existência.

Referências

ARROJO, Rosemary (1996) "Os estudos da tradução na pós-modernidade, o reconhecimento da diferença e a perda da inocência". *Cadernos de Tradução* n. 1. Florianópolis: UFSC, pp. 53-69.

HALL, Stuart (2000) *A identidade cultural na pós-modernidade*. Trad. Tomaz Tadeu da Silva e Guacira Lopes Louro. Rio de Janeiro: DP&A

MOITA LOPES, Luiz Paulo da (1998) "Discurso e identidade em sala de leitura de L1: a construção da diferença". In Inês Signorini (org.). *Lingua(gem) e identidade*. São Paulo: Mercado de Letras, pp. 303-330.

Autores

AIMARA DA CUNHA RESENDE é Doutora em Teoria da Literatura e Literatura Comparada pela Universidade de São Paulo (USP) e professora de literatura inglesa da Universidade do Estado de Minas Gerais (UEMG). É Presidente do Centro de Estudos Shakespearianos (CESh) no Brasil, de cuja fundação participou. Tem vários artigos publicados sobre Shakespeare e é organizadora do livro *Foreign Accents: Brazilian Readings of Shakespeare* (2002), publicado pela University of Delaware Press. Pesquisa, atualmente, a presença da *Shakespeariana* na cultura popular brasileira, especialmente na TV.
aimara@terra.com.br

BEATRIZ VIÉGAS-FARIA é Doutora em Letras pela PUCRS e Mestre em Lingüística Aplicada. Com bolsa-sanduíche do CNPq, foi orientanda de Susan Bassnett, no centro de pesquisa em Estudos da Tradução da University of Warwick. Tradutora literária, recebeu o Prêmio Açorianos de Literatura 2000 pela tradução de *Otelo*, de William Shakespeare. É autora do livro de poesia *Pampa pernambucano* e criadora de uma Oficina de Tradução Literária, com pesquisa em semântica e pragmática para aplicação na prática e no ensino da tradução literária. Sua tese de doutorado intitula-se *Implicaturas conversacionais e tradução teatral*.
BeatrizV@terra.com.br

CRISTINA RYMER WOOLF DE OLIVEIRA é professora de inglês e tradutora especializada em áreas técnicas. Concluiu em 2000 o curso de Especialização em Tradução Inglês-Português (pós-graduação *latu sensu*) na PUC-Rio, onde também cursou a Formação de Intérpretes de Conferências.
crwoolf@icarus-bbs.com

ELIANE EUZEBIO é professora de língua inglesa na Faculdade do Barro Branco e na Universidade de Guarulhos, no estado de São Paulo. Fez o curso de Especialização em Língua Inglesa e Pós Graduação em Tradução na USP. Atualmente desenvolve trabalho de pesquisa na área de tradução e política.
elianeuzebio@uol.com.br

John Milton é professor de literatura inglesa e estudos da tradução na Universidade de São Paulo. Autor de *O poder da tradução* (1993) e *O Clube do Livro e a Tradução* (2002), atualmente estuda as relações entre a tradução e a literatura de massa, e a tradução e a política.
jmilton@usp.br

José Roberto O'Shea é Doutor em Literatura Inglesa e Norte-Americana pela The University of North Carolina, Chapel Hill, com pós-doutorado pelo The Shakespeare Institute, Stratford-upon-Avon (1997). Desde 1990 integra o corpo docente da Universidade Federal de Santa Catarina, em Florianópolis, onde atua na graduação e na pós-graduação, lecionando disciplinas na área de literatura inglesa e norte-americana, especialmente poesia moderna norte-americana, teatro shakespeariano, teoria da performance, teatro e interculturalismo. Tradutor de três peças de Shakespeare publicadas e de várias outras obras, seus principais interesses de pesquisa incluem tradução de/para teatro, literatura dramática: texto e cena, e teoria da performance dramática. Em 2004 estará realizando pós-doutorado na School of Performance Arts, na University of Exeter, Inglaterra.
oshea@cce.ufsc.br

Marcia A. P. Martins é Doutora em Comunicação e Semiótica pela PUC/SP. Tradutora e professora, atua na graduação e na pós-graduação do Departamento de Letras da PUC-Rio. Organizadora da coletânea *Tradução e multidisciplinaridade* (Lucerna/PUC-Rio, 1999), seus principais interesses de pesquisa são as traduções brasileiras da poesia dramática de William Shakespeare e as traduções estrangeiras da literatura de massa produzida atualmente no Brasil.
mmartins@let.puc-rio.br

Neuza Lopes Ribeiro Vollet, Mestre em Lingüística Aplicada (área de Tradução) pelo Instituto dos Estudos da Linguagem da UNICAMP, ensina teoria e prática de tradução no Centro Universitário Ibero-Americano e na Universidade Metodista de São Paulo – UMESP.
volletn@ig.com.br

Rita de Cássia Marinho Paiva é graduada em Letras (Português-Inglês) pela Faculdade de Letras da UFRJ, e Mestre em Lingüística Aplicada pela mesma instituição. Professora da rede privada há 14 anos, lecionou em diversos cursos de inglês e universidades, tendo ministrado cursos de graduação e pós-graduação.

Autores

VIVIEN KOGUT LOPES DE SÁ, Mestre em Letras (Literatura Brasileira) pela PUC-Rio, integra o corpo docente do departamento de Letras desta instituição desde 1998, onde leciona cursos de língua inglesa e literaturas de expressão inglesa. É poeta, tendo publicado os livros *Água Rara*, em 1996, e *Durante a Noite*, em 2003, e participado da antologia *Esse Poetas: uma antologia dos anos 90*, de organização de Heloisa Buarque de Hollanda, em 1998. Já promoveu cursos e palestras sobre Shakespeare no Centro Cultural Banco do Brasil (1993), na UERJ (1996), no Espaço FINEP (1996) e na PUC (2000 e 2004).
vcls@terra.com.br

WILLIAM SOARES DOS SANTOS, graduado em línguas neolatinas pela UFRJ, concluiu o Mestrado em 2002 no Programa Interdisciplinar de Lingüística Aplicada desta universidade. O tema de sua dissertação foi a identidade masculina no discurso shakespeariano, com enfoque em duas peças baseadas na história romana, sob a orientação da Profa. Dra. Marlene Soares dos Santos. Nos últimos anos, trabalhou em um projeto de investigação sobre literatura feminina brasileira desenvolvido pelo Departamento de Literatura Comparada da UFRJ, sob a orientação da Profa. Dra. Luiza B. Lobo, e no *Projeto Identidade* do Departamento de Lingüística Aplicada, sendo orientado pelo Prof. Dr. Luiz Paulo da Moita Lopes. Atualmente, desenvolve pesquisa de doutorado no Programa de Pós-Graduação do departamento de Letras da PUC-Rio, na área de Estudos da Linguagem, sob a orientação da Profa. Dra. Liliana Cabral Bastos.
william_soares@yahoo.it

Seriam Tamora, Créssida e Cleópatra *Riot Grrrls*?

AIMARA DA CUNHA RESENDE

Surgiu, na década de noventa, o que Marilene Felinto (1997) classifica como a quarta onda do feminismo: as *Riot Grrrls*, ou *Bad Girls*. Jovens, entre treze e trinta anos, ligadas à cultura pop, essas garotas se identificam com Courtney Love e se rebelam contra a pressão convencional da sociedade. Ligadas à música *grunge*, opondo-se às *garotas boazinhas*, que elas detestam, e fazendo questão de ser diferenciadas das *garotas maléficas*[1], as *Riot Grrrls*, ou seja, as *garotas malvadas*, têm como princípio se apoiarem mutuamente, definindo seu espaço e tomando suas próprias decisões, independentemente do que se possa esperar de "uma moça bem educada". O objeto de seu amor não é o "gatão", de físico invejável e pouca inteligência, mas alguém que, acima da beleza do corpo, possa ser companhia agradável e de QI elevado, capaz de manter com elas um bom relacionamento tanto físico quanto intelectual; admitem poder ser bi- ou heterossexuais, não se importando com normas que tentem reger sua sexualidade. Courtney Love (1997:5-6) assim define o modo de ser das *Riot Grrrls*:

> ... o negócio da gente é voar com os caras de vocês [das garotas boazinhas] para Nova York ou Los Angeles ou Paris e se trancar num quatro estrelas por três dias enquanto eles fazem com a gente coisas que não ousariam nunca fazer com vocês.

Na concepção das *Riot Grrrls*, as *garotas malvadas* – ou seja, elas próprias – são *femenistas*[2]. "A gente gosta de batom escuro e calcinha sexy, mas odiamos o machismo, mesmo que a gente transe com os maridos/namorados de vocês. Nós compreendemos os homens, nós os amamos, nós hetero/bi garotas malvadas" (Love, 1997:5-6). A força dessas jovens está em sua união e em sua postura rebelde, contestadora do poder vigente, principalmente da moral de aparências do capitalismo. Elas são livres para escolher seus/suas parceiros/as, defendem seus direitos, dando ênfase à igualdade entre os sexos – o que, toda-

---

[1] Esclarece Courtney Love (1997): "Nós não somos psicóticas garotas más; essas são as *maléficas*, de um tipo só delas" [grifo nosso].

[2] Do inglês "femalists", derivado de "female" ("fêmea"), para diferenciar do adjetivo "feminista".

via, tende a ser mais a superioridade das mulheres, pois não se deixam prender por normas alheias ao seu modo de pensar e agir. Amam, mas fazem suas opções, sem se deixarem ser escolhidas/dominadas.

Um dos signos descentralizadores do mundo contemporâneo, as *Riot Grrrls* incorporam aspectos da procura por uma identificação com o poder, que fará delas elementos superiores numa sociedade imbuída de valores mercantilistas e superficiais. Buscando modificar tais valores, usam, às vezes, as mesmas armas desse poder (machista), às vezes seus próprios recursos saturados – por que não? – de sua sexualidade e de seu *femenismo*. Assim Courtney Love define a relação das *Riot Grrrls* com o poder que, para elas, se realiza essencialmente através da sexualidade:

> Se você é uma garota solteira no pedaço, eu sugiro poder. Você tem de trabalhar duro para conseguir, e ninguém vai te ajudar. Você vai ganhar muitas inimigas entre as mulheres. Isso porque você pode até aparecer por aí dando uma de mulher de um puta editor – que está vivo e simplesmente gosta de você – em algum filmaço, e todos os inúteis que trabalham nas revistas dele você poderia comer se quisesses, mas não vai fazer isso porque as garotas malvadas nunca abusam do poder, uma vez que o tenham adquirido, a não ser para fins sexuais apenas. (1997:6)

Em sua independência, as *garotas malvadas* podem ser hetero- ou bissexuais, obedecendo apenas à sua vontade. Como diz Love, "todas as garotas malvadas nas redondezas de Nova York ou Los Angeles já transaram com outras garotas simplesmente porque sim" (1997:6). Independência e rebeldia tornam-se, assim, a marca preponderante dessas jovens, vozes dissonantes num mundo regido pelo interesse econômico e pela identidade conformista gerada pela globalização.

Entre as muitas mulheres fortes de Shakespeare, três se destacam por marcante e transgressora sexualidade, que busca – e chega a conseguir, de formas diferentes – enfrentar o mundo machista e dominador que as envolve, refletindo, em sua situação, aspectos sociais da época elisabetana, que o dramaturgo desconstrói. São elas Tamora, da tragédia *Tito Andrônico*, a primeira escrita por ele, em torno de 1593; Créssida, heroína da peça *Tróilo e Créssida*, escrita provavelmente em 1602; e Cleópatra, de *Antônio e Cleópatra*, datando de cerca de 1606. Em inequívoca progressão, essas três obras delineiam a trajetória de uma postura que eu chamaria de *feminismo shakespeariano*, podendo ser lidas comparativamente ao movimento das *Riot Grrrls*.

A peça *Tito Andrônico* se inicia com a entrada triunfal, em Roma, do general Tito, acompanhado dos godos, prisioneiros de guerra, por ele vencidos. Sua principal prenda é Tamora, rainha dos godos. Em Roma, o filho mais velho de

Tamora deve ser sacrificado aos deuses. Tentando evitar a morte do filho, ela suplica a Tito que o preserve, mas este se mostra inflexível. O jovem é morto, guardando a rainha, para sempre, um ódio vingativo. Extremamente sensual, ela consegue conquistar Saturnino, imperador romano, e com ele se casa, passando a exercer, graças ao seu fascínio e à sua perfídia, absoluto controle sobre os destinos dos romanos. Trai seu marido com Aarão, um mouro, personagem símbolo de suprema maldade e sordidez, expressas em sua cor. Negro, ele também é um Outro[3] no entender da sociedade elisabetana, e suas ações são todas voltadas para o mal. O amor proibido de Tamora por Aarão torna-se assim um erro inaceitável, não só pelo adultério, mas talvez mais ainda pela cor negra do amante, por sua origem desconhecida e sua marginalidade. Desprezando o juízo que dela possa fazer o povo romano, poderosa, a imperatriz investe contra toda a família de Tito, permitindo a seus dois filhos restantes estuprarem e cortarem a língua e as mãos da filha do general, Lavínia, protótipo da *garota boazinha* contemporânea que se opõe às *Riot Grrrls*. A tragédia termina com toda a violência que caracteriza as obras moldadas em Sêneca, como é *Tito Andrônico*, quando Tito oferece à rainha um jantar em que lhe é servida uma iguaria feita com o sangue e a carne dos dois filhos desta, por ele mortos antes do repasto, iguaria com a qual ela se deleita, para depois ser informada do que se alimentara. Após o macabro banquete, morrem Tito, Tamora, Lavínia e o Imperador, deixando o único filho remanescente do general como novo chefe de Roma.

Escrita em pleno vigor do período elisabetano, quando a mulher era submetida ao domínio do pai e, depois, do marido, e seguindo os moldes trágicos de Sêneca, a primeira tragédia de Shakespeare indubitavelmente teria que oferecer aos leitores/platéia a pintura de valores e atitudes então reinantes.

Elisabete I, por ser rainha, não estava sujeita às pressões que inibiam a liberdade física, moral e sexual das outras mulheres. Politicamente forte, inteligente, culta, dominadora e femininamente coquete, essa monarca inglesa do século 16 se destacava entre os estadistas europeus como chefe de governo e, assustadoramente, como mulher. É dessa época o início de um movimento que aparentemente mudava o *status* feminino. Foi então que a mulher, antes apenas vista como procriadora, passou a figurar na sociedade como progenitora e, mais, educadora da prole e responsável pelo bem estar físico e afetivo no seio da família. Com esse novo papel, criava-se a ilusão de ser dada maior importância às mulheres, transformadas em "rainhas do lar", mas, com exceção

---

[3] Uso, aqui, o conceito de Outro como o estranho, desconhecido, exótico, que simultaneamente atrai e atemoriza. O diferente que é marginalizado na ambivalência do desejo e do ridículo, do fascínio e da repulsa. Para maior compreensão da questão da alteridade, ver Bhabha, 1995:66-84.

de Elisabete e de outras poucas, só do lar, visto continuar sendo-lhes vedada qualquer participação política ou profissional que implicasse em competição com os homens. Mudou-se a fachada, mas o interior permaneceu intocado.

Com as descobertas, intensificou-se a presença do fantástico no imaginário popular, e a mulher, figuração remanescente da Idade Média de perdição e do mal, tornou-se centro das mais incríveis especulações quanto à sua potencialidade como encarnação desse mal, vista como imagem da volúpia e da simulação. Simultaneamente sensual figura de encantamento e perigosa feiticeira, ela incorporava o fascínio e o temor do Outro que ameaça e atrai. Significava perigo, por buscar sua independência e por ser ao mesmo tempo forte e sensual. Como diz Catherine Belsey, "a época das peças de Shakespeare é também a da explosão do interesse nas Amazonas, em mulheres guerreiras, moças tonitroantes (Shepherd, 1981) e mulheres disfarçadas em pajens" (1985:178).[4]

Tamora, a derrotada rainha dos godos, torna-se, graças ao seu poder de feiticeira sensual, imperatriz do mesmo povo que a havia trazido prisioneira, incorporando para os elisabetanos a visão da mulher desconhecida e mortalmente traiçoeira. Nela há poucos indícios de *Riot Grrrls*. Sua caracterização corporifica o fascínio e o perigo que o Outro feminino, ameaçador para o homem e conseqüentemente para o povo como um todo, significa para o século XVI. Tamora é, acima de tudo, a encarnação do mal, mais próxima das *Garotas Maléficas* nossas contemporâneas, encarnação já presente nas representações religiosas e seculares da tentação medieval. Assim Aarão, seu amante negro, se refere a ela: "Nossa imperatriz, com seu sacro conhecimento,/ Consagrado à vileza e à vingança..." (II.i.121-2[5]).

A filha de Tito, Lavínia, que, como mulher dócil e, pura, mas também como romana, se opõe à imperatriz, a ela se dirige com a exclamação: "Ah!, criatura bestial,/ Mancha e vergonha do nosso nome comum..." (II.iii.182-3)

E a própria Tamora, preparando-se para exterminar Tito Andrônico após todo o sofrimento que ela indiretamente lhe infligira, e maquinando mais torturas, descreve a si mesma como perigosa feiticeira:

Encantarei o velho Andrônico
Com palavras as mais doces, e mais mortais

---

[4] As traduções para o português, inclusive de citações das peças, são minhas, com exceção das citações de *Antônio e Cleópatra*, que são tiradas da tradução feita por José Roberto O'Shea (Siciliano-Mandarim, 1997). Os textos de Shakespeare por mim traduzidos e citados são da edição de G. Blakemore Evans, *The Riverside Shakespeare* (Houghton Mifflin, 1974)

[5] Nos versos traduzidos, os números das linhas correspondem aos do texto em inglês conforme a edição das obras completas da Oxford UP (1997), editada por Stanley Wells e Gary Taylor.

Do que iscas pr'o peixe, ou o trevo pr'os carneiros;
Pois se de um lado aquele se fere com a isca,
Doutro, podres caem esses por deliciosa
Iguaria alimentados até fartar-se.
(IV.iv.89-93)

Construída a partir de modelo clássico, a primeira tragédia shakespeariana ainda não incorpora com firmeza a visão que o dramaturgo tem do ser humano. Seu mundo permanece limitado pela rigidez da estrutura, não permitindo os grandes vôos que vão fazer das obras seguintes, cada vez mais, um "espelho para a natureza" complexa e perturbadora desse ser, em nosso caso presente a mulher sedutora e sensual, mas inteligente e esperta, porque consciente.

Sendo antes de mais nada um homem de teatro, Shakespeare olha o mundo à sua volta e dele retira as imagens, os motivos e os valores inerentes não só à sociedade a que pertence, mas também a todas as vidas já passadas e às que ainda estão por vir. Poeta do existir, ele busca impregnar suas personagens, simultaneamente, da expressão dramática exigida pelo palco e da intensidade humana que as torna perenes. Segundo Marjorie Garber,

> Shakespeare usa as crenças e práticas do mundo que o cerca para informar sua própria visão dramática, não como copista, mas como intérprete, transformando o costume social em um instrumento temático para revelar a natureza de suas personagens e das situações que vivem. (1981:116-173)

Como diz Jacques, em *Uma peça como gostais*, "o mundo inteiro é um palco, e todos os homens e mulheres nada mais que atores" (II.vii.139-40). Nós, atores – mesmo que involuntários – somos levados, em sua obra, a nos encarar e descobrir nossa realidade, ou, melhor, o papel que, nessa vida, nos cabe representar. Apesar de ele nos fazer ver, como o faz no falar de Próspero, em *A tempestade*, que essa mesma realidade, daqui a momentos, pode se desfazer:

[...] até o grande globo,
E todos os que nele estão, ao dissolver-se,
Como essa cena intangível vão se esvair.
E deles nem o próprio pó há de restar.
(IV.i.153-56)

Essa realidade inconsistente se faz clara em *Tróilo e Créssida*, dada a natureza estrutural da peça. Usando o tema da infidelidade par a par com aqueles da guerra e da fraqueza humana em diversos aspectos, como, por exemplo, a vaidade de Aquiles, Shakespeare se serve da guerra de Tróia como pano de fundo, com suas duas personagens centrais ilustrando o que pode vir a ser o jogo do amor. Mesclando sentimento e sexualidade, opressão e liberdade individual, ele trabalha estruturalmente os mitos de Créssida, protótipo da infidelidade, e o de Tróilo, exemplar "cavaleiro do amor", subvertendo-os e deixando ver nas entrelinhas a forma que a jovem encontra para driblar sua condição de inferioridade, visto ser ela duplamente marginal, pois, além de mulher – logo, objeto da satisfação erótica dos homens – não pertence à nobreza troiana. A complexidade da peça se dá em dois níveis: trabalha a subversão do mito e o jogo entre o feminino e o masculino, quando a heroína usa as mesmas armas de seus "superiores", ou seja, fala a linguagem dos homens, de persuasão e hipocrisia. Como diz Linda Charnes:

> As figuras em *Tróilo e Créssida* podem ser permanentemente "identificadas" desde que seus nomes codifiquem suas lendas. Mas como personagens dramáticas elas existem como "versões" de si próprias, como aquilo que Marjorie Garber chamaria (referindo-se a Derrida e Benjamin) de "multiplicações do original". (1989:420)

A busca de identidade de Créssida se constrói, assim, em dois níveis: o da personagem-mito e o da mulher que procura seu espaço. Ela faz o jogo do amor, consciente de ser, desde tempos remotos, a representação mitológica da infidelidade e, simultaneamente, a mulher que, amando, não tem o poder de escolher com quem quer ficar. Essa dualidade gera uma espécie de auto-defesa, que se faz notar desde o início da obra, quando, antes mesmo da consumação de seu amor, os dois enamorados discutem a questão da fidelidade. Tróilo, romântico apaixonado, alienado da realidade de sua condição humana, afirma ser o que os leitores/platéia já sabem do mito: o amante sempre fiel. Por seu lado, a jovem, mais realista, joga também com o conhecimento metalingüístico do mito, ao usar, pela inversão, a idéia da infidelidade para, naquele momento específico, jurar eterno amor. É a ironia da consciência de ser ao mesmo tempo lenda e mulher, dois fatores culturalmente variáveis e, portanto, ambivalentes:

> TRÓILO:
> Jovens leais no amor, no mundo que há de vir,
> Com Tróilo hão de provar ser fiéis. Quando seus versos,
> Plenos de força, juras e comparações,
> Buscarem símiles, verdade tão cansada
> Da repetição, se disserem fiéis como o aço,
> Ou como plantações fiéis à lua, ou o sol
> Para com o dia, ou tartaruga e o companheiro,

> Como é o ferro ao diamante, a terra ao centro seu,
> Depois de comparar assim toda verdade,
> (Citando o autor único da fidelidade),
> O verso, a coroar a voz, dirá "Fiel qual Tróilo"
> E assim santificada a rima ficará.
>
> CRÉSSIDA:
> Se falsa eu for, ao afastar-me da verdade,
> Quando de si esquecido, velho, o pobre tempo
> Se tornar, e já lavadas de Tróia as pedras,
> E o olvido as cidades devorar, e Estados
> Antes gloriosos, já sem forma se transformem
> Em um nada só de pó, então que a memória,
> De falsa em falsa, entre as mais falsamente amantes,
> Minha leviandade acuse. Ao declararem
> Mais falsa que o ar, a água, o vento ou a arenosa terra,
> Qual raposa ao cordeiro, ou o lobo ao carneirinho,
> A pantera ao camponês, ou madrasta ao enteado,
> Que digam e atinjam o coração da falsidade:
> "Falsa como Créssida".
> (III.ii.169-192)

No jogo verbal da jovem observa-se a justaposição do mito e, na caracterização da personagem, da leviandade latente para com o amante. Lendária figura da falsidade, consciente como personagem dessa marca exterior a si, ela demonstra sua relação metalingüística através mesmo da jura invertida da amante que, declarando-se, no presente, eterna apaixonada, permite, pela justaposição do mito, entrever o que ela é negando ser: pérfida. Todavia, Shakespeare dá a Créssida a vantagem da ambivalência. Já que é um mito e não pode fugir a essa condição, mesmo amando Tróilo, e dada sua situação de mulher que, na sociedade patriarcal de gregos e troianos, não tem voz, a ela só resta jogar com as armas que possui e, fazendo-se de coquete já no campo dos gregos, seduz Diomedes, não permitindo a este seduzi-la. Sua aptidão lingüística é incrível, transformando-se na única arma que a mantém senhora de suas escolhas, apesar das limitações culturais que a determinam. Ela demonstra essa habilidade já no ato I, cena 2, ao contra-atacar a verbosidade de seu tio Pândaro, que a quer entregar a Tróilo. Usando do mesmo registro que ele, ela controla a situação, entrando num irônico jogo de palavras e aí se mantendo. Por outro lado, sua relativa liberdade fica clara quando Pândaro se afasta, dizendo que lhe trará uma lembrança de Tróilo, e Créssida o declara um cafetão, monologando:

Mesmo assim, fico afastada; mulheres anjos
São só enquanto cortejadas; passa logo
O que se conquistou, pois a delícia d'alma
Só se faz no se fazer. Nada sabe a amada
Se isso ainda não sabe: que aos homens é mais cara
A coisa inconquistada do que a possuída.
Não viveu ainda a mulher que não sabe ver
Que a doçura do amor só vive no desejo.
Assim, pois, do amor a lição eu aprendi:
"Conquista e ordenarás; se obter não puderes,
Só então tu pedirás."
(I.ii.282-89)

Mesmo consciente da condição de amada a ser possuída, ela ainda mostra sua independência, ao declarar abertamente seu amor por Tróilo, como Julieta o faz com Romeu. Dá o primeiro passo, motivando o romântico enamorado a roubar-lhe um beijo, quando pede a ele: "sela minha boca" (III.ii.130). Nessa fala, ela deixa bem clara sua posição, ao declarar: "Amo-te agora; mas até aqui não tanto que não possa controlar o meu amor" (III.ii.117-18), e completa: "Por que falo tanto? Quem nos será leal se nos falta o segredo de nós mesmas?" (III.ii.121-22). Logo após, ela lamenta o fato de não "terem as mulheres, como os homens, o privilégio / De falar primeiro" (III.ii.125-26). Ironia pura, visto ter sido exatamente ela a primeira a falar. Esse mesmo jogo de ironia e dissimulação ela vai usar com Demétrio quando, já levada para o campo grego em troca do troiano Antenor, usa de sua *coqueterie* para conquistá-lo, aqui já impulsionada por sua sexualidade, quando não se nota nela o enleio que marca seu relacionamento com Tróilo. É ela, então, a mulher já madura e consciente de sua situação de dependência, cuja única saída é dominar pela sensualidade, mas levando o pretendente à insegurança quanto à sua força como macho conquistador. Demétrio vai possuí-la, mas não agora, devendo, antes, mostrar sua valentia, combatendo contra Tróilo, o que ele faz, sendo morto. Créssida surge, aí, não só como o eterno mito da infidelidade no nível estrutural, mas também como uma mulher, emergindo, através da sugestão do texto e do domínio da linguagem, como dona de seu corpo, definindo sua sexualidade a despeito da identidade mitológica. Como diz dela Kenneth Muir (1984:37), em sua introdução à edição da Oxford:

> Se ela não for, como afirmou o jovem Bernard Shaw – então virgem ele próprio – a primeira "mulher real" de Shakespeare, ela é delineada de forma mais naturalista do que as heroínas da fase inicial, e em alguns aspectos ela é mais moderna do que aquelas.

Essa modernidade estaria próxima das *Riot Grrrls* no que a heroína tem de independente dentro das possibilidades ainda limitadas por seu tempo e pela estrutura textual complexa. Não resta dúvida de que ela é capaz de usar, para definir seus objetivos e escolhas, um recurso tomado do arsenal masculino, a linguagem. Observe-se que, na época de Shakespeare, a mulher, obedecendo às rígidas normas de decoro, deveria não só ser submissa, mas, mesmo quando culta e capaz de manipular a linguagem, manter-se silenciosa e humilde. Exemplo dessa ambigüidade cultural é a carta escrita por Thomas More a sua filha predileta, Margaret Roper, em que More, ao elogiar a qualidade do latim em uma carta que ela lhe havia escrito, exprime a paradoxal atitude característica de seu tempo, lembrando-lhe que o alto nível de educação que ela sempre demonstrara deveria permanecer como certeza apenas para ele, pai, e para seu marido. Comentando que um amigo, ao ler a carta, não acreditara que havia sido escrita por Margaret, uma mulher, e que este insistira em saber que homem a tinha ajudado, More conclui, em velada advertência:

> Mas, minha adorada Margaret, você merece elogios ainda mais veementes devido a essa mesma incredulidade. Apesar de você não poder esperar uma recompensa mais adequada ao seu esforço, mesmo assim você continua unindo ao seu característico amor à virtude o interesse pela literatura e pela arte. Contente com o proveito e a satisfação de sua consciência, em sua modéstia, você não procura o louvor público, nem lhe dá um valor exagerado, mesmo se o recebe, mas por causa do grande amor que nos tem, você nos vê – seu marido e eu – como um círculo de leitores suficientemente grande para tudo o que escreve. (Citado por Jardine, 1996:51)

O recurso de que Créssida lança mão, ao dominar a manipulação pelo jogo de palavras, ou seja, ao usar a fala como só ao homem é dado fazer, completa-se com sua sensualidade que se expressa, exatamente, pela ambigüidade verbal – o correspondente na representação da sexualidade, no texto, ao batom vermelho e às calcinhas sexy de que fala Courtney Love. Por sua complexidade e ambivalência nos dois níveis discutidos, em que a consciência metalingüística se mescla à rebeldia ao *status quo*, incorporando ao texto a sugestão de recusa das normas sociais e do poder masculino, Créssida me parece já apontar para o surgimento da *mulher moderna*, ou, mais precisamente, de uma *Riot Grrrl* shakespeariana. Essa será incorporada em outro mito, mas tratado de forma diferente: Cleópatra.

A rainha egípcia e seus amores foram cantados antes e depois de Shakespeare. Assim sendo, ele poderia ter utilizado a figura da mulher tornada mito da mesma forma que o fez com Créssida. Mas a peça de 1603, *Antônio e Cleópatra*, recria, a partir da figura mitológica, a mulher Cleópatra. Forte, porque rainha, mas também porque mulher. Livre, tal como as *Riot Grrrls*, ela escolhe seus parceiros – ou, pelo menos na maturidade, fica claro que assim é, com Marco Antônio. Sua independência e o feitiço de sua sensualidade assustam e atraem. Como diz Marlene Soares dos Santos, em sua introdução à edição bilíngüe da Mandarim (1997:17), "...somos levados a inferir que Cleópatra era desprezada e temida por ser mulher e ser o Outro".

Como as *Bad Girls*, ela fascina pela diferença e pelo desdém ao convencional. Representante legítima de seu país, dá as cartas do jogo e essas são voltadas para o prazer, para o instante da experiência, para o corpo que é seu e que, no final da peça, tem o fim que apenas ela pode decidir lhe dar. Vencido Antônio, e destinada a ser levada presa em cortejo triunfal pelas ruas de Roma, Cleópatra, antes de se suicidar, declara que, indo ao encontro do amado morto, ela é "fogo e ar", deixando os outros dois elementos, terra e água, para a "vida inferior". Em seu soberano desdém pelas normas do mundo "civilizado"/opressor, Cleópatra é vista – da mesma forma que o são hoje Courtney Love, a *pin-up* dos anos 50, Betty Page, e as jovens artistas plásticas contemporâneas Rita Ackerman e Aliz Lambert – como depravada e tentadora, desdenhosa do mundo marcial e de aparências de Roma (isso, a Cleópatra mito) e, já no início de nossa era (a Cleópatra personagem), como acontece com as *Riot Grrrls*, menosprezando os valores mercantilistas e também de aparências.

Antes de seu aparecimento, na cena 1 do primeiro ato, os leitores/a platéia são informados sobre a rainha egípcia segundo a ótica pejorativa dos romanos. Falando de sua relação com o triúnviro, assim se expressa Filo:

... e [Antônio] agora é fole e leque
Esfriando o calor daquela egípcia.
Olha, repara só. Estão chegando;

Nele verás o tríplice pilar
Do mundo inteiro aos pés, qual um palhaço,
De uma rameira.
(1.i.9-13)

Até mesmo Antônio, ao se ver derrotado por segui-la, e se julgando traído por ela, deixa vir à tona a imagem forjada por valores político-sociais. Nesse momento de desespero, ele transfere para a amada, objeto de paixão irracional, toda a culpa – sentimento de consciência do pecado? – pela derrota e pelo amor incandescente que ainda o domina:

Está tudo perdido. Me traiu,
Egípcia imunda. Toda minha esquadra

> Rendeu-se ao inimigo e, à distância,
> Lançam gorros ao ar, confraternizam,
> Tal amigos que há muito não se viam.
> Três vezes prostituta, me vendeste
> A um neófito; contra ti, somente,
> Meu coração faz guerra. Diz a todos
> Que fujam, porque após eu me vingar
> Do meu feitiço, tudo estará feito.
> ....
> Ah, espírito falso do Egito!
> Feiticeira fatal...
> (IV.xiii.9-25)

Essa feiticeira, cujo poder reside em sua sexualidade, é confrontada com a dama romana, esposa de Marco Antônio e irmã de César, a contida Otávia. Comentando sobre a nova esposa de Antônio, casada para promover a paz e a união entre o irmão e o esposo, diz Enobarbo: "Otávia tem uma conduta piedosa, comedida, recatada". Ao que Menas retruca: "Mas quem não gostaria de ter uma esposa assim?" E Enobarbo responde:

> Quem não é assim, ou seja, Marco Antônio. Ele há de voltar para seu prato egípcio; então, os suspiros de Otávia atiçarão o fogo em César e, como acabo de dizer, o que constitui a força da estima dos dois vai se transformar na causa imediata de suas diferenças. Antônio há de satisfazer sua paixão onde ela se encontra. Aqui, ele se casou por conveniência. (II.vi.125-131)

Otávia, a *garota boazinha*, casa-se por conveniência para salvar o sistema, enquanto Cleópatra dança, come, bebe e faz amor com o marido dela, "porque sim", como diria Courtney Love. Sabendo-se livre, a egípcia escolhe se prender ao general romano, mas sua escolha e sua relação se baseiam sempre na igualdade ou, melhor, na sua superioridade. Sinaliza-se essa superioridade na descrição que Enobarbo faz do encontro dos dois, quando a rainha vem no Nilo, em suntuosa galera, num ambiente de sonho e luxo, atraindo a multidão e deixando o até então invicto general romano sem seguidores, assobiando para o vento... que não vai também ao encontro da fascinante mulher, para não deixar o vácuo em seu lugar.

> ENOBARBO:
> Da barcaça, se espalha um invisível
> E exótico aroma, embriagando
> Os sentidos das margens adjacentes.
> A cidade lança seu povo a vê-la;

E Antônio ficou só, sentado ao trono,
Na praça do mercado, então vazia,
Sibilando ao ar, que, não fosse pelo
Risco de criar vácuo, também
Teria corrido para ver Cleópatra,
Causando um vazio na natureza.
(II.ii.218-225)

Mulher – rainha e feiticeira – ela usa seu poder de comando e simultaneamente suas armas "femininas" – charme, sedução e, principalmente, dissimulação – para envolver e dominar Antônio, e encantar todos os que dela se aproximam. Fascina o inimigo, suas aias a respeitam e amam, seus servos são leais, com exceção do tesoureiro Seleuco que, vencida sua soberana, a trai, dizendo a Otávio que ela guardara riquezas para si, o que dá a Cleópatra a chance de, pela última vez, apresentar um "espetáculo" de ira e revolta diante dos romanos. Sua capacidade de encenação retrata a imagem vigente na época de Shakespeare da mulher dissimulada, leviana, erótica, nada confiável, enfim. Essa imagem ele recria na rainha para, em seguida, e no desenrolar da própria caracterização da personagem, desconstruir, substituindo-a pela da mulher forte capaz de definir seu próprio caminho. *Riot Grrrl* do século XVII de nossa era, modelada no mito do século 1 a.C., a Cleópatra de Shakespeare usa de um feminismo amadurecido, que emprega a sedução e o poder para marcar seu lugar.

Como Créssida, ela lança mão da dissimulação para prender Antônio. Ao comunicar-lhe o amante que ele tem de voltar a Roma, por causa da guerra civil provocada por Fulvia, sua primeira esposa, e que esta está morta, Cleópatra reage "teatralmente", na tentativa de evitar que ele parta:

CLEÓPATRA:
...Esconde o rosto, por favor
Chora por ela; dá-me o adeus,
Declara que pertencem ao Egito
As lágrimas. Vai, interpreta a cena
De dissimulação tão magistral;
Que pura honra tudo se pareça.

ANTÔNIO:
Fazes subir meu sangue; peço, basta.
....

ANTÔNIO:
Por esta minha espada...

CLEÓPATRA:
E pelo escudo. Estás já progredindo

Mas melhorar ainda podes. Vê
Charmian, como este Hércules romano
Enverga bem a sua ira.
(I.iii.76-85)

O jogo de dissimulação vai eclodir no ato final quando, vencida e retida em seu próprio palácio, a mulher/rainha/egípcia, diante do vencedor Otávio César, finge arrepender-se dos erros cometidos por sua *feminina fraqueza*:

CLEÓPATRA:
Senhor ímpar do mundo, eu não posso
Fazer a minha causa parecer
Inocente; confesso, no entanto,
Que pesam sobre mim certas fraquezas
Que tantas vezes têm envergonhado
Criaturas do meu sexo.
(V.ii.116-120)

Convencido de sua vitória, principalmente por não acreditar na força da mulher, o próprio Otávio César afirma, em III.xii.29-33:

(...) Mulheres não são fortes,
Mesmo quando a sorte lhes favorecer;
A falta faz a mais pura vestal
Os votos romper.

Certo de sua vitória sobre a egípcia, mulher e, portanto, fraca, Otávio César se retira para, ao retornar, constatar seu erro. Invicta, Cleópatra é encontrada por ele vestida com seu manto real, coroada e...morta! Com seu suicídio, ela joga por terra o grande trunfo de César, já que o impossibilita de levá-la, mito da invencível mulher fatal, entre os despojos de guerra, em sua entrada triunfal em Roma. Vencido por essa estratégia, ele reconhece a superior independência da rival:

No fim, mais corajosa, percebeu
Nosso intento e, real, seguiu
O seu próprio caminho.
(V.ii.329-331)

A trajetória seguida na caracterização de Cleópatra, indo da imagem da meretriz, no ato I, passando pela cortesã voluptuosa e entregue ao prazer, pela atriz que envolve pela dissimulação, para terminar na mulher-rainha forte e invencível, nos faz ver que Shakespeare, lançando mão dos clichês de seu tempo, desvela, no entanto, a mistificação contida no mito, para sugerir possibilidades de outros e mais fortes aspectos do feminino, desestruturando valores dominadores/machistas, permitindo entrever, em seu texto, a irrupção das crises sociais, especialmente em relação ao papel e ao lugar da mulher, que aí tiveram início.

Diz Catherine Belsey que

> a insistência num sentido único, fixo e já dado, é assim uma forma de se reafirmar valores já existentes. Por outro lado, os momentos em que a pluralidade de sentido é mais insistente são também momentos de crises nos valores existentes. Uma luta pelo sentido rompe o sistema de diferenças que aceitamos como naturais, confundindo as oposições e os valores que estruturam o entendimento. (1985:177-8)

Da mesma forma, não Tamora, que reafirma a leitura característica dos séculos XVI e XVII, configurando a mulher-demônio, mas Créssida e, especialmente, Cleópatra, em sua insistência numa feminilidade independente, forte e inteligente, característica de *femenistas*, revoltando-se contra os valores machistas do capitalismo emergente, não seriam *Riot Grrrls* de seu tempo?

Referências bibliográficas

BELSEY, Catherine (1985) "Disrupting sexual difference: meaning and gender in the comedies". In John Drakakis (ed.) *Alternative Shakespeares*. London: Methuen, pp. 166-190.

BHABHA, Homi K. (1995) "The Other Question: Stereotype, Discrimination and the Discourse of Colonialism". *The Location of Culture*. London: Routledge, pp. 66-84.

CHARNES, Linda. (1989) "So Unsecret to Ourselves: notorious identity and the material subject in Shakespeare's *Troilus and Cressida*". *Shakespeare Quarterly*, 40 (4), pp.413-440.

EVANS, G. Blakemore (org.) (1974). *The Riverside Shakespeare*. Boston: Houghton Mifflin Co.

FELINTO, Marilene (1997) "A rebelião das malvadas". *Folha de São Paulo*, 5 MAIS! (19 de outubro), 4.

GARBER, Marjorie (1981) "Women's Rites". *Coming of age in Shakespeare*. London: Methuen, pp. 116-173.

JARDINE, Lisa.(1996) *Reading Shakespeare Historically*. London: Routledge.

LOVE, Courtney (1997) "Malvada como eu". *Folha de São Paulo*, MAIS! (19 de outubro), 5-6.

MUIR, Kenneth (1984) "Introduction". In Kenneth Muir (ed.) *The Oxford Shakespeare: Troilus and Cressida*. Oxford: Oxford University Press, pp.1-40.

SANTOS, Marlene Soares (1997). "Introdução". Em William Shakespeare. *Antônio e Cleópatra*. Tradução e notas de José Roberto O'Shea. São Paulo: Mandarim, pp.7-20.

SHAKESPEARE, William (1997) *Antônio e Cleópatra*. Tradução e notas de José Roberto O'Shea. Introdução de Marlene Soares dos Santos. São Paulo: Mandarim.

WELLS, Stanley & TAYLOR, Gary (eds.) (1997) *William Shakespeare: The Complete Works*. Oxford: Oxford University Press.

A identidade feminina em *Otelo*

WILLIAM SOARES DOS SANTOS

1. Introdução[1]

Em todo o mundo as mulheres têm, através da história da humanidade, sofrido sob o jugo do discurso patriarcal, um discurso que as diferencia, separa, humilha e subjuga. Esse discurso, partindo de uma diferença biológica, constrói diferenças sociais marcantes que se encontram, ainda hoje, presentes nas mais avançadas metrópoles do globo.

Devido a diversas transformações sociais motivadas, principalmente, pela Revolução Francesa, em fins do século 18 e início do 19 começa a ganhar força a idéia da divisão dos sexos. Antes se pressupunha apenas o sexo masculino, sendo o feminino considerado a sua contrapartida inferior. A noção de sexo estava ligada essencialmente ao corpo e aos órgãos reprodutores masculinos. Antes do século 18 considerava-se que o homem possuía o calor vital para gerar a semente e à mulher era necessária a frieza para que pudesse conservar essa semente e gerá-la com perfeição, caso contrário o feto seria dissolvido. Quando a mulher sofria de qualquer patologia psiquiátrica era rotulada de mulher "vaporosa", ou seja, que sofria de "calores" que, por sua vez, afetavam os seus "humores", os quais entravam em combustão e atingiam o cérebro. Devido a esse conjunto de crenças (perpetuadas principalmente pela medicina galênica, pela biologia aristotélica e pela astrologia de Ptolomeu), a mulher era vista como um homem invertido, sendo seus órgãos sexuais descritos como a inversão dos órgãos sexuais masculinos (Cf. Freire Costa, 1995:4-8).

Esses conceitos começaram a cair em desuso porque, com a fundação dos três pilares da Revolução Francesa (liberdade, igualdade e fraternidade), surge a necessidade de um conjunto novo de idéias que justificassem a desigualdade entre os homens e entre os homens e as mulheres, ou seja, "sistemas de verdades" (Foucault, 1979:12-3) que burlassem a teoria jurídica de que todos são

---

[1] Tenho um enorme débito para com Marlene Soares dos Santos, com quem nesses últimos anos tenho tido a oportunidade de trilhar o caminho dos estudos shakespearianos e que, com sua já natural meticulosidade forjada através de anos de contato com o texto do bardo de Stratford-upon-Avon, fez uma última leitura deste texto trazendo observações de relevância. Uma versão deste estudo foi apresentada, sob forma de comunicação, no Simpósio *Discurso, Identidade e Sociedade* realizado na PUC-Rio, em 17-19 de maio de 2001.

iguais. Essas idéias foram encontradas, forjadas e autenticadas pela ciência com base em marcas biológicas. Dessa forma as mulheres, os povos dominados e os homens fora da esfera de poder eram considerados naturalmente inferiores devido a sua constituição anatômica. Estudos da conformação óssea passam a "provar" a "superioridade" óssea da classe burguesa dominante. No caso da mulher, o crânio menor e a bacia pélvica maior eram prova "cabal" de sua inferioridade intelectual e do único fim de sua existência: o da procriação. A mulher era, então, posta em um patamar inferior, da mesma forma que os negros, as crianças e os delinqüentes. Esses exemplos ilustram apenas a base de um conjunto de práticas que abrangem desde a interiorização sutil da ideologia do patriarcado até o uso da mais pura violência. Essas práticas são, por sua vez, as principais ferramentas do patriarcado, já que proporcionam a sua permanência através de sua longevidade e universalidade (Cf. Millet, 1993:58).

Algumas evidências apontam para o fato de que, em algum momento da história, ritos ligados à fertilidade, em sociedades antigas, se transformam em cultos ao patriarcado, colocando em segundo plano o papel da mulher no tocante à procriação e atribuindo o poder da vida apenas ao falo (idem, p. 28). Religiões de cunho patriarcal contribuíram para a consolidação dessa idéia com a criação de Deus ou deuses, descaracterizando a função das deusas e construindo uma teologia cuja função principal seria a de postular a supremacia masculina e enfatizar a estrutura patriarcal.

É claro que, de certo modo, saber como se origina o patriarcado é irrelevante para as questões e desafios que a mulher tem de enfrentar dentro das sociedades patriarcais ainda nos dias de hoje, como, por exemplo, a diferença de oportunidades no mercado de trabalho e a consolidação de sua capacidade de atuar em qualquer área do desenvolvimento humano, seja este político, científico, tecnológico ou humanístico.[2] Por outro lado, conhecer a história que manteve (e mantém) a mulher afastada da esfera de atuação dentro da sociedade e pesquisar os processos e instrumentos que a estrutura patriarcal utiliza para efetuar esse afastamento pode ser uma ferramenta muito útil para que a mulher e também o homem, refletindo sobre essas práticas, possam quebrar esses modelos opressores para a construção de uma sociedade menos injusta. Essas reflexões em torno das diferenças de gênero culminam com o advento do

---

[2] A respeito da presença marcante, ainda hoje, do patriarcado, Kate Millet observa que "talvez a maior arma psicológica do patriarcado seja, simplesmente, sua universalidade e longevidade. Raramente se pode achar um referente com o qual se poderia contrastá-lo ou pelo qual este possa ser refutado" (1993:58). A tradução do texto é minha, assim como as demais extraídas de originais em língua inglesa.

feminismo no século 20, principalmente nos anos setenta que, ao lado de suas conquistas políticas, desenvolveu uma crítica que

> alterou fundamentalmente o modo como acadêmicos, críticos, atores e platéias refletem a respeito de gênero. "Fêmea" pode ser um dado biológico, "feminino" pode ser uma identidade social que todas as culturas reconhecem, mas o conteúdo de "feminilidade" não constitui uma categoria universal. Varia de cultura para cultura e de uma era histórica para outra. (Smith, 2000:02)

Meu objetivo, aqui, será o de discutir a problemática da identidade social de gênero feminino no teatro shakespeariano enfocando, para isso, discursos sobre/das personagens femininas na obra *Otelo* de William Shakespeare. A lingüística aplicada, sendo uma área de investigação social que trata de problemas de uso da linguagem enfrentados pelos participantes de interações discursivas, trazendo subsídios de várias áreas do saber (Cf. Moita Lopes, 1996a:20), é o fio condutor desta leitura. O paradigma de pesquisa que conduz esta investigação é o de cunho interpretativista, uma vez que, ao contrário do paradigma positivista, a investigação não se dará através do controle de quaisquer variáveis, nem procurará demonstrar relações de causa e efeito através de qualquer mecanismo de aferição. Estarei enfocando este fenômeno que é o texto e, mais especificamente, o texto teatral, considerando que o leitor frente ao mesmo não é um agente passivo mas está processando informações que, por sua vez, estarão sendo desenvolvidas em contextos e práticas culturais específicas e com objetivos determinados (Cf. Sarbin & Kitsuse, 1994:02). Dentro desse paradigma, a investigação terá um caráter hermenêutico, uma vez que buscará construir o significado no diálogo com o texto. Esse modo de condução da pesquisa promove o confronto entre os dados, as evidências (textuais e outras) e o conhecimento teórico acumulado a respeito do assunto tratado, ou seja, outras "vozes" estarão dialogando comigo[3]. Estarei lidando com as críticas feminista e materialista cultural que levam em consideração o momento histórico no qual o texto foi escrito e (re)lido, ainda pelas reflexões acerca do discurso e da

---

[3] Ao utilizar o termo "voz" aqui entendo o conceito desenvolvido pelo pensador russo Mikhail Bakhtin (1895-1971) e que compreende que a formulação de uma idéia ou discurso não é simplesmente o resultado da elaboração de um único indivíduo, mas que, no momento da enunciação do discurso, o texto de um dado indivíduo vem acompanhado de outros textos que se cruzam para dar origem a um novo texto ou, como coloca Stam (1992:37), "para ele [Bakhtin], a idéia não é uma formulação individual, com direitos permanentes de residência no interior da cabeça de uma pessoa. Idéias são, na realidade, eventos intersubjetivos elaborados do ponto de encontro dialógico entre as consciências". Ou ainda, como esclarecem Clark & Holquist (1984:12), "Bakhtin localiza o significado dentro do social".

linguagem como prática social propostas por lingüistas e outros estudiosos da linguagem. Essa leitura foi motivada, notadamente, como já observei acima, pela permanência, ainda nos dias de hoje, de conflitos marcantes em torno da questão da identidade feminina no mundo.

1.1 Identidades sociais

Existem dois modos básicos de se entender o processo identitário: um modelo *essencialista*, que compreende que o ser humano herda um conjunto de características e idéias sobre o mundo que orientarão suas práticas culturais no decorrer de toda a sua existência, e o modelo *não essencialista* (do qual compartilho), que leva em consideração que a identidade é múltipla e, portanto, sujeita a modificações através do tempo e, também, dentro dos espaços sociais em que atua. Dessa forma, a identidade é um evento posicionado dentro das relações sócio-econômicas, estando subordinado a formas de poder, com as quais as pessoas têm que se confrontar no dia-a-dia. A identidade está em permanente processo de representação; assim o arcabouço cultural herdado por um dado indivíduo sofre constante transformação (Hall, 1997:52).

Além de posicionada, a identidade é um fenômeno relacional, uma vez que é construída através da negação do que não se quer ser e da afirmação do que se pretende ser (Woodward, 1997:9). Assim, as identidades não são estáticas, já que estão sempre se modificando com menor ou maior grau de intensidade, absorvendo alguns traços e repelindo outros, quase sempre, em termos de oposição. É dessa maneira que marcas naturais (homem/mulher, branco/negro) são transformadas em construtos sociais que classificam o sujeito em relações de subordinação; um homem que nasce negro não nasce com uma identidade social de raça negra, esta lhe é imposta dentro da sociedade, da mesma forma que o bebê, ao nascer, embora possuindo uma marca biológica que o distingue entre masculino e feminino, só aprende a se comportar como homem ou mulher dentro dos construtos da sociedade.

O conceito de gênero com o qual estarei trabalhando aqui compreende o conjunto de características que compõem homens e mulheres dentro de convenções socialmente estabelecidas. Isso implica o fato de que gênero não é algo fixo mas construído dentro da interação social (Connell, 1995:35), diferente, portanto, de qualquer concepção que possa considerar o feminino (e o masculino) como algo constituído apenas biologicamente. Uma visão como a essencialista não é capaz de oferecer uma perspectiva ampla sobre a questão dos gêneros, uma vez que, dentro dessa forma de pensamento, tudo é compreendido como estando "inscrito por antecipação, sem possibilidade de mudança ou de criação. Prisioneiros de um esquema predeterminado e mesmo supradeterminado, homem e mulher estão condenados a desempenhar para sempre os mesmos papéis" (Badinter, 1993:27).

O caráter múltiplo da identidade implica que suas marcas podem refletir traços de etnia, gênero, orientação sexual e da comunidade a qual se pertence, entre outras, mas estarão sempre colocando o indivíduo em uma posição dentro da sociedade. Tal posição poderá estar em conflito com outros sujeitos detentores de outras marcas na formação de suas identidades ou, mesmo, em conflito com as diferentes marcas de identidade dentro das diversas posições que um mesmo sujeito assume no mundo social.

Esse aspecto do conflito reflete também o caráter contraditório da identidade, uma vez que um indivíduo pode agir de formas distintas, ou mesmo opostas, em diferentes círculos sociais. É dentro de uma grande intercalação de relações sócio-históricas que a imagem que projetamos para o mundo é formada, fazendo-se possível, uma vez que só existimos se podemos "ver" e confrontar o outro, ou seja, dentro de uma relação social. No entanto, para que o nosso olhar não perca a representação de quem somos, devemos ter consciência para que possamos, no âmbito social, escolher, dentro de nossa restrita liberdade, as imagens que a nossa identidade irá refletir.[4] Consciência como força social implica no fato de que, embora constrangido por forças biológicas e sociais que definem o sexo, o lugar de origem, a família, etc., o sujeito tem responsabilidade para com a (trans)formação de sua identidade direcionando aquelas escolhas possíveis.

Uma importante (talvez a principal) parte da constituição da identidade se dá via discurso, ao mesmo tempo em que, ao se engajarem em uma prática discursiva, os indivíduos trazem consigo outras marcas de suas identidades, se construindo ao mesmo tempo em que são construídos.[5] Assim, as pessoas fa-

---

[4] Emprego o termo consciência no sentido proposto por Mikhail Bakhtin, para quem "a consciência só existe sob uma força semiótica material e, neste sentido, é um fato objetivo e uma força social (...) e que, por essa razão, possui eficácia e desempenha um papel na arena da existência" (1992:23).

[5] Ao enfatizar a importância do discurso na formação da identidade é necessário colocar que não estou querendo dizer que ele seja o único fator. Temos que considerar outros aspectos que fazem, por exemplo, com que dois falantes de uma mesma comunidade, nascidos dos mesmos pais e tendo recebido os mesmos estímulos dos mesmos ambientes sociais, absorvam a mesma informação de maneiras diferentes, podendo, inclusive, produzir identidades opostas. A compreensão do modo através do qual o discurso opera na construção e reconstrução da identidade é vital para o entendimento da sociedade na qual vivemos e, sobretudo, do nosso modo de agir dentro dela (e também um dos conceitos-chaves deste texto); devo observar que ainda não sabemos até onde o discurso pode contribuir para a formação da identidade, ou seja, quais são os seus limites.

lam, lêem e escrevem como homens ou mulheres, pobres ou ricos, com determinadas idéias políticas e religiosas sobre o mundo, em um momento histórico-social específico (Cf. Moita Lopes, 1998), ou seja, sendo posicionados por um dado contexto (Hall, 1997:51). Essas posições serão também marcas que irão formar os significados dentro dos embates coletivos, uma vez que o significado só pode ser construído socialmente. Desse modo, pode-se reiterar a idéia de que nenhum evento oral ou escrito é gratuito, pois quem fala ou escreve deseja que sua elocução, o seu texto, ocupe um espaço social específico no mundo (Cf. Moita Lopes, 1996b). O texto, seja ele oral ou escrito, vem sempre carregado de ideologias próprias que irão entrar na formação da visão e na maneira de atuação no mundo – ou seja, na (re)construção das identidades – daqueles que se engajarem nesse texto.

Dentro de uma visão que considera a multiplicidade, fica impossível ver o feminino, e mesmo o masculino, como um conjunto único. Mulheres e homens não formam dois blocos coesos; homens diferem entre eles, assim como as mulheres diferem entre si (Cf. Connell, 1995:69). Dessa forma, abordar a questão do feminino implica uma apreciação deste gênero nas suas mais divergentes formas, não apenas no que é considerado como comportamento hegemônico. Esse posicionamento possibilita a apreensão dessa experiência humana de um modo abrangente (Cf. Moita Lopes, 1998), uma vez que, da mesma forma que a identidade como um todo, a feminilidade é um processo contínuo, dentro do qual as práticas podem ser mudadas drasticamente, no tempo e no espaço, mesmo quando focalizamos uma mesma pessoa. Outro ponto a ser ressaltado é o fato de que a feminilidade não pode ser desvinculada de outras práticas sociais; ela não é apenas algo biológico, inerente à fêmea da espécie, mas é sobretudo uma experiência localizada no mundo no qual a mulher se movimenta.

1.1.1 A questão da identidade feminina

No que tange especificamente às identidades femininas a história mostra basicamente que elas têm sido formadas em oposição às identidades masculinas e, na maioria das vezes, em uma evidente relação de subordinação e controle. Millet, em seu texto *Sexual Politics* (1993:xi), observa, por exemplo, como o sexo tem sido negligenciado em seu aspecto político e ilustra, através de recortes literários de obras de Henry Miller, D. H. Lawrence e outros, como o sexo é utilizado para degradar a mulher e engrandecer o homem. Millet traz exemplos de como a mulher é vista, quase sempre, como um ser que deve ser punido e purificado, e o homem, em contrapartida, como sendo aquele a quem cabe realizar a punição que, na maioria das vezes, não dá à mulher o direito à redenção. A autora, demonstra ainda, como a estrutura do patriarcado foi gerando, ao longo do tempo, vários mecanismos para moldar a identidade da mulher de forma a torná-la subordinada. Esses mecanismos vão desde a criação e fossilização de estereótipos do que seja e de como deve se comportar a mulher, até a ênfase nas diferenças biológicas, limitando os espaços de atuação da mulher dentro da sociedade, diferenciando as mulheres em classes e modelos antagônicos (fazendo com que se coloquem umas contra outras), evitando o seu acesso à educação e atividades econômicas, usando a força, criando mitos que desprestigiem-na e a toda a forma de feminilidade e, até mesmo, mecanismos psicológicos, através dos quais a mulher é levada a interiorizar a ideologia do patriarcado.

Com a entrada das sociedades modernas no que se convencionou chamar de pós-modernidade ou modernismo tardio, percebe-se que em alguns contextos sociais essas práticas de dominação passam a atuar de forma cada vez mais indireta. Se na Inglaterra renascentista as mulheres eram espancadas por seus pais mesmo quando já adultas (Cf. Stone, 1990:121), e se em muitas sociedades as mulheres vieram a conquistar direitos em seus casamentos somente a partir da segunda metade do século 20, hoje essas marcas de dominação e poder do patriarcado podem não estar tão evidentes nas sociedades ditas democráticas, mas ainda persistem: como analisa Michel Foucault (Cf. Machado, 1982:xiv), o poder não se localiza em um lugar específico; antes, ele é uma estrutura, uma rede sem limites, e é exercido, ao invés de ser possuído por alguém ou alguma entidade dentro da sociedade. Outra característica que faz o poder ser quase imperceptível é que ele não tem uma concepção negativa e não é mais, nas sociedades ditas democráticas, necessariamente algo repressor.[6] Isso diminui a capacidade de luta, a revolta e a possibilidade dos oprimidos se insurgirem contra as estruturas de poder.[7]

1.1.2 Discurso e leitura como prática social

Tendo em vista a importância do discurso na formação da identidade, é importante esclarecer que discurso, aqui, não está limitado à oralidade mas é entendido de forma que abranja qualquer enunciação onde haja um emissor e

---

[6] Foucault defende a tese de que a dominação capitalista não conseguiria se manter se fosse exclusivamente baseada na repressão.

[7] Foucault também observa o trabalho do poder sobre o corpo do ser humano, não para castigá-lo ou mutilá-lo mas para adestrá-lo e aprimorá-lo como ferramenta para um fim econômico específico.

um receptor (falante/ouvinte, escritor/leitor, etc.), e a intenção de influenciar, de alguma maneira, o outro. Nesse sentido, como observa Sara Mills,

> o discurso não é um conjunto vazio de declarações, mas grupos de orações ou sentenças, declarações que são estabelecidas dentro de um contexto social, que são determinadas por esse contexto e que contribuem para o modo pelo qual o contexto social dá prosseguimento à sua existência. (1997:11)

O pensador russo Mikhail Bakhtin (1929/1992:112) considera a linguagem, em qualquer de suas manifestações, como algo vivo, em contínuo movimento. Ele vê a palavra estando sempre direcionada a um destinatário que, por sua vez, possui relações sócio-históricas (em sua maioria, de oposição) com o emissor. Bakhtin observa que o discurso escrito, que poderia ser considerado como algo individual, não é a criação de um único indivíduo mas, sim, um processo social, da mesma forma que o processo mental, uma vez que "o pensamento não existe fora de sua expressão potencial e, conseqüentemente, fora da orientação social dessa expressão" (ibidem, p. 114). Em seu texto "A metaphor for a text organization", de 1991, Hoey propõe que o texto seja visto de forma organizada ao invés de estruturada. Isso possibilitaria uma visão do texto como pacotes de informação interrelacionados onde cada referência pode ser interpretada como evidência de uma relação entre o texto referido e aquele no qual a referência aparece. Em um texto anterior Hoey (1983:9) nos mostra que os "discursos não são construídos por sentenças em uma simples construção tijolo por tijolo", ou seja, "alguns dos fatores que afetam a formação de um discurso devem estar operando sobre um campo vasto além das sentenças adjacentes".

M. Charrolles (1983:75) complementa o pensamento de Hoey enfocando o fato de que a coerência, aplicada ao discurso, faz parte de uma série de atos de enunciação, não havendo gratuidade na elocução do discurso já que o mesmo "sempre implica em uma manifestação pública de uma intenção, um desejo consciente de significar alguma coisa para alguém".

Voltando nossos olhos para a leitura, David Bloome (1983:165) observa que, "tipicamente, a leitura é vista como um processo cognitivo – a decodificação dos símbolos impressos para a obtenção de um significado". Modelos de leitura calcados nessa visão pressupõem um enfoque apenas no texto (de decodificação). Outro enfoque é aquele que se detém no leitor (psicolingüístico). Considero que essas duas abordagens não oferecem uma visão que possibilite uma adequada apreensão do ato de ler. Por outro lado, Moita Lopes (1996a) propõe um modelo de leitura que se faz mais adequado à apreensão de seu processo. Esse modelo, chamado *interacional*, pressupõe o envolvimento "tanto da informação encontrada na página impressa – um processo perceptivo –, quanto da informação que o leitor traz para o texto – seu conhecimento prévio – um processo cognitivo" (p.138). Essa visão de leitura compreende que o ato de ler (e escrever) é, sobretudo, uma prática social orientada por processos ideológicos, sendo que, na maior parte do tempo, as pessoas não estão conscientes desse processo, uma vez que ideologias se constroem dentro de convenções que podem ser mais ou menos naturalizadas e automatizadas (Cf. Norman Fairclough, 1992:90), e que, sendo agregadas ao conjunto de práticas discursivas da nossa sociedade, ganham status de senso comum e tornam-se mais eficientes. Essa noção está intrinsecamente ligada ao fato de os sujeitos da interação estarem posicionados no discurso através de suas identidades sociais – que, como observei acima, derivam de uma multiplicidade de fontes que podem estar em conflito na construção das posições da identidade e podem conduzir à formação de identidades fragmentadas e contraditórias (Cf. Woodward, 1997:1) e que, como tenho afirmado, irão definir o posicionamento do indivíduo no discurso e o seu papel de atuação na sociedade.

É importante lembrar que a capacidade de interpretar e lidar com o discurso dependerá do conhecimento prévio do leitor. Dessa forma sigo, aqui, a mesma linha de pensamento de Stanley Fish quando diz que "a interpretação não é a arte de entender, mas sim a arte de construir" (1992:159). O leitor não entende simplesmente o texto, ele dialoga com o mesmo à medida que negocia a formação do significado, já que "o significado não é inerente à linguagem, mas é, de fato, uma construção social" (Moita Lopes, 1995:350), um processo ativo no qual estão refletidas as ideologias (forças políticas e interesses econômicos) hegemônicas e contra-hegemônicas[8]. Dessa forma, o modelo de leitura proposto por Moita Lopes coloca o ato de ler dependente da negociação entre o texto e o leitor, desconstruindo o truísmo que posiciona o significado no texto

---

[8] Uma vez que utilizo os termos hegemônico, contra-hegemônico e ideologia faz-se mister que eu esclareça quanto aos seus significados empregados aqui. O conceito de *hegemonia* foi elaborado por Antônio Gramsci, pensador italiano e marxista, entendendo-se aqui que, como coloca Stuart Hall (1980:36, apud Abbud, 1995:39), o conceito gramsciano implica em uma apreciação de hegemonia como sendo diferente de estar ligado a um sistema estático, um processo ativo e conflitante de dominação. Partindo do conceito de hegemonia proposto por Gramsci, Raymond Williams (1976, apud Abbud, 1995:25) desenvolve o conceito de contra-hegemonia ou hegemonia alternativa que denota o processo de contínua resistência ao processo hegemônico. O conceito de ideologia é entendido, aqui, através da percepção de Norman Fairclough (1992:94), ou seja, como sendo significações/construções da realidade que são formadas dentro das várias dimensões de forma/significados das práticas discursivas e que contribuem para a produção, reprodução ou transformação das relações de dominação. Nesse sentido as ideologias encaixadas dentro das práticas discursivas são mais eficientes quando elas são naturalizadas e adquirem status de senso comum.

e, considerando também que o ato da leitura compreende o envolvimento entre dois sujeitos (escritor e leitor) posicionados em níveis (históricos, sociais, etc.) específicos, jogando com suas expectativas em um verdadeiro embate social.[9] Essas observações chamam atenção para o fato de que os conceitos de identidade, discurso e leitura estão ligados de forma inextricável.

2. A especificidade do texto e do teatro shakespearianos

Ao lidar com o texto shakespeariano é necessário sublinhar que o mesmo foi elaborado para a representação teatral. No entanto, cabe também lembrar, uma vez que trabalharei não com a representação teatral mas com o texto de Shakespeare, que a análise de um texto teatral e a análise da representação deste texto são procedimentos diferentes[10]. Dessa forma, ao contrário do que pode acontecer quando uma peça é encenada e ganha, através dos mais variados recursos cênicos, as mais diversas interpretações possíveis, sem alterar sequer uma linha do texto, minha leitura aqui é baseada, estritamente, no *texto* da peça, o que me força a seguir tão somente as pistas ali deixadas.[11] Para tanto, se faz necessária uma breve apreciação do teatro no qual este texto está inserido.

O teatro, como qualquer manifestação humana, se modificou e assumiu conotações e características específicas dependendo da época e do lugar nos quais se manifestava. A arte de Shakespeare não foge a essa regra, tendo surgido, no entanto, no que se pode considerar como um dos espaços e momentos mais oportunos para a sua produção: no contexto que se convencionou chamar de teatro elisabetano, uma vez que a maior parte de sua existência se deu durante o reinado da rainha Elisabete I, que corresponde ao período de 1558 a 1603 (Cf. Santos, 1994:69). Shakespeare, no entanto, trabalhou até 1613, à época do reinado de Jaime I, rei que sucedeu a Elisabete, alcançando nesse período, denominado jacobino, plena maturidade de sua arte, produzindo peças consideradas até hoje obras-primas do teatro universal, como *Hamlet* (1600-01), *Otelo* (1603-04), *Macbeth* (1605-06), *Rei Lear* (1606-07), *Antônio e Cleópatra* (1606) e *Coriolano* (1607).

---

[9] É interessante observar que, ainda segundo este modelo, o leitor faz uso de dois tipos de conhecimento ao interagir com o texto: o *conhecimento sistêmico*, que implica o conhecimento dos níveis sintático, lexical e semântico da língua e o *conhecimento esquemático*, que compreende o conhecimento de mundo e das rotinas interacionais para lidar com a linguagem em uso.

[10] Para maiores informações a respeito do texto teatral ver Ryngaert (1996). *Introdução à análise do teatro*. Tradução de Paulo Neves. São Paulo: Martins Fontes.

[11] Isso não significa, no entanto, que minha leitura seja melhor ou mais completa por isso.

O reinado de Elisabete foi fundamental para o ressurgimento das artes, uma vez que nesse período a Inglaterra põe fim às guerras, alcança o poder econômico e consegue estabelecer um forte sentimento de civilidade, forjado pela empatia do povo com a sua rainha. Esse conjunto de fatores possibilita a chegada (tardia) do Renascimento à Inglaterra e é nesse conflito, com tudo o que caracterizava o mundo medieval existente e o mundo moderno emergente, que surge o teatro elisabetano. Este teatro que deixa de ser, essencialmente, amador, semiprofissional, profissional e itinerante para ter o seu próprio espaço, se profissionaliza de vez e se refina, fazendo com que os londrinos pagassem para assistir a uma peça.

Construído para além dos limites da cidade de Londres (os muros medievais e a barreira natural imposta pelo rio Tâmisa), o teatro se estabelece nos espaços conhecidos como sendo as *liberties*, onde ficavam os leprosários, as casas de jogos e prostituição, em um lugar estratégico entre a cidade e o campo (Cf. Mullaney, 1991:21), ocupando uma posição ambígua tanto geográfica (fora da cidade, mas parte dela) quanto socialmente (uma vez que atraía um público das mais diversas classes). Despertando a raiva dos puritanos e contando com a simpatia da população e da realeza, o teatro se torna, dentro da hierarquizada sociedade inglesa, um dos poucos espaços democráticos onde, quem se dispusesse a pagar, poderia ocupar o lugar que quisesse; e se constitui, também, em um dos poucos espaços públicos freqüentados pelas mulheres. No teatro a mulher podia estar em circulação e, ainda que acompanhada por um homem (pai, irmão ou marido), ela podia ser olhada e desejada e, principalmente, olhar e desejar. Outro aspecto importante era o fato de que no teatro, por vezes, a mulher entrava em contato com idéias que iam de encontro à ideologia do patriarcado (tais como o discurso de Emília em *Otelo*); dessa forma ela poderia absorver conceitos sobre o mundo diferentes do que costumava ter em seu universo. Nesse sentido, o teatro, com todas as suas possibilidades e práticas, era uma ameaça ao controle do homem sobre a mulher. No espaço do teatro as mulheres exercitavam sua autonomia olhando e julgando o que ocorria à sua volta, e essa autonomia estava intrinsecamente ligada à possibilidade de comprar o seu lugar (Cf. Howard, 1991).

Dentre os textos do teatro elisabetano que chegaram até nós, o de Shakespeare é aquele que mais se destaca, por saber lidar muito bem com a convergência dos mundos clássico, medieval e renascentista, pelo domínio da dramaturgia e pelo alto valor de sua poesia. Assim, *Romeu e Julieta* não é somente uma trágica história de amor mas fala, também, de conflitos político-sociais. Peças enfocando a história dos reis da Inglaterra, como *Ricardo II* ou *Henrique V*, não são simples propaganda da monarquia dos Tudors mas falam das implicações do ser humano como ser político (Cf. Traversi, 1969:ix). *Antônio e Cleópatra* não é apenas uma peça sobre a história de Roma mas converge, notadamente, para as relações de poder entre os gêneros feminino e masculino. *Coriolano*, para além da história de um herói arrogante, mostra uma crise social que coincide com a crise do indivíduo. *Otelo* não só focaliza um drama doméstico mas fala, também, de preconceitos de raça e de gênero, de idéias enraizadas no mundo social que afetam o indivíduo.

3. A identidade feminina em *Otelo*

Otelo pode ser descrita simplesmente como a história de um marido ciumento que, sendo levado a acreditar que a sua mulher o traía, assassinou-a e que, ao saber que havia sido iludido, comete suicídio. Essa peça foi assim, por muito tempo, descrita como uma tragédia familiar, motivada pelo ciúme. Aos poucos, a crítica contemporânea ampliou o horizonte de sua leitura mostrando imbricações para além da esfera familiar. E foi por comungar com essa idéia que decidi buscar, através dos discursos sobre a mulher e da contraposição dos discursos de duas das principais vozes femininas na peça, subsídios para demonstrar como as ideologias que permeiam o mundo social, que aparecem e são construídas no discurso, são responsáveis não somente pela tragédia em si, mas também por todo o comportamento misógino que permeia não apenas a peça de Shakespeare, mas toda uma sociedade que pode estar sendo refletida em seu texto.

Apesar de ser centrada em um conflito entre marido e esposa, o enredo da peça demonstra que toda a trama de *Otelo* está profundamente ligada a visões da sociedade que atingem o indivíduo. Otelo é o homem negro e estrangeiro que, ao tentar ser aceito no seio da burguesia veneziana, é cada vez mais rejeitado por ela, que o conserva apenas por suas qualidades militares. Ao casar-se com uma mulher branca e filha de um senador, Otelo faz aflorar preconceitos de toda a ordem: a sociedade, na voz de Iago, condena sua mulher, Desdêmona, por considerá-la bestial ao se unir com um homem já maduro, estrangeiro e negro, preterindo os homens jovens de sua classe, cor e país. No decorrer da trama Otelo vai vendo o desvelar de sua condição como homem negro e estrangeiro dentro daquela sociedade e vai perdendo sua auto-estima inicial,[12]

---

[12] Ver no Ato III, cena iii (pág. 119-21), por exemplo, a seguinte reflexão de Otelo: "...Talvez por eu ser negro/ e não ter o falar adocicado/ e as maneiras suaves/ dos galantes da corte...Ou quem sabe porque/ já vou descendo o vale inclinado dos anos.../ Mas por tão pouco ela me abandonar!/ Fui traído". A paginação aqui, como em todas as outras citações da peça, refere-se à edição bilíngüe da Relume Dumará (1995), com tradução de Onestaldo de Pennafort.

apegando-se ao único discurso que o une àqueles homens: o discurso patriarcal e misógino.[13] Iago, o vilão artífice da trama, aproveitando-se desse discurso, que permeia a sociedade, constrói uma Desdêmona como sendo a mais terrível das criaturas, equiparando-a a uma prostituta[14]. Otelo, ligado a Iago pelos laços da masculinidade e, agora, pelo ódio às mulheres, trama a morte de Cássio, seu tenente e suposto amante de Desdêmona, e da própria esposa.

No decorrer dessa construção da mulher como um ser vil e promíscuo, os discursos masculinos são recheados de imagens que a ligam ao demônio, aos animais ou a objetos de uso pessoal. Iago, por exemplo, descreve todas a mulheres como sendo "...demônios, quando são injuriadas;/ no trabalho doméstico ociosas;/ diligentes e ativas... só na cama" (II.i.59). E, mais tarde, no mesmo ato e cena, assim descreve Desdêmona a Roderigo: "Virtuosa só na casca! O vinho que ela bebe é feito de uvas. Se fosse tão/ virtuosa assim, não se teria metido de amores com o Mouro. Virtude uma ova". No ato III, cena iii, ao destilar seu veneno em Otelo, Iago imputa à Desdêmona um apetite monstruoso: "Sejamos francos: recusar propostas/ de casamento de ótimos partidos,/ de patrícios da mesma cor e meio,/ ao contrário do que seria natural... Isso não cheira bem... Faz pensar em instintos/ viciosos...anormais inclinações.../ depravação de gosto...". E, já no final deste mesmo ato, Otelo, além de chamar Desdêmona de "maldita, descarada e dissoluta", passa a denominá-la como "um belo diabo". E o discurso misógino não se restringe a Otelo ou Iago, mesmo Cássio, com todo o seu cavalheirismo (IV.i.159), chama sua amante, com desprezo, de prostituta. Otelo, no ato IV, cena i, ao se dirigir a Desdêmona, diz imprecações misóginas que soam como um provérbio popular: "Demônios!, demônios! Se a terra pudesse ser fecundada por lágrimas de/ mulher, de cada gota vertida brotaria um crocodilo". E no ato IV, cena ii, o mesmo Otelo compara Desdêmona a dois objetos: um livro de uso particular e um vaso de uso público: "Pois esse pergaminho alvíssimo, esse livro/ tão precioso terá sido fei-

---

[13] Um ponto interessante a destacar aqui é o fato de Shakespeare revolucionar ao colocar no palco (e diante da platéia londrina que, naquela época, deveria, em sua maioria, ver o negro minimamente como um bárbaro) um herói negro pleno de qualidades de fazer inveja aos mais nobres heróis da literatura e do teatro universais, de tal modo que muitos estudiosos, ainda no século 20, duvidaram, ou ao menos tentaram provar, que Otelo não era negro. Otelo foi um caso raro de sua época (e mesmo de épocas posteriores), onde o negro era representado sempre de forma pejorativa, cômica ou estando ligado às forças do mal. Para mais detalhes acerca desta discussão ver o texto de Karen Newman (1987) intitulado "And wash the Ethiop white: femininity and the monstrous in Othello".

[14] Palavra que Desdêmona mal consegue pronunciar (IV.ii.185): "Desdêmona: (...) Nem sei dizer direito/ "prostituta"! Oh! Palavra! Eu me horrorizo,/ só por ter pronunciado agora!/ Nem por todos os bens deste mundo, nunca/ praticaria um ato que pudesse/ corresponder a essa palavra horrível!".

to para escrever-se nele 'prostituta'?/ Que fizeste de mal? E ainda me perguntas?/ A mim? Ó vaso público!". E, no auge do discurso misógino da peça (V.ii.211), Otelo justifica a morte de Desdêmona como sendo um favor que faria a todos os outros homens, a sua parte na cumplicidade masculina que rege a sociedade: "...Mas deverá morrer, para que nunca mais/ engane a mais ninguém!...".

Esses discursos exemplificam o caráter relacional da questão de gênero, já que servem, sobretudo, para aproximar os homens da trama, uma vez que "a virilidade é uma noção eminentemente relacional, construída diante dos outros homens e contra a feminilidade, por uma espécie de medo do feminino" (Bourdieu, 1999:67). Dessa maneira, através dos recortes acima, podemos verificar uma presença marcante do discurso misógino na Renascença inglesa e a posição subalterna da mulher naquela sociedade. Entretanto, dentro dessa visão, Valerie Wayne (1991:154) considera o discurso misógino de Iago como residual, "um discurso marginal dentro da cultura da Renascença inglesa que foi e que é, em uma relação particularmente instável com o discurso dominante, presente tanto naquela época quanto agora". E é dentro dessa instabilidade que podemos ver a articulação do conflito dos discursos dominante e emergente nas vozes femininas da peça.

Neste momento é oportuno trazer, aqui, algumas considerações elaboradas por Raymond Williams que poderão iluminar as reflexões que trago a respeito da prevalência de discursos antagônicos na peça. Comentei acima a respeito da convivência, no teatro elisabetano, dos discursos medieval e renascentista; devido a características como essa, por muito tempo, estudiosos tiveram dificuldade para definir a especificidade de um momento histórico quando encontravam, seja no comportamento, nas leis, idéias, artes, moda, etc., contradições que revelavam a presença de aspectos do período anterior. Propondo uma reflexão que integre toda essa problemática, Williams (1979:124-29) observa que a análise de época deve levar em consideração o fato de que todo o momento histórico compõe-se de uma ideologia dominante, uma residual e uma emergente. Essa tese de Williams, aqui, é iluminadora, uma vez que, através dela, podemos perceber e compreender, com maior clareza, as divergências do discurso de Desdêmona e Emília.

Desdêmona inicia sua participação na peça com um discurso de afrontamento e, mesmo, surpreendente para uma época em que a mulher não tinha o direito de escolha, ainda que essa escolha estivesse restrita tão somente a uma transferência da submissão: a do pai pela do esposo. Diante do Senado, Desdêmona mostra-se uma mulher muito segura ao fazer a sua própria escolha diante de seu pai: "...Sempre a vós como filha obedeci./ Mas vejo aqui também o meu marido./ E a mesma submissão perante vós,/ a que se sujeitou a minha mãe outrora,/ e que ela sobrepôs à que a seu pai devia,/ é que ora, com razão, julgo dever/ ao Mouro, meu esposo e senhor" (I.iii.37).[15]

E, mais adiante, é tão ousada a ponto de, em uma época na qual a mulher pouco tinha liberdade para falar (Cf. Boose, 1992:184), exigir o seu direito de que seu casamento se consumasse: "Assim, nobres senhores, se me deixo,/ como traça da paz, ficar aqui,/ ao passo que ele parte para a guerra,/ dos ritos desse amor fico privada" (I.iii.41). Aqui Desdêmona faz uso de um discurso emergente no sentido de que busca criar novos significados e valores. Ela mostra, assim, que a mulher tem o direito de desejar amor e sexo e não apenas ser desejada pelos homens. No entanto, no ambiente da Ilha de Chipre, Desdêmona é outra mulher: ela não tem mais, nesse contexto, a desenvoltura e segurança que usara para com o seu pai e para com a sociedade em Veneza. No momento em que Otelo a pressiona por causa do lenço perdido ela, nervosa, tenta desviar, sem sucesso, a atenção para o problema de Cássio, levantando ainda mais as suspeitas de seu marido (III.iv.143):

> *Desdêmona*. Ele que sempre depositou as suas esperanças na vossa amizade, que/ tantos perigos partilhou convosco...
> *Otelo*. O lenço!
> *Desdêmona*. Isso não se faz.
> *Otelo*. Arreda!
> *Emília*. Este homem é que não é ciumento?
> *Desdêmona*. Nunca o vi assim! Deve haver mesmo algum feitiço naquele lenço!

Por outro lado o discurso de afrontamento de Emília começa a surgir na peça, ao acusar os homens de tratarem as mulheres como simples alimento: "Não é em um ano, nem será em dois,/ que a gente pode conhecer um homem./ Todos eles são só estômagos, nós não passamos de simples alimento./ Se estão famintos, com avidez nos comem;/ em nós mesmas vomitam se estão fartos." (III.iv.143).

Desdêmona, no entanto, prefere seguir outro caminho: o de desculpar os homens por suas "fraquezas": "(...) Não nos esqueçamos de que os homens não são deuses. Não se/ deve esperar deles que se comportem sempre como no dia de núpcias". Essa fala de Desdêmona é bastante ilustrativa de alguém que repete um discurso que, em princípio, não é seu mas, sim, inerente a uma dada

---

[15] Enfatizo que, aqui, o discurso de Desdêmona se revela muito em conformidade com o discurso hegemônico uma vez que ela está trocando a submissão do pai pela do marido. O seu mérito consiste apenas em escolher a quem ela será submissa.

ideologia que, como bem ilustra o conceito bakhtiniano de "voz", ecoa nas formulações discursivas de uma pessoa fazendo com que ela acredite ser a autora dessas idéias.

Na primeira cena do ato IV, Desdêmona é humilhada na frente de seu primo Ludovico por Otelo, que bate em seu rosto e a trata como uma hipócrita:

> *Desdêmona.* Como, meu adorado Otelo?
> *Otelo.* Demônios!
> (Bate-lhe)
> *Desdêmona.* Eu não mereço isso!
> (...)
> *Desdêmona.* Vou-me para não o irritar mais ainda.
> (Faz que vai sair)
> *Ludovico.* A verdadeira esposa obediente!/ Chamai-a, peço-vos, senhor.
> (...)
> *Otelo.* (...) Pois ei-la de volta./ Ela sabe voltar, tornar a ir/ e voltar outra vez./ Sabe ir e vir. Sabe chorar também senhor. Sabe chorar!".

Ela não consegue reunir argumentos ou forças para defender-se chegando, no máximo, a dizer que não merecia tal comportamento da parte de Otelo. A atitude de Desdêmona reflete sua aceitação do discurso dominante, que dizia que uma mulher deveria sempre obedecer ao marido. A fala de Ludovico a respeito da obediência de Desdêmona, por sua vez, enfatiza a centralidade do discurso para o exercício do poder sobre as mulheres dentro da sociedade elisabetana como um todo. Emília se mostra mais corajosa ao dirigir sua voz a Otelo para defender Desdêmona, algo que sua senhora não consegue fazer por si mesma: "Ela é honesta meu senhor!/ Eu aposto a minha alma em como é honesta!/ Se pensais o contrário, removei tal idéia que a mente vos desvaira./ (...) Se ela não é fiel, honesta e casta,/ então não há marido algum feliz no mundo,/ pois a mais pura dentre as esposas mais puras,/ em confronto com ela é suja como a infâmia" (IV.ii.171).

Ao ser acusada por Otelo, Desdêmona, ainda que desconhecendo toda a causa de seu infortúnio, não consegue assumir outra atitude senão a da resignação. Considero que essa resignação, como é expressa nas próprias palavras de Desdêmona, reflete a internalização do discurso e da ideologia do patriarcado: "Eu merecia ser tratada assim!/ É bem feito! É bem feito para mim!/ Mas que falta teria eu cometido/ -por maior que ela fosse- que pudesse/ despertar-lhe a menor, a mais leve suspeita/ sobre a minha conduta?" (IV.ii.179).

Logo em seguida, Desdêmona se dá conta de sua condição: de uma mulher adulta que é tratada como uma criança desobediente e que, apesar disso, deve resignar-se. Esse comportamento expressa, mais uma vez, a interiorização da ideologia do patriarcado e da condição da mulher na Renascença inglesa[16]: "Educam-se crianças com maneiras/ mais brandas e até ralhando-lhes de leve./ Bem que ele podia me repreender/ assim, porque de fato eu sou uma criança,/ quando ralham comigo" (IV.ii.179). Desdêmona, da mesma forma que a mulher elisabetana, não tem o acesso à palavra para se defender (Cf. Foucault, 1979), uma vez que ela é excluída através da rejeição do discurso feminino, que não era acolhido nem dentro da esfera familiar/privada nem, tampouco, no âmbito social/público, não sendo, por isso, ouvida (Cf. Belsey, 1985:154).

Enquanto Desdêmona prossegue em um conjunto de atitudes que denotam a sua resignação e que a levará ao desenlace trágico da peça, Emília traça um discurso de descontentamento para com os homens; embora não tenhamos nenhum dado sobre a reação dos espectadores e espectadoras, ele deveria, à época jacobina, mexer com os humores dos homens e mulheres da platéia por ser um discurso extremamente revolucionário para um texto que foi escrito em torno de 1603, e que demonstra a ocorrência dos embates discursivos em torno da construção da identidade feminina já naquela época:

> *Emília.* Mas acho que é por culpa dos maridos
> que caem as mulheres. Ou porque eles
> afrouxam seu ardor ou vão verter
> em regaços estranhos o que é nosso...
> ou senão porque irrompem com ciumeiras
> impertinentes e nos trazem presas...
> Seja porque nos batem, ou, enfim,
> porque em casa reduzem-nos os gastos
> com mesquinhez, – o fato é que, se erramos,
> são eles os culpados. Que diabo,
> nós também temos fel! E, ainda que mansas,
> sabemos nos vingar.
> Convençam-se os maridos de uma cousa:
> que as mulheres, como eles têm sentido;
> que vêem, cheiram e têm paladar
> tal qual como eles, para distinguir
> o que é doce e o que é amargo. O que é que os leva
> a nos trocar por outras? A vontade
> de variar? Pois bem, vá lá que seja.
> Arrasta-os a paixão? Vá lá também.
> É por fraqueza que erram? Sim, que seja.

---

[16] Ver, a este respeito, o texto de Catherine Belsey intitulado "Silence and Speech", em seu livro *The Subject of Tragedy – Identity and Difference in Renaissance Drama* (1985).

E, por ventura, cá do nosso lado,
nós não teremos, como os homens têm,
paixões também, ânsias de variar
e fraquezas da carne? Pois, então,
que eles nos tratem bem, ou senão saibam
que é só para o mal deles, afinal,
que tão bem nos ensinam a agir mal
(IV.iii).

Esse discurso proferido por Emília tem duas características fundamentais: a primeira é que faz parte de uma série de conceitos que emergiam na sociedade elisabetana e que se contrapunham aos discursos dominantes e delimitadores dos espaços da mulher; a outra característica diz respeito à classe social a que essas mulheres pertenciam. Emília faz parte de uma classe social inferior à de Desdêmona, o que, possivelmente, a deixa mais distante do compromisso com o discurso conservador que a classe dominante tem, visando a sua permanência no poder. No sistema patriarcal elisabetano, a mulher não tinha nem voz nem vez, já que, como coloca Catherine Belsey (1985:191), a mulher, ao falar, ameaçava o sistema de diferenças que conferia significado ao patriarcado, o que é bem exemplificado pelo discurso de Emília. Também é importante lembrar que este discurso só é possível quando as duas mulheres se encontram entre quatro paredes, uma vez que ambas são constrangidas a colaborarem com a estrutura do patriarcado, não tendo o poder de direcionar as suas existências. Iago, sem quaisquer explicações, ordena que Emília roube o lenço de Desdêmona (III.iii.123) e ela, enquanto sua esposa, tem de obedecê-lo. Ela sabe que deve sempre obedecer ao seu marido (V.ii.227), e só se rebela contra ele, no fim da peça, por se tratar de uma situação excepcional, uma vez que se sente culpada por ter, de modo indireto, cooperado para o fim trágico de sua senhora.

Os recortes acima trazem evidências de que a tragédia de Otelo e Desdêmona tem implicações além da esfera familiar, que suas raízes se encontram em concepções e formulações forjadas na sociedade e que atingem o indivíduo, e das quais ele não tem consciência. É o caso de Desdêmona, que encontra o seu fim trágico ao não se opor ao discurso que a incriminava porque, justamente, via nele a verdade (Cf. Foucault, 1979:12). Por outro lado, ao nos defrontarmos com a voz de Emília, percebemos que o poder não se dá sem embates, sem os discursos contra-hegemônicos dos quais nos fala Raymond Williams.

Shakespeare faz parte de um tempo e de um mundo social específicos e, não obstante a sua genialidade, não pode escapar de pertencer à sociedade que descreve em suas peças. O modo como homens da Renascença inglesa escreviam suas histórias fala de várias questões de gênero e traz evidências de como eles trabalhavam de forma a justificarem o esquema de conduta dos homens e o lugar restrito das mulheres. É dessa forma que "Otelo pode matar Desdêmona como um imprudente, enciumado mouro, mas ele mata a si próprio como um exemplar da masculinidade ocidental, como um herói (...) que afirma sua virtude em um ato de suicídio" (Smith, 2000:118).

Ao olhar superficialmente a história da mulher que, desobedecendo ao pai, teve como fim a tragédia, alguém menos cuidadoso pode ser tentado a classificar a obra como uma peça moral (tal como o conto de Giraldi Cinthio que a inspirou); no entanto, a reflexão que desenvolvi propõe que ela possa ser lida como um texto que reflete, em vários aspectos, a condição feminina na era elisabetana.

4. Últimas considerações

A questão da identidade feminina no teatro elisabetano apresenta uma característica fundamental *per se*: eram personagens femininos criados e representados por homens, o que contribuía para a predominância do discurso hegemônico do patriarcado, direcionando as vozes femininas e, conseqüentemente, moldando o espaço da mulher no mundo. Por outro lado, alguns personagens deveriam ter uma empatia com o público feminino pagante, podendo provocar, como vimos na voz de Emília em *Otelo*, embates discursivos de resistência ou, como coloca Smith (2000:108), embora as mulheres das peças e poemas de Shakespeare possam figurar como o outro, como o que está à parte, "elas se recusam a permanecer em lugares de oposição".

Otelo apresenta duas vozes conflitantes: enquanto Desdêmona se torna submissa, Emília não aceita a gratuidade da violência masculina (embora, em um determinado momento da peça (V.i.208), Emília também demonstre todo o seu preconceito e repúdio para com o tipo de mulher que Bianca representa).

Essa diversidade de vozes diferenciadas (femininas e masculinas sobre o feminino) é característica, notadamente, da obra de Shakespeare, uma vez que, como observa Berggren (1983:19), o esquema conferido à mulher em sua obra "celebra uma flexibilidade e uma receptividade às quais poucos homens, seja em suas comédias ou tragédias, podem equiparar-se". Esse aspecto, por sua vez, reflete um exercício retórico muito presente no teatro de Shakespeare e que permite o entrecruzamento de várias vozes discursivas, possibilitando o enfoque sob vários ângulos de uma única questão.

Nunca é demais reforçar a idéia de que os personagens de Shakespeare não são seres humanos reais; no entanto, através de correlações com textos da época e de estudos que procuram demonstrar a conduta da mulher e da sociedade em que ele viveu e trabalhou, podemos perceber que muito do comportamento que limita ou impulsiona a ação de seus personagens femininos retrata o mundo limitado no qual a mulher elisabetana tinha permissão para se movimentar. Peças de Shakespeare como *Otelo* nos mostram que, como procurei demonstrar no tópico sobre identidades sociais, a feminilidade é algo múltiplo, estando relacionada a diversos fatores e se ajustando de acordo com a recepção de outros participantes da trama. Mas talvez a maior virtude do texto shakespeariano resida no fato de que, além de fixar nosso olhar no passado, ele nos leva a refletir a respeito de nosso próprio mundo social e dos desafios que temos de superar para a construção de uma política de gênero mais igualitária nos diversos campos do desempenho humano.

Referências bibliográficas

ABBUD, Silvia M. de Barros (1995) *The Issue of Culture in EFL Lessons in Brazil: An Ethnographic Investigation*. PhD Thesis, University of London.

BADINTER, Elisabeth (1993) *X Y sobre a identidade masculina*. Trad. Maria Ignez Duque Estrada. Rio de Janeiro: Nova Fronteira.

BAKHTIN, M./VOLOSHINOV, V. (1929(1992)) *Marxismo e filosofia da linguagem*. Trad. Michel Lahud e Yara Frateschi Vieira, com colaboração de Lúcia Teixeira Wisnik e Carlos Henrique D. Chagas Cruz. São Paulo: Hucitec.

BELSEY, Catherine (1985) *The Subject of Tragedy: Identity and Difference in Renaissance Drama*. London/New York: Methuen.

BERGGREN, Paula S. (1983) "The woman's part: female sexuality as power in Shakespeare's plays". In Carolyn Ruth Swift Lenz, Gayle Greene & Carol Thomas Neely (eds.). *The Woman's Part: Feminist Criticism of Shakespeare*. Urbana: University of Illinois Press, pp.17-34.

BLOOME, David (1983) "Reading as Social Process". In B. Hutson (ed.) *Advances in Reading/Language Research*, v.2. Greenwich, CT: JAI Press, pp 165-195.

BOOSE, Lynda E. (1992) "Scolding Brides and Bridling Scolds: Taming the Woman's Unruly Member". *Shakespeare Quarterly*, 42, pp.179-213.

BOURDIEU, Pierre (1999) *A dominação masculina*. Trad. Maria Helena Kühner. Rio de Janeiro: Bertrand Brasil.

CHAROLLES, M (1991) "Coherence as a principle in the interpretation of discourse". *Text*, vol. 3, nº 1, pp.71-97.

CLARK, K. & HOLQUIST, M (1984) *Mikhail Bakhtin*. Cambridge, MA: Belknap Press.

CONNEL, R. W. (1995) *Masculinities*. Cambridge: Polity Press.

FAIRCLOUGH, Norman (1992) *Discourse and Social Change*. Cambridge: Polity Press.

FISH, Stanley (1992) "Como reconhecer um poema ao vê-lo". Trad. Sonia Moreira. *Palavra*, nº 1, pp.156-165.

FOUCAULT, Michel (1979) *Microfísica do poder*. Org. e trad. Roberto Machado. Rio de Janeiro: Graal.

FREIRE COSTA, Jurandir (1995). "A construção cultural da diferença dos sexos". *Sexualidade Gênero e Sociedade*, ano 2, n.º 3, junho, pp.1-8.

HALL, Stuart (1997) "Cultural Identity and Diaspora". In Kathryn Woodward (ed.). *Identity and Difference*. London:Thousand Oaks and New Delhi: Sage Publications in association with The Open University, pp.51-58.

HOEY, M. (1983) *On the surface of discourse*. London: George Allen & Unwin.

____ (1991) *Patterns of lexis in text*. Oxford: Oxford University Press.

HOWARD, Jean E. (1991) "Women as spectators, spectacles and paying customers". In David Scott Kastan & Peter Stallybrass (eds.) *Staging the Renaissance: Reinterpretations of Elizabethan and Jacobean Drama*. London/New York: Routledge, pp.68-74.

MACHADO, Roberto (1982) "Por uma genealogia do poder". In M. Foucault. *Microfísica do poder*. Trad. Roberto Machado. Rio de Janeiro: Graal, pp.vii-xxiii.

MILLET, Kate (1993) *Sexual Politics*. London: Virago.

MILLS, Sara (1997) *Discourse*. London/New York: Routledge.

MOI, Toril (1988) *Sexual/textual politics*. London/New York: Routledge.

MOITA LOPES, Luiz Paulo da (1995) "What is this class about? Topic formulation in a L1 reading comprehension classroom". In G. Cook & B. Seidelhofen (eds.). *Principle and Practice in Applied Linguistics*. Oxford: Oxford University Press, pp.349-362.

____ (1996a) *Oficina de Lingüística Aplicada*. Campinas: Mercado de Letras.

____ (1996b) Anais do 3º seminário da sociedade internacional de português como língua estrangeira. UFF – Niterói, mimeo.

____ (1998) "Discurso e identidade em sala de leitura de L1: a construção da diferença". In Inês Signorini (org.). *Lingua(gem) e identidade*. São Paulo: Mercado de Letras, pp. 303-330.

MULLANEY, Steven (1991) "Civic rites, city sites: the place of the stage". In David Scott Kastan & Peter Stallybrass (eds.) *Staging the Renaissance: Reinterpretations of Elizabethan and Jacobean Drama*. London/New York: Routledge, pp.17-26.

NEWMAN, Karen (1987) "And Wash the Ethiop White: Femininity and the Monstrous in Othello" In HOWARD & O'CONNOR (eds.). *Shakespeare Reproduced: The Text in History & Ideology*. New York/London: Methuen, pp.143-162.

RYNGAERT, Jean-Pierre (1996) *Introdução à análise do teatro*. Trad. Paulo Neves. São Paulo: Martins Fontes.

SANTOS, Marlene Soares dos (1994) "O teatro elisabetano". In Carlinda Fragale P. Nuñez et al. *O teatro através da história*. Rio de Janeiro: Centro Cultural Banco do Brasil/ Entourage Produções, pp.69-97.

SARBIN, T. R. & KITSUSE, J. L. (1994) *Constructing the Social*. London: Sage.

SHAKESPEARE, William (1995) *Otelo*. Edição bilíngüe. Trad. Onestaldo de Pennafort. Rio de Janeiro: Relume Dumará.

_____ (1987) *Othello*. Alvin Kernan (ed.). Shakespeare. New York and Scarborough, Ontario: Signet Classic.

SMITH, Bruce R. (2000) *Shakespeare and Masculinity*. New York: Oxford University Press.

STAM, R. (1992) *Bakhtin: da teoria da literatura à cultura de massa*. Trad. Heloísa Jahn. São Paulo: Ática.

STONE, Lawrence (1990) *The Family, Sex and Marriage in England 1500-1800*. Harmondsworth: Penguin Books.

TRAVERSI, Derek A. (1969) *An Approach to Shakespeare*. Vol. II. Garden City, New York: Anchor Books, Doubleday & Company.

WAYNE, Valerie (1991) "Historical differences: misogyny and Othello". In Valerie Wayne (ed.) *Materialist feminist criticism of Shakespeare*. New York/London: Harvester Wheatsheaf, pp.153-179.

WILLIAMS, Raymond (1979) *Marxismo e literatura*. Trad. Waltensir Dutra. Rio de Janeiro: Zahar.

WOODWARD, K. (1997) *Identity and Difference*. London, Thousand Oaks and New Delhi: Sage Publications in association with The Open University.

A (des)construção discursiva da megera shakespeariana: os casos de Katherine e Beatrice[1]

RITA DE CÁSSIA MARINHO PAIVA

Através de sua história, a arte da leitura tem sido tratada de maneiras distintas, fato que se verifica pelas diversas fases vividas pelos estudos literários. Primeiramente, o foco de atenção era o autor, que foi depois substituído pelo texto. Nas últimas décadas, porém, o leitor vem ganhando um espaço que lhe foi curiosamente – ou estranhamente, como diria Eagleton (1997:80) – negado por longo tempo. Pois, como observado por Alberto Manguel (1996:207), se a escrita pressupõe a leitura, de igual modo a leitura pressupõe o leitor.

Holub (1984:148) nos mostra que, antes do advento da Teoria da Recepção, em meados dos anos 70, o texto, entendido como uma obra de arte, reinava soberano. Com a chegada dessa nova mentalidade, o texto teve seu valor diminuído e passou a ser visto como uma função de seus leitores e sua *recepção*. A idéia de uma obra eterna e objetiva, que encerrava um significado único e completo, foi então substituída por uma variedade de modelos que apontavam para o caráter incompleto do texto, cujo significado não era pré-existente, mas construído. Assim, a leitura começou a ser entendida como um processo em que o texto é apreendido "in its *becoming* rather than as a fixed entity" (ibidem, p.149) [meu grifo].

Ao falarmos sobre texto, um conceito é imediatamente evocado: o de linguagem. Tendo também passado por diferentes momentos de conceituação, a linguagem deixou de ser vista como algo estagnado e imutável, desvinculado do mundo, e passou a ser entendida como articulada, intrinsecamente ligada à realidade. Segundo a abordagem conhecida como socioconstrucionista (Berger e Luckman, 1967; Mannheim, 1936 apud Sarbin & Kitsuse, 1994), os significados não estão prontos, mas esperando para serem socialmente *construídos* pelos agentes sociais que participam da formação de suas histórias. O socioconstrucionismo entende que a linguagem socialmente articulada é o *modus operandi*

---

[1] A autora baseou este ensaio em sua dissertação de Mestrado, intitulada *A identidade feminina no discurso shakespeariano: uma análise da questão gênero-linguagem* (1999), feita sob a orientação da Profa. Dra. Marlene Soares dos Santos.

desses sujeitos: ela é a maneira através da qual significados são construídos. Esse conceito de linguagem como socialmente engajada passou a ser entendido como uma das definições de *discurso* (cf. Fairclough,1989).

Sob essa perspectiva, discussões sobre os significados sociais envolvem um outro conceito fundamental – o de identidade, constantemente definido como sendo algo pronto e fixo. Contudo, ao contrário do que é comumente aceito, a identidade de um ser social é também um significado em processo de construção; nesse sentido, assim como um texto, não somos, mas *estamos*.

Intrinsecamente ligada à construção de identidades sociais está a questão de gênero. Embora associado com freqüência à noção de sexo – aspecto meramente biológico – gênero, hoje, não é mais aceito como algo inerente ao indivíduo, pois não faz parte de sua *essência*; antes, como discurso e identidade, ele passou a ser visto como um construto social, com sérias conotações socioculturais. É indiscutível o papel do gênero na formação de identidades: "people develop their sense of self within prevailing discourses, including the discourse of gender" (Shotter and Gergen, 1989 apud Crawford, 1995:16). Isso significa que homens e mulheres se tornam *gender-typed*, adquirindo certos traços, comportamentos e papéis *condizentes* com seu sexo e com o contexto em que estão inseridos. Infelizmente, o que parece ocorrer com freqüência é uma internalização, por parte das mulheres, da condição de inferioridade e submissão – idéia que lhes é imposta pelas sociedades patriarcais.

Participar da construção de nossas identidades e do mundo à nossa volta constantemente envolve lutas pelo poder. Isso porque, em um mundo desigual, os fortes oprimem os fracos, e essa opressão é exercida em diferentes níveis: classe, raça, religião, gênero. Contudo, esta opressão já não opera mais sozinha. Normalmente sustentadas por ideologias – idéias que justificam e explicam a ordem social – que servem a seus interesses, as minorias detentoras de poder têm, cada vez mais, enfrentado a resistência daqueles que entendem a importância de sua ação no mundo. Entender que somos parte integrante – e fundamental – dos processos de construção de significados do contexto de que fazemos parte nos impulsiona a agir e a *reagir* contra aqueles que insistem em nossa inatividade, nos forçando a ser meros espectadores de nossas vidas.

Sendo uma modalidade de discurso, a leitura tem participação ativa no social. Prova disso é que já serviu – e ainda continua servindo – aos interesses dos poderosos. Com a autoridade conferida exclusivamente ao texto ou ao autor, cujas intenções eram (são) avidamente caçadas, efetuava-se a apropriação de uma determinada obra, que era interpretada de modo a ir ao encontro das necessidades de um grupo privilegiado. Vários são os exemplos de textos indevidamente apropriados – a Bíblia e as obras de Shakespeare são apenas dois em um universo infinito. Como observa Antonio ao se referir ao judeu Shylock em *O mercador de Veneza*, "The devil can cite Scripture for his purpose" (I.iii.90).

Este trabalho, que enfoca a interação texto-leitor no discurso literário de língua inglesa, tem como objetivo propor uma leitura de dois textos shakespearianos segundo o modelo sociointeracional de leitura (Moita Lopes, 1996), que a entende como uma atividade comunicativa e, como tal, de natureza social. Trata-se de um modelo interpretativista, que é dependente dos esquemas cognitivos do leitor – nesse caso, a autora deste artigo; assim, pressupõe a impossibilidade de uma visão objetiva, neutra, ou puramente estética.

Nos textos analisados, *A megera domada* e *Muito barulho por nada*, ambos da autoria de William Shakespeare (1590 e 1598, respectivamente), trabalhei com as questões de discurso e gênero na construção da identidade feminina, observando mais objetivamente a figura da megera, representada pelos personagens Katherine, na primeira peça, e Beatrice, na segunda. Essa escolha foi ancorada em dois motivos principais: primeiro, o fato de a megera ter sido uma figura real da sociedade inglesa elisabetana; segundo, porque sua principal característica era a subversão, manifestada principalmente através do uso impróprio que fazia da linguagem. Vivendo em um contexto em que a mulher ideal era submissa e silenciosa, a megera era um símbolo de resistência e ameaçava subverter o *status quo* com sua língua afiada e seu comportamento independente. Com uma presença tão marcante naquela sociedade, ela saiu da realidade para entrar na literatura.

A condição e o destino das megeras Katherine e Beatrice já foram predominantemente lidos como normais e até engraçados. Atualmente, já no século XXI, esse tipo de interpretação seria, no mínimo, discutível, pelo menos em países ocidentais, onde a mulher vem conquistando cada vez mais espaço. A crítica feminista veio para acirrar ainda mais este tipo de discussão, já que se ocupa em questionar o papel da mulher na sociedade, analisar as relações de poder e a maneira pela qual as mulheres negociam essas relações; por isso, ela será utilizada como ferramenta teórica nas discussões sobre discurso, identidade e gênero quando condizentes com a abordagem sociointeracional de leitura.

Conseqüentemente, ao ler *A megera domada* e *Muito barulho por nada*, procurei observar como as protagonistas reagiam frente aos ditames do sistema patriarcal e aos mecanismos que objetivavam a (des)construção de suas identidades, como, por exemplo, o discurso, pois, segundo Thompson (1994:7), "language itself (...) is far from being gender-neutral. Male/female stereotypes are built into everyday language as well as into more elaborated literary contexts."

Proponho então uma leitura orientada pelo modelo sociointeracional, coerente com as pistas textuais e atenta ao contexto sociohistórico da produção, que permita, ao mesmo tempo, estabelecer um diálogo com o momento atual de recepção e analisar a luta das heroínas shakespearianas pela afirmação de suas identidades. Katherine e Beatrice – embora fictícias – refletem, na sua condição de personagens literários e teatrais, a essência de uma realidade.

Em uma pesquisa que tem como proposta a (des)construção da identidade feminina, discussões sobre gênero e poder são inevitáveis: como pensar na figura da mulher sem questionar o que é ser mulher, quais as lutas enfrentadas por ela, e como – ou se – ela reage. Ainda mais quando a reflexão é produzida no final de um século altamente marcado por *reações* de grupos oprimidos – mulheres, pobres, negros, homossexuais – por guerras religiosas e políticas etc. A palavra *reação* denota que o ser humano não é um mero espectador de um espetáculo social que se descortina à sua frente e à sua revelia – ao contrário, ele é, na verdade, *agente* neste todo social que o constrói e que é, ao mesmo tempo, por ele construído; a linguagem surge como o *modus operandi*, a ferramenta à qual os agentes recorrem para operacionalizar esta construção. Assim sendo, entendo linguagem enquanto prática social – discurso – segundo Norman Fairclough: "Language use is conceived of as socially determined" (1989:22); "discourse is a practice not just of representing the world, but of signifying the world, constituting and constructing the world in meaning" (1992:64). Assim sendo, ao concebermos o uso da linguagem como uma forma de prática social em vez de uma atividade puramente individual, isso implica entender que, em primeiro lugar, o discurso é um modo de ação; em segundo, que há uma relação dialética entre discurso e estrutura social, e em terceiro, que o discurso contribui para a construção dos sistemas de conhecimento e de crenças (ibidem, p.64).

As práticas discursivas contribuem não só para reproduzir a sociedade (identidades, relações sociais, sistemas de conhecimento e de crenças), mas também para transformá-la (ibid., p. 65). Sob esse prisma, a idéia de *processo* é fundamental: não mais encaradas como um bloco homogêneo de acontecimentos harmonicamente organizados e estáveis, as práticas sociais são aqui encaradas como *estando* e, não, como *sendo*. Esse novo enfoque é, portanto, diametralmente oposto à crença positivista em uma realidade social uniforme, objetiva e estática – o social está sendo construído a cada instante pelos mais diversos participantes, nos mais diversos contextos. Como apontado por Moita Lopes (1998:304), "os participantes discursivos constroem o significado ao se envolverem e ao envolverem outros no discurso em circunstâncias culturais, históricas e institucionais particulares". Como seres humanos inseridos em um determinado contexto social, estamos não apenas sendo constantemente construídos, mas também participando dos processos de construção – via discurso

– do mundo à nossa volta, assim como dos demais seres humanos, que fazem parte de nossa história e cuja história ajudamos a escrever.

Estudos sobre gênero e linguagem apontam que esta é feita por homens – eles controlam os significados, e as realidades femininas permanecem, por vezes, desarticuladas, talvez até ignoradas. Trabalhos realizados sobre as comunicações verbais e não-verbais mostram como elas expressam e mantêm o poder masculino: o homem usa o discurso para dominar, e a mulher é dominada pelo discurso.

Não poderia deixar de ressaltar que é inegável a existência de diferenças entre homens e mulheres, e seria absurdo contestá-las. Concordo, entretanto, com aqueles que defendem que "ser mulher" (ou "ser homem") é algo construído ao longo de nossas vidas: segundo Graddol and Swan (1991:8), gênero é um atributo construído socialmente e, não, biologicamente – os comportamentos e atitudes apropriados aos sexos não são inatos e, sim, aprendidos. Ou seja, as diferenças não surgem automaticamente no momento em que se constata o sexo de uma criança, mas, sim, no momento em que se inicia a construção das diferenças no contexto social em que ela irá viver. Assim sendo, as diferentes experiências vividas por homens e mulheres não podem ser satisfatoriamente explicadas unicamente pelas diferenças biológicas.

Um outro aspecto importante é o fato de que "ser homem" ou "ser mulher" possibilita a "filiação" a um ou outro (macro) grupo. Dessa filiação decorrem conseqüências sociais, econômicas e políticas que marcarão nossas vidas em sociedade (cf. Graddol and Swan,1991:7-8). Neste trabalho, vou observar as conseqüências dessa filiação ao (macro-) grupo das mulheres na sociedade renascentista elisabetana e discutir o que significava ser mulher naquela sociedade patriarcal. Devo ressaltar, entretanto, que a minha discussão não está centrada na vida de mulheres reais, mas, sim, em personagens teatrais, que muitas vezes refletiam a realidade vigente.

Minha proposta é analisar os processos discursivos de construção e desconstrução de identidade feminina experimentados por dois personagens teatrais – Katherine e Beatrice – protagonistas de duas peças shakespearianas. Embora não se trate de mulheres e situações reais, os conceitos anteriormente mencionados – discurso, identidade, poder, ideologia, gênero – serão fundamentais, por se aplicarem a situações vividas em um outro mundo pertencente ao texto teatral, que reflete não a realidade, mas a sua essência. Katherine e Beatrice são construídas, se constroem e sofrem o processo inverso à medida em que interagem – via discurso – com os demais personagens, que, como elas, fazem parte de uma sociedade notadamente patriarcal – a Inglaterra do século

XVI representada nas peças. O significado dessas (des)construções emergirá a partir de minha leitura das peças.

A posição da mulher

Se ainda hoje, no início do século XXI, a mulher é discriminada em vários locais e de diferentes formas, não é surpreendente o quadro de sua condição no século XVI: considerada um ser inferior e essencialmente emotiva, ela era constantemente equacionada com sentidos e paixões, enquanto que o homem era visto como racional: essa associação era utilizada para legitimar o já (há longo tempo) instaurado sistema patriarcal e, conseqüentemente, a submissão feminina: sendo a mulher um ser meramente instintivo e passional, comparada ao corpo, ela deveria ser "dominada e governada pelo homem assim como a alma deveria regular o corpo, e a razão viril dominar a parte animal do ser. Se uma mulher domina o homem, (...) a razão, a casa fica de pernas para o ar" (Agostinho apud Bloch,1995:39).

Além do falso conceito de serem essencialmente inferiores, às mulheres também era imposto o perfil da mulher ideal: fraca, submissa, caridosa, virtuosa e recatada (cf. Stone: 1977:138); suas tarefas eram cuidar da casa, do marido e dos filhos. Uma outra característica imprescindível dentro deste perfil era a de ser calada, expressando-se o mínimo possível.

O casamento não representava, naquela época, o início de uma vida a dois ansiosamente aguardada, mas, sim, um novo momento de submissão da mulher viabilizado através de transações de caráter inegavelmente financeiro e, por vezes, político, feitas por seus pais. Dentro dessa sociedade que começava a experimentar o capitalismo, as mulheres eram equacionadas com bens de consumo; assim, elas poderiam ser *negociadas* da forma que melhor aprouvesse a seus pais. A palavra grega para casamento, *ekdosis* (empréstimo), reflete bem a realidade da mulher dentro desta instituição naquela época.

A identidade feminina no discurso shakespeariano: a figura da megera

Como já apontado, a mulher ideal para a sociedade patriarcal elisabetana era submissa, sexual e moralmente: casta, obediente, silenciosa. Ainda que, como esposas, tivessem as mais variadas atribuições, as decisões finais sempre cabiam aos homens, os chefes de família. Quando conseguiam burlar o curso natural de suas vidas – o casamento e a maternidade – e chegavam a níveis intelectuais mais elevados, não dispunham dos mesmos privilégios de seus colegas do sexo masculino, e seus conhecimentos, conquanto admirados, deveriam permanecer, tanto quanto possível, na penumbra: "Learned women fascinated learned men, and men applauded, of course, their retreat to quiet studies apart from male society. There, in solitude, they were both magnificent and chained (...). Thus confined, it is no wonder they won no battles" (Jardine, 1983:58). Assim, quer como esposas ou filhas, ou como aristocratas intelectuais, a posição de inferioridade feminina era legitimada por um sistema que objetivava silenciá-las, equacionando convenientemente silêncio com virtude.

Ao encararmos o discurso como fundamental na construção de significados sociais, começamos a entender as razões que levaram (e ainda levam) sociedades patriarcais a cassar a voz da mulher: uma vez silenciada, ela não tem a possibilidade de lutar por transformações em sua condição. A presença predominante de um discurso machista (e misógino) que pregava a submissão e inferioridades femininas e a ausência (quase total) de um contra-discurso compunham um quadro adequado para a manutenção do *status quo* na sociedade renascentista elisabetana.

Logo, qualquer possibilidade de insurreição contra o sistema deveria ser – e era – anulada. Mas, ainda que não muito freqüentes, as tentativas existiam e incomodavam muito. Quem ousava transgredir as normas? Basicamente dois tipos de mulheres: as intelectuais, que, através de seus estudos e escritos, conseguiam, por vezes, se expressar, e as megeras, que, através de seu discurso, desafiavam o poderio machista. O perigo representado pelas primeiras era ínfimo, se comparado ao destas últimas. Primeiramente, porque uma mulher culta não tinha as mesmas possibilidades de acesso ao público que o homem, sendo sempre incentivada a manter-se a mais recolhida possível; em segundo lugar, o número de mulheres analfabetas era grande, o que as tornava um público praticamente inacessível, do ponto de vista literário. Logo, a influência de uma intelectual na vida de mulheres comuns era praticamente inexistente. Em contrapartida, a megera, mulher simples, normalmente pertencente às classes menos favorecidas, soltava sua língua no meio do povo, o que fazia dela um perigo real.

Ao iniciar uma análise sobre a figura da megera, é interessante ressaltarmos o fato de que ela é intrinsecamente associada ao uso do discurso, da *língua*. Outro aspecto relevante é que este rótulo é aplicado exclusivamente à mulher, nunca ao homem. Assim, estamos, mais uma vez, lidando com discussões que envolvem o conceito de gênero.

A (DES)CONSTRUÇÃO DISCURSIVA DA MEGERA SHAKESPEARIANA

"Megera" é um desses exemplos de termos pejorativos, utilizados exclusivamente para descrever determinado tipo de mulheres (homens nunca são "megeros") cujo comportamento era severamente repudiado e – punido – pela sociedade elisabetana. Mas o que caracterizava uma mulher como megera na Inglaterra renascentista? "Se a mulher considerada ideal era reservada, dependente, paciente, submissa e calada, a megera se propunha a ser o oposto: exuberante, independente, impaciente, rebelde e faladeira. (...) Mas a principal característica da megera era sua *língua* afiada" (Santos, 1997:30); segundo Jardine (1983:103), "they exercise a bewitching effect on the men who are subjected to their *tongue's* lash" [meus grifos]. Temida e odiada, a megera se insurgia contra o sistema usando a única arma de que dispunha: seu discurso. Falava de seu marido, contra ele, de seus vizinhos, enfim, de tudo ou de todos que porventura lhes desagradassem. Sua grande ousadia era justamente expressar-se *verbalmente* numa sociedade que, por razões óbvias, precisava mantê-la calada.

O discurso e o comportamento das megeras eram subversivos. Não raro, ocorriam também casos de agressões físicas a seus maridos e vizinhos. Assim, essa mulher de língua afiada, que ousava falar contra sua condição e que, por vezes, agredia o marido, significava uma inversão na ordem social, o mundo de cabeça para baixo. Com uma conduta tão rebelde, capaz de sabotar a harmonia doméstica (que dependia da sua submissão), ela poderia exercer uma terrível influência sobre as demais damas e donzelas oprimidas pelos preceitos machistas. Contudo, acho pertinente a observação de Jardine (1983:107) sobre o caráter ilusório de seu poder para desestruturar o *status quo*, pois suas queixas e discursos inflamados não a livravam da opressão e de suas obrigações – a megera apontava para o caos de sua situação, mas não conseguia mudá-la. Não se pode, entretanto, ignorar que, mesmo sendo apenas potencialmente ameaçadora, o pavor causado nos homens era real, "não só porque manifestava a subversão e punha a paz do lar em perigo, mas também porque lhes feria o amor próprio desafiando muitas de suas atitudes" (Santos, 1997:30).

A megera era uma presença tão marcante naquela sociedade, que se tornou uma personagem importante na literatura européia. Como observado por Santos (ibidem, p.31), "sua popularidade pode ser medida pela sua presença recorrente nas histórias oriundas do folclore, nos contos satíricos (*fabliaux*), nas baladas, nas narrativas populares e literárias, e nos teatros laico e religioso".

A figura da megera também foi ricamente explorada no discurso shakespeariano, que buscou nas tradições populares os diferentes modelos de mulheres faladeiras e de gênio indomável. Contudo, através de sua genialidade, o bardo pôde "perceber a força de suas personalidades e o brilho de suas inteligências" (ibid.) e suplantar a banalidade da imagem pejorativa dessas mulheres, amplamente divulgada pela ideologia patriarcal vigente.

A desconstrução discursiva da identidade da heroína em *A megera domada*

Nesta peça, Shakespeare nos apresenta uma família burguesa de Pádua, Itália: Baptista Minola, o patriarca, e suas duas filhas: a primogênita, Katherine (Kate), e Bianca, mais nova, cujo caráter era, aparentemente, o oposto do de sua irmã. Kate é megera; Bianca é dócil e submissa.

Justamente por causa de seu "gênio indomável" Kate é apresentada como aquela de quem os homens fugiam; Bianca, ao contrário, tem pretendentes à sua mão. Contudo, devido aos códigos de comportamento da época, Bianca, sendo mais nova, não poderia se casar antes de sua irmã mais velha, para desespero de seus pretendentes.

Conseguir um marido para Kate era uma tarefa quase impossível, já que os homens a temiam. O único que se dispõe a fazê-lo – mediante a um bom dote, e por causa de seu gosto por desafio – é Petruccio, amigo de Hortensio, um dos pretendentes de Bianca. Contrariando a própria Kate eles se casam, e Petruccio consegue – para a surpresa de todos – "domá-la".

A atribuição de rótulos envolve, via de regra, comparações. Assim, somos ricos se comparados a miseráveis, e pobres, se comparados a magnatas, por exemplo. Dentro de uma sociedade, governada por uma minoria, cujos preceitos nos são (convenientemente) impostos com verdades, ser diferente e fugir à regra, muito mais do que se tornar exceção, pode ser entendido como subversivo. Uma vez subversivo, o sujeito passa a ser uma ameaça, e, como tal, merecedor de um tratamento que o adéqüe à ordem natural das coisas. A melhor saída é compactuar – que significa, quase sempre, sobreviver.

Kate é uma mulher que vive numa sociedade patriarcal do século XVI. Diametralmente oposta ao ideal de mulher preconizado pelo sistema – submissa, dócil, passiva e, acima de tudo, calada – seu comportamento, avesso a tudo isso, lhe confere o título de megera. Insubordinada contra um sistema que entendia como injusto, Kate é tudo o que não deveria ser (aos olhos da sociedade): inquieta, malcriada, obstinada (enquanto lhe permitem) e, principalmente, faladeira – não no sentido contemporâneo do termo (fofoqueira), mas por denunciar, falar o que pensa contra tudo e todos que lhe desagradem. Reprimida por um sistema que ela sabia ser praticamente imutável, ela resolve usar a única arma de que dispunha contra ele: sua língua.

Se o conformismo era a regra, Kate optava por ser a exceção, e se insurgia. Ela fazia o que os outros, ainda que pensassem, não ousavam: falava daquilo que, para ela, era insustentável – ser oferecida a homens, como uma mercadoria qualquer:

> *Katherine.* I pray you, sir, is it your will
> To make a stale of me amongst these mates? (I.i.57-58)[2]

Discordar – abertamente – da decisão do pai era algo que já marcava até como diferente, pois filhos não podiam opinar sobre nada. Ao olharmos para suas palavras agressivas e determinadas, absolutamente impróprias para uma filha (quando nem filhos homens falavam assim), começamos a entender seu rótulo.

Kate é solitária. Não tem o carinho de seu pai, e é desprezada pelos homens. Nem mesmo amigas fazem parte da vida dela (o que é incomum na vida das heroínas de Shakespeare, que sempre têm uma figura feminina ao seu lado). Assim, ela é, na verdade, um ser carente que precisa ser amado – e fala de sua frustração. Ela demonstra ter ciúmes do afeto de seu pai por sua irmã, por quem Baptista tem uma preferência explícita, visto ser ela (cínica e convenientemente) o oposto de Kate.

Baptista deseja ver Bianca casada, mas antes, precisa casar sua filha mais velha, a quem ele mesmo encara como uma mercadoria de baixo valor, dados os propalados "atributos" da moça. Como observa Kahn (1981:106), a técnica de Baptista para lidar com esta situação é, claramente, impor o item menos popular como pré-requisito para a compra do mais desejado, fato que Kate parece perceber. Entretanto, ela também sabe que, como mulher, não passa de um objeto de troca nos negócios de seu pai e mera espectadora de sua própria vida, sobre a qual não tem poder de decisão. Oprimida por um sistema patriarcal que lhe fere os preceitos morais, ela não tem outra saída a não ser tornar-se uma megera, cuja característica principal, como já vimos, era o abuso da língua. Assim como as megeras reais da sociedade elisabetana, ela tenta, através do discurso, modificar – ou, ao menos, denunciar – uma condição que tanto lhe agredia. Não devemos esquecer, entretanto, que o poder de transformação da realidade é ilusório, já que um regime patriarcal não poderia ser vencido de uma hora para outra.

Acho pertinente ressaltar que o poder formador de identidades do discurso é aqui latente. Kate não nasceu megera; ela nasceu mulher e cresceu em uma sociedade em que o homem, poderoso, o único que por direito tem voz, ditava regras de comportamento que formavam divas obedientes. A ideologia machista criava e legitimava um protótipo de mulher inofensivo, incapaz de abalar as estruturas do sistema. Porém, ao contrário de suas passivas e conformadas contemporâneas, Kate resistiu a essa opressão utilizando os meios dos quais

---

[2] As referências de linhas correspondem à edição da Oxford (1988).

dispunha, a saber, discurso e comportamento, e *transformou-se* – ou melhor, *foi* socialmente *transformada* – em uma megera.

Dentro de uma sociedade em que homens são soberanos e definem o rumo de todas as vidas à sua volta, uma mulher que inspirasse medo neles deveria realmente ser uma terrível ameaça à ordem natural, uma espécie de sabotagem, como sugere Jardine (1983), ao sistema. Homens podiam, por direito, falar, ditar ordens e bater em suas mulheres; elas se conformavam. Kate, protótipo de um outro grupo, resistia.

Por sofrer com sua condição, Kate opta não só por usar sua língua, como também por agressões físicas contra sua irmã, e contra três homens: Hortensio (conforme descrito em II.i.148-159), Petruccio (II.i.217) e Grumio, empregado de Petruccio (IV.iii.31-35).

O comportamento de Kate, embora não aceito, é justificável para nós, que vivemos no século XXI, pois suas agressões não são gratuitas. Como observado por Kahn (1981:104-8), a violência a que recorre é uma resposta desesperada à exigência de submissão da mulher; em cada atitude, o contexto dramático sugere que ela agride ao se sentir provocada ou intimidada. Já o público renascentista desaprovava esse comportamento.

Diante do horror que causa nos homens, e ciente de que nem mesmo o dinheiro de seu pai lhe garantiria um casamento, Kate parece fadada a ficar eternamente solteira. A menos que um homem – suficientemente corajoso e ambicioso – decidisse aceitar o desafio de se casar com ela. Esse homem aparece na figura de Petruccio, que tem como meta casar-se com uma moça rica. Hortensio, seu amigo, lhe adverte sobre o caráter da moça, a quem chama de "Katherine the curst" (i.e., a "detestável", ou "abominável") – o pior título que uma dama pode receber, segundo Grumio (I.ii.127-8). Mesmo assim, Petruccio se interessa em conhecê-la, por ver nela uma fonte de renda e um desafio à sua masculinidade; embora grandemente movido por interesses econômicos, não há como negar sua atração por desafios que envolvam sua virilidade. Os homens da peça, repelidos pelo caráter de Kate, tentam dissuadi-lo de seu intento de casar-se com ela, mas ele, homem acostumado a grandes perigos, não se deixa intimidar pela língua de uma mulher: "Think you a little din can daunt mine ears? // Have I not in my time heard lions roar? // (...) // And you do tell me of a woman's tongue, // That gives not half so great a blow to hear // As will a chestnut in a farmer's fire?" (I.ii.198-208).

Por suas palavras, Petruccio demonstra ser um homem decidido cujos intentos dificilmente seriam mudados por uma circunstância que não lhe representava perigo. A dominação que Petruccio vai exercer sobre Kate já está planejada, e será efetivada com seu casamento, comunicado a ela de maneira absolutamente imperativa: "And therefore setting all this chat aside, // Thus in plain terms: your father hath consented // That you shall be my wife, your dowry 'greed on, // And will you, nill you, I will marry you." (II.i.262-5).

Nesse trecho, Petruccio deixa claro que irá se casar por dinheiro, com o consentimento do pai dela quer ela queira, quer não. Seu discurso ecoa a ideologia patriarcal vigente: o poder de decisão do pai, o caráter mercantil do casamento e a autoridade do marido, do homem sobre a mulher. Aqui está caracterizada a passagem da mulher do domínio do pai para o do marido, através de uma negociação monetária. Como já discutido, a submissão feminina, via casamento, muda apenas de endereço e de senhor.

Petruccio está iniciando um movimento de intimidação, através do qual vai mostrar à sua futura esposa quem detém o poder. Por suas palavras, ele parece, ao mesmo tempo, consciente e orgulhoso por se reconhecer como o único homem capaz de domá-la: "Thou must be married to no man but me, / / For *I am born to tame you*, Kate, // And bring you from a wild Kate to a Kate Conformable as the other household Kates."(II.i.270-2) [meus grifos].

Kate demonstra sua indignação com a atitude do pai em concedê-la em casamento a alguém como Petruccio e ainda tenta resistir, porém suas palavras são, mais uma vez, ignoradas por seu futuro esposo. Kate começa a capitular, já que entende que não lhe resta outra alternativa a não ser conformar-se com uma submissão praticamente imutável. Ela se retirada calada, o que é muito significativo: seu gesto simboliza sua rendição a um destino que, afinal de contas, sua língua não poderia modificar. Um casamento não desejado a esperava, e, junto com ele, a submissão a um marido cujo intento é claramente desconstruí-la e transformá-la. O reinado de Petruccio sobre Kate está, então, se iniciando.

A megera desconstruída

Como já vimos, antes de seu casamento Kate possuía o rótulo de megera, a ela atribuído pela sociedade machista na qual se inseria. Como observado por Boose (1992:192), ela é o arquétipo da mulher rabugenta, cujo crime contra a sociedade é a sua recusa em aceitar a hierarquia patriarcal. Assim, seu comportamento subversivo dentro daquele contexto a enquadrava, indiscutivelmente, na categoria de megera. A partir do dia da cerimônia, entretanto, sua imagem começará a se diluir, devido à desconstrução de sua identidade. Contra sua vontade, Kate tem que se submeter ao casamento negociado entre seu pai e seu futuro marido. Conquanto já estivesse suficientemente contrariada com tal situação, momentos ainda piores a esperavam. Petruccio está-se casando com ela por dois motivos: pelo seu dote (principalmente) e pelo desafio que enfrentar uma megera representava para ele. Dado a grandes desafios, ao casar-se com ela, ele sairia duplamente vitorioso: acumularia mais dinheiro e se consagraria perante os homens de sua sociedade como um bravo que ousou – e conseguiu – domar uma *fera*.

Seu plano, como já foi mencionado, estava pronto antes mesmo de ele conhecê-la. Sua primeira estratégia – revelada à platéia/leitores – é desconstruir o discurso de sua futura esposa e dominá-la verbalmente. Sendo o discurso uma ferramenta ideológica, e a interação o espaço da produção de identidades, ao dominar Kate verbalmente e desconstruir tudo o que ela falasse, Petruccio estará lhe impedindo de agir no social e, assim, de participar dos processos de afirmação de sua identidade. A anulação da voz feminina era uma das premissas fundamentais do sistema patriarcal, e, com efeito, como apontam Graddol e Swan (1991: 91), "(...) powerlessness is an essential characteristic of femininity and the fact of being a man is sufficient to confer interactional power on a speaker". Se ainda hoje esta premissa constitui uma realidade (ainda que contestada e resistida), era ainda muito mais marcada na Inglaterra do século XVI. Petruccio sabe que, como homem, o domínio sobre o discurso de Kate era, por direito, seu; mais ainda, por ser ela uma megera, ele *precisava* silenciá-la.

Kate tem consciência de que sua língua não poderá mudar sua vida, mas sente-se aliviada em poder falar contra aquele sistema que a oprime. Por isso, ela está todo tempo tentando soltar sua voz e ser ouvida pelo marido. Num primeiro momento, ele até concede à esposa a possibilidade de interação; ela, como toda megera, reconhece o mal-estar causado por sua loquacidade. Ao ser comparada com uma vespa por Petruccio, ela o adverte para que tenha cuidado com seu ferrão, que, segundo ela, estava na sua língua (II.i209-214). A possibilidade de interagir, entretanto, é-lhe depois paulatinamente negada, e ele termina por impor sua vontade, mostrando-lhe, assim, quem era – o verdadeiro detentor do poder – e o que estava disposto a realizar: a criação de uma *nova* Kate.

A domesticação de Kate, como veremos, é um processo, e Petruccio elabora um plano em diferentes etapas. Segundo Boose (1992:192), é no dia do casamento que se iniciam os ritos de domesticação de Kate, que se processam de forma rude, até mesmo brutal. O impacto inicial é físico: ela viaja suja, molhada e faminta, para chegar a uma casa gelada onde não lhe é permitido comer ou dormir. Com efeito, a estratégia a que Petruccio recorre agora é a de intimidação. Ele se mostra excessivamente violento com seus empregados, agredindo-os com palavras e gestos: bate neles, pede várias coisas ao mesmo tempo, reclama da comida e atira-lhes os pratos. Seu comportamento violento assusta Kate, que, como toda mulher, sente-se intimidada diante da força física de um homem e passa a temê-lo. A antes temida mulher de caráter forte e indomada está sendo gradativamente desconstruída segundo a vontade de seu marido.

Para estabelecer sua autoridade, Petruccio recorre a estratégias que visam ao esgotamento físico e mental de Kate, que a tornariam ainda mais suscetível à rendição final. Longe de sua família, sem alimento e sem descanso, ela é uma prisioneira do marido, cuja opressão estava experimentando.

A rendição final de Kate ainda está por acontecer. Petruccio lançará mão de sua última estratégia: a coação, através da qual ele se apropriará da visão de mundo de Kate. Como já vimos, o plano de Petruccio foi efetivado através de etapas distintas: sendo ela uma megera cujo poder aparente estava na língua, seu primeiro movimento é a desconstrução das palavras de Kate; nas etapas que se seguem, ele a envergonha, impede a satisfação de suas necessidades básicas, intimida-a com o uso de força física – contra outros – e chega, finalmente, ao último momento de seu plano: fazer Kate ver o mundo sob seu prisma. Mais uma vez, ele usará o discurso para efetivar seu intento:

> *Petruccio.* Let's see, I think 'tis now some seven o'clock,
> And well we may come there by dinner time.
> *Kate.* I dare assure you, sir, 'tis almost two,
> And 'twill be supper-time ere you come there.
> *Petruccio.* It shall be seven ere I go to horse.
> Look what I speak, or do, or think to do,
> You are still crossing it. Sirs, let't alone
> I will not go today, and ere I do,
> It shall be what o'clock I say it is.
> (IV.iii.185-193)

Petruccio está levando sua tática às últimas conseqüências, tentando confundir Kate, novamente através de um discurso desconexo. Ela sabe que precisa capitular, e aprendeu que, para sobreviver, precisa ver o mundo a partir da perspectiva do marido (ou, pelo menos, afirmar que o faz) (Detmer, 1997:287). Assim como a maioria das mulheres reais daquela sociedade, ela não podia com um jogo cujo poder absoluto era respaldado pelo sistema; a saída, então, era reconhecer seu [dele] senhorio sobre si.

Petruccio desconstruiu uma Kate nociva à sociedade e começou a construir uma outra, cuja nova identidade seria o ideal preconizado pela ideologia machista vigente. Como já visto, o conceito de identidade é permeado por questões de interesses e ideologia, sendo a construção da identidade de um ser social um processo totalmente ideológico. Assim, a Kate megera não agradava à sociedade por ser uma ameaça potencial ao *status quo*; a Kate desconstruída e domada, por outro lado, enquadrava-se nos padrões vigentes, e não representava mais perigo ao sistema.

Para efetuar sua conquista, Petruccio não recorre à violência física, mas, basicamente, ao discurso, que é, como já apontamos, uma poderosa ferramenta ideológica.

No final da peça, Petruccio mostra à sociedade de Pádua o seu feito, e apresenta sua antes megera esposa, agora transformada numa dócil e submissa mulher. A mudança é tão grande que choca até mesmo as outras mulheres da peça.

Ainda uma vez demonstrando seu poderio sobre a esposa, Petruccio manda que ela diga às esposas teimosas qual é o dever da mulher para com seu marido e senhor. Kate obedece e faz um discurso de 44 linhas sobre a lição que havia aprendido. Suas palavras elogiam o homem, o elevam à categoria de superior e afirmam a propalada fragilidade feminina. O homem é *lord, king, governor* (V.ii.143), e também *keeper, head, sovereign* (V.ii.151-152), termos que remetem à relação rei/súdito, eco da ideologia vigente: o rei estava para o povo assim como o marido para sua família.

Kate avalizou o poder de Petruccio, que a domesticou, ou melhor, adestrou, de modo a torná-la *natural* (cf. Traversi, 1969:78), a fazê-la enquadrar-se no *status quo*. Sua língua, antes utilizada como instrumento de denúncia e insurreição contra o sistema, fala agora em defesa deste. Ela precisou capitular e integrar-se a um *modus vivendi* contra o qual não podia lutar, e acaba consentindo em ser por ele dominada, transformada e, assim, aceita pela sociedade. Após o período de coerção, seguiu-se o momento de entendimento de exercício de poder; assim, Kate, antes marginal, passou agora a ser mais uma representante ideal do patriarcado vigente.

Não há intenção aqui de se oferecer a fórmula de leitura competente para esta peça e, como se sabe, há possibilidades que se coadunam – umas mais, outras menos – com diferentes visões. Após ler a peça, concordo com a análise de Detmer (1997) de que, embora o discurso final de Kate seja o mais longo, não reflete necessariamente seus verdadeiros pensamentos e desejos. Ela nega seus próprios sentimentos a fim de criar um vínculo com quem a maltratava. Vejo a obediência e rendição final de Kate como uma condição *sine qua non* para sua sobrevivência dentro daquela sociedade, na qual ela era minoria marginal. Assim sendo, a ela fora dada uma aparente opção: ou compactuava ou seria aniquilada; entretanto, ao compactuar, ela foi aniquilada. Ceder algumas vezes faz parte da vida em sociedade; perder a identidade nesse processo é algo muito mais sério. Quando falamos contra nossos valores, em prol de um sistema que nos oprime, estamos abrindo mão, em última análise, de nossas identidades como seres sociais.

A megera (in)domada em *Muito barulho por nada*

O texto de *Muito barulho por nada (Much Ado About Nothing)* foi publicado em 1600, e sua composição, calcula-se, ocorreu em fins do ano de 1598. A peça é composta por um enredo principal e um secundário. O primeiro nos apresenta a história de Cláudio e Hero – o casal modelo, cuja relação é temporariamente destruída por uma calúnia; o segundo nos mostra as duas figuras subversivas de Messina: Beatrice, a megera, e Benedick, o misógino, cujas resistências às regras daquela sociedade precisavam ser anuladas. Embora não sejam as figuras centrais da peça estruturalmente falando, suas personalidades fortes e comportamentos únicos os tornam tão atraentes, que sua história tem sido por vezes apontada como uma outra, ligada, mas não subordinada aos destinos de Cláudio e Hero.

A identidade da megera sofisticada

Chamar Beatrice de megera pode nos remeter imediatamente à figura de Kate, a megera de que tratamos anteriormente. Como veremos aqui, Beatrice também se comporta de maneira subversiva para os padrões de sua sociedade: tem uma personalidade forte, uma língua afiada e, ao contrário da maioria das mulheres de sua época, era – pelo menos segundo seu discurso – avessa ao casamento. Entretanto, diferentemente de Kate, Beatrice é uma megera "alegre" (cf. Santos, 1997:32), e benquista pelas pessoas; sua *megerice* diverte porque não atinge a todos, pois tem um alvo certo: o misógino Benedick.

De qualquer forma, as megeras ameaçavam a ordem e deveriam ser enquadradas no sistema. Em *Muito barulho por nada*, ao contrário do que acontece a Kate em *A megera domada*, Beatrice não é punida, e experimenta uma modificação especial seu caráter.

Ao compararmos Kate e Beatrice, é imperativo notarmos uma outra diferença de fundamental importância para os processos de construção de identidade, que é o contexto, pois, como já vimos, os seres sociais não agem em um vácuo, mas estão sempre situados em contextos sócio-histórico-culturais, dentro dos quais têm suas identidades formadas. Como observado por Sarup (1996:5), qualquer estudo da identidade jamais ocorre num vácuo e, sim, inserido numa determinada moldura espacial e temporal. Enquanto Kate é filha de um comerciante pertencente à burguesia de Pádua, Beatrice é sobrinha de um aristocrata e vive na aristocrática sociedade de Messina, cuja amostra é alegre e refinada. Entretanto, é válido ressaltar que o poder do sistema patriarcal era um traço comum tanto a Pádua, quanto a Messina, já que ambas as peças foram escritas na Inglaterra renascentista, sociedade em que o patriarcado imperava como ordem social.

Messina é machista, e até mesmo misógina, ainda que este aspecto nos seja, a princípio, sutilmente encoberto. Lá, como em Pádua, a voz masculina é preponderante; na primeira, entretanto, há um traço, fundamental, típico de sociedades aristocratas – a questão da honra masculina (já não tão marcante em Pádua), extremamente forte, que retém vestígios do código de cavalaria (Mueschke, 1979:134). O zelo pela honra é tão imperativo que oprime não apenas as mulheres (fato nada surpreendente), mas até mesmo os próprios homens, que acabam por se tornar escravos de seus códigos de comportamento.

Uma característica fundamental dos moradores de Messina é o uso consciente do discurso, da linguagem, que é, segundo Cook (1995:81), agressiva e espirituosa. Muito além de meras palavras para entabular diálogos corteses ou fúteis, o discurso dos personagens é, como veremos, não só um escudo mas também uma arma através da qual intenções e visões de mundo são expressas – ainda que (e muitas vezes) através de brincadeiras.

Em *A megera domada*, como já vimos, Kate e Petruccio (e Bianca, em menor escala) reconhecem a necessidade do uso da voz na construção de um ser social: ele, a voz do sistema, se impõe; Kate, a voz da resistência, luta por se fazer ouvir, mas acaba sucumbindo. Em Messina, entretanto, não é apenas Beatrice que entende o discurso como fundamental, mas todos os que com ela ali convivem (com exceção de Hero, que, como veremos adiante, tem sua passividade retratada através de seu quase que absoluto silêncio). Como não poderia deixar de ser, por se tratar de uma sociedade patriarcal, o discurso masculino é dominante, "and women suffer in a world where men control all the property and make all the rules" (F. H. Mares em Shakespeare, 1988b:31).

Nesse contexto, onde a voz masculina é preponderante e a honra do homem suplanta quaisquer outros valores, a mulher não pode ter participação efetiva na formação de sua identidade e é, mais uma vez, mera espectadora – e vítima – dos acontecimentos à sua volta. O poder do homem é exercido sobre a mulher, a quem ele deve, naturalmente, subjugar. Mas, como já vimos, o poder exercido gera resistência; Beatrice é em Messina o que Kate fora (de forma bem distinta) em Pádua: a voz da resistência. Aqui, contudo, o confronto homem x mulher, representado por Petruccio/Kate em *A megera domada*, se transforma, a partir do quarto ato, em um embate homem/mulher x sociedade. Beatrice é indiscutivelmente uma megera para os padrões de Messina; Benedick é um misógino assumido – e, por conseqüência, um celibatário – e representante do sistema patriarcal. Eles irão se confrontar – e muito – nesta sociedade. Porém, como já apontado, as pressões exercidas pela honra atingem tanto as mulheres quanto os homens – Beatrice sente-se oprimida por ser mulher e não ter voz, mas Benedick também sofre pressões por pertencer ao grupo dos homens honrados. Assim, em última análise, nesta peça o contexto será o responsável pela desconstrução não apenas de Beatrice, mas também do próprio Benedick, que, juntos, vão enfrentar as leis sociais vigentes. Será visto mais adiante que tanto um quanto o outro possuíam traços que faziam deles *marginais*, e assim, precisavam ser enquadrados no *status quo* pela sociedade.

Uma vez entendido o tipo de contexto onde a peça se desenrola, é o momento de retomar a figura da megera sofisticada. Como já apontado, o grande traço comum entre Kate e Beatrice é a subversão – inconformadas com o poder incontestável do homem, ambas usam o discurso para expressarem seus protestos. Kate, porém, pode ser definida como uma megera caricatural.

Beatrice, por sua vez, é um outro tipo de megera: sua língua solta (por demais, para os padrões do século XVI, e até para a era vitoriana) é adornada por bom humor e inteligência, traços marcantes de sua personalidade. Diferentemente de Kate, ela não recorre à violência física e, sim, ao discurso, como observa Benedick, que a chama de "Lady Tongue" ("Senhora Língua") (II.i.257); "she speaks poniards, and every word stabs (...)" ("Sua fala é como um punhal; cada palavra é uma estocada") (II.i.231-232). Beatrice utiliza o discurso como uma faca cortante, algo de que ela, extremamente inteligente, tem plena consciência e no qual se compraz. Como já apontado por críticos, Beatrice é a primeira mulher na literatura inglesa – talvez até na européia – que não apenas tem cérebro, como também adora usá-lo com freqüência. Sua "vítima" preferida é Benedick, por quem nutre uma aparente aversão, recíproca, como defendem alguns críticos.

Ela, ao contrário da maioria das mulheres, não se cala diante de um homem, mas o enfrenta com sucesso: "verbally, Benedick flees while Beatrice pursues" (Mueschke, 1979:134). Benedick, absolutamente sem argumentos, fala daquilo que tanto lhe desagrada em Beatrice – sua língua afiada – mas é dela a palavra final neste primeiro confronto:

Benedick. Well, you are a rare parrot-teacher.
Beatrice. A bird of my tongue is better than a beast of yours.
Benedick. I would my horse had the speed of your tongue, and so good a continuer: but keep your way o' God's name. I have done.
Beatrice. You always end with a jade's trick. I know you of old.
(I.i.132-137)

Uma outra característica de Beatrice é a (aparente) aversão ao casamento, com que ela responde à misoginia dos homens de Messina, principalmente a de Benedick – "(...) I thank God and my cold blood I am of your humour for that. I had rather hear my dog bark at a crow than a man swear he loves me" (I.i.123-126) – sentimento que, segundo ela, ambos têm em comum. Como já vimos, as mulheres, em sua maioria, não tinham qualquer tipo de escolha quanto ao tipo de vida que gostariam ou não de levar. A elas eram impostos casamentos arranjados por seus pais, com os quais deveriam apenas se conformar; a carreira de mãe e dona-de-casa era uma realidade da qual muito poucas escapavam. Nem mesmo Kate consegue fugir a esse destino, e termina por se casar contra sua vontade, ainda que demonstrando sua indignação. Beatrice rejeita a idéia de casar-se várias vezes ao longo da peça e, ao contrário de Kate, consegue ter sua vontade respeitada, embora isso a caracterize como marginal, fora da ordem instaurada na sua sociedade. Leonato, consciente da personalidade forte e da língua afiada da sobrinha, que lhe traçam o perfil de megera, a adverte:

> *Leonato.* By my troth, niece, thou wilt never get thee a husband if thou be so shrewd of thy tongue.
> *Antonio.* In faith, she's too curst.
> (II.i.16-18)

A postura de Beatrice e seu discurso são tipicamente masculinos – ela toma atitudes que só homens tomariam e utiliza a linguagem como só eles poderiam fazê-lo: como uma arma que lhe concedia o poder de se impor naquela sociedade. Segundo Sarup (1996:24), "what is important in identity is not only what it *cannot say*, but also what it *cannot be*" [meus grifos]. Na afirmação de sua identidade, entretanto, Beatrice não se preocupa com os limites do *ser* e do *falar* concedidos à mulher. Seu comportamento rebelde é explicado por Cook (1995:83): "Beatrice is as aggressive and as guarded as the men in the play, and for the same reasons: she fears emotional exposure and vulnerability to the opposite sex." Por sentir os medos que só homens poderiam sentir, ela se coloca como um deles.

Como o comportamento de Beatrice é completamente diferente dos comportamentos femininos que ele encontrara até então, Benedick a acha desconcertante e não sabe como lidar com ela. Ele chega a pedir ao príncipe que lhe ordene alguma missão impossível, contanto que ele pudesse ir para bem longe dela, para evitar arranhões em seu ego:

> *Benedick.* Will your grace command me any service to the world's end ? (...) I will fetch you a tooth-picker now from the furthest inch of Asia, (...) fetch you a hair off the Great Cham's beard, do you any embassage to the pygmies, rather than hold three words conference with this harpy. You have no employment for me? (II.i.246-254)

Em *A megera domada*, Petruccio gaba-se de sua capacidade de enfrentar grandes desafios e deleita-se com a idéia de dominar Kate, prova fácil, uma vez que ele não temia a língua de uma mulher. Benedick, ao contrário, prefere aventuras perigosas a enfrentar Beatrice, a "Senhora Língua", cujo temperamento ele não consegue subjugar.

A mútua aversão não é gratuita. As palavras de Beatrice ao príncipe sugerem que, no passado, ele a iludira: "Marry, once before he won it of me, with false dice." (II.i.262); Benedick, por sua vez, a vê como uma personalidade tão forte quanto a sua, capaz de enfrentá-lo com igualdade, mesmo sendo ela do sexo feminino. Segundo Cook (1995:82), "Like Benedick, Beatrice adopts the role of 'professed tyrant' ["inimigo declarado"] (I.i.160) to the opposite sex, (...) satirizing masculine pretensions with agile wit."

A desconstrução discursiva da identidade da megera

Embora a personalidade de Beatrice não fosse uma ameaça direta aos poder dos homens, que viam nela (quase que) *um dos seus,* sua insistência no celibato era incômodo suficiente para os códigos sociais vigentes. Assim, ainda que sua figura não assustasse, ela estava fora de seu devido lugar naquele contexto, e precisava ser enquadrada; sua subversão não feria a sociedade, mas ameaçava desequilibrá-la.

Beatrice prima por sua independência e teme expor seus sentimentos, o que torna qualquer pretendente inadequado. Além disso, ela também sugere – ainda que sutilmente –um certo receio de ser traída. Permanecer firme em sua decisão seria tarefa difícil, mesmo para a audaciosa Beatrice, pois a sociedade tinha suas leis, que precisavam ser respeitadas; além disso, pesava sobre a mulher a força de um sistema patriarcal que fazia dela mera espectadora do mundo à sua volta, negando-lhe toda e qualquer possibilidade de participação ativa no fazer social. Beatrice, com sua personalidade forte e seu uso indevido do discurso, tentava ser agente num contexto em que deveria ser paciente, sujeito onde a queriam como objeto: "It is the place of the woman to be object, or referent [of language], a sign to be read and interpreted (...)" (Cook, 1995:80). Assim, era imperativo que ela passasse a ocupar seu devido lugar e se curvasse às normas sociais vigentes.

Em *A megera domada*, Kate foi enquadrada na *normalidade*: ela capitulou incondicionalmente aos ditames de um marido que a sociedade constituiu seu dono e senhor. O sistema patriarcal concedeu a Petruccio plenos poderes sobre sua esposa, a quem ele literalmente *adestrou* a seu bel-prazer. Ele, por sua vez, não sofreu qualquer tipo de pressão naquele contexto – sua identidade permaneceu intacta, e, no final, como verificamos, seu feito ainda foi grandemente comemorado pelos homens. Em Messina, entretanto, como já apontado, tanto os homens como as mulheres sofrem pressões sociais, e todos são controlados (ainda que para as mulheres o tipo de controle seja diferente). Assim, se a resistência de Beatrice ao casamento deveria ser anulada, o mesmo deveria acontecer a Benedick, pois seu celibato assumido também fazia dele alguém fora dos padrões. É importante ressaltar, aqui, que a desconstrução (da identidade) dela depende da desconstrução dele como misógino e celibatário.

Assim como Beatrice, ele usa constantemente o discurso de forma a se impor à sociedade. Em defesa do celibato, ele sempre reafirma seu medo da traição: "Benedick inadvertently reveals his own hidden fears of the tender trap (...) [he] not only reaffirms his mistrust on women and marriage but also (...) reveals his fear of cuckoldry" (Mueschke, 1979:136).

O discurso de Benedick é sexista e confirma sua misoginia, pois, como observa Mills (1997:43), suas palavras sugerem que *todas* as mulheres se comportam da mesma forma, pelo fato de serem mulheres. Como já vimos, essa era uma das prerrogativas da ideologia machista vigente – para ele, assim como para os demais representantes masculinos daquela sociedade, a mulher era essencialmente leviana. Os outros homens, entretanto, não faziam disto empecilho ao casamento; Benedick sim.

Assim, tanto a megera Beatrice como o misógino Benedick subvertiam o *status quo*: para ela nenhum homem era qualificado o suficiente para tê-la; para ele, todas as mulheres eram indignas de sua confiança e elogios.

Tendo ambos personalidades fortes e indomáveis e sabendo se impor através do discurso é fácil perceber que meros conselhos não seriam eficazes para mudar suas posturas. Eles se rebelavam; mas a ordem social precisava ser respeitada. Entretanto, ainda que Beatrice e Benedick se recusassem a aceitar seus destinos, Messina não se imporia grosseiramente a eles. Ao contrário, a tática para uni-los é sutil e envolve mais um tipo de representação – "(...) to dissimulate, or simulate, to be deceived by appearance, or by rumours" (Nevo, 1980:169) – que, paradoxalmente, acabará contribuindo para que suas máscaras individuais caiam e seus verdadeiros anseios sejam expostos.

É de D. Pedro, detentor do poder maior naquela sociedade, a idéia de promover a união de Beatrice a Benedick: ele planeja uma forma de quebrar suas resistências e enquadrá-los na ordem social vigente. Para isso, ele conta com a ajuda de homens – Cláudio e Leonato – para enganar Benedick, e de mulheres – Hero e Úrsula – que fazem o mesmo com Beatrice. Como aponta Howard (1987:175), a respeito da atitude do príncipe, os homens sempre foram enganadores (aludindo ao verso da canção em II.iii, "Men were deceivers ever") , principalmente aqueles que detêm o poder. D. Pedro é, afinal de contas, o mais dissimulado de todos os personagens da peça. É ele que primeiro tem a idéia de forjar uma situação enganosa para aproximar Hero de Cláudio e é dele a artimanha que leva Benedick e Beatrice a se apaixonarem.

Fingindo não perceber a presença de Benedick, os homens falam sobre o "amor" de Beatrice por Benedick; o mesmo fazem Hero e Úrsula, ao falar sobre o "sentimento" de Benedick em relação a Beatrice, que também ouve a conversa, aparentemente sem ser vista.

Diante dessa "revelação", ambos resolvem mudar seu *modus vivendi* e abandonar os traços que sua personalidade, que até então, os impediram de amar e ser amados. Porém, Beatrice, ao contrário de Benedick, que devia satisfações a um mundo masculino, não precisa de desculpas, e sua rendição é mais simples, direta.

É importante ressaltar, entretanto, que Beatrice e Benedick optam pela mudança. Um outro fato importante é que ela não perderá sua identidade no processo de render-se a Benedick. E aqui, em Messina, homem e mulher precisam ceder – ao contrário do que acontece em Pádua. Seria absurdo negar que eles se rendem; contudo, diferentemente do casal modelo Hero e Cláudio, Beatrice e Benedick não acatam ordens simplesmente – eles decidem desafiá-las.

Quando eles finalmente se declaram um ao outro, Beatrice pede-lhe uma prova de seu amor: que mate Cláudio, ex-noivo de sua prima Hero, pelo mal causado a moça, não acreditando em sua inocência. Beatrice chantageia Benedick, que, a princípio, tenta se esquivar do significado real do pedido da amada – que, além de sua lealdade a Hero, está-lhe pedindo uma prova de amor e de masculinidade. Como argumenta Leggatt (1974:178), "behind Beatrice's command lies something deeper than her loyalty to Hero: a need to test Benedick, to force him to choose between his masculine loyalties and his love, and to prove that he has true manhood, as opposed to the false manhood she sees in his friends".

Ambos têm suas razões, mas, para ele, aceitar a prova implicaria uma grande perda, pois ele estaria rompendo com a comunidade masculina de que fazia parte (e que, outrora, fora seu grande orgulho). Sair do grupo social a que pertencia poderia significar, em última análise, a própria perda de sua identidade. Num momento em que ser homem assegurava poder, abandonar o lado masculino para defender uma causa feminina significaria abrir mão desse poder, experimentando a reprovação dos outros homens.

Abandonando seu tom apaixonado, Beatrice retoma aqui o discurso da maneira costumeira: suas palavras cortam como um punhal. Ela duvida da masculinidade dele, sugerindo que a identidade masculina se resume a atitudes corteses e ao falar desvinculado do agir. Seu caráter de "megera" ressurge com toda força quando ela se refere à impotência de sua condição naquele contexto e lamenta – três vezes – o fato de não ser homem. Sua vontade resume-se ao fato de que "ser homem" lhe concederia o poder masculino para, entre outras coisas, vingar sua prima.

Benedick, conquanto relutante a princípio, prefere optar pela causa em que acredita – o amor de Beatrice – que lhe confere agora uma nova identidade, e aceita o desafio: "Enough, I am engaged, I will challenge him" (IV.i.331).

Cook (1995:92) também sugere que Beatrice acaba por se conformar com sua realidade por absoluta falta de opção: "the sole alternative that presents itself to her, however, is to follow Hero's model of conventional femininity and 'die a woman' in silent grief". Morrer mulher, sim; em silêncio, nunca. Ao contrário de sua prima, que se cala diante de tudo e de todos, Beatrice recorre mais uma vez ao discurso – única arma de que dispõe para conseguir seu intento – e é bem sucedida. Ela conquista o coração e a credibilidade de Benedick, e o convence a lutar por ela, contrariando atitudes e pessoas que ele tanto defendeu.

Apesar de haver feito sua escolha, Benedick não precisará levá-la às últimas conseqüências, e seu duelo com Cláudio nunca acontece. A paz é restaurada quando a farsa contra Hero é descoberta: seu casamento com Cláudio finalmente se realizará. Como acontece em *A megera domada,* a ordem prevalece: Beatrice e Benedick também se casarão. Assim, os rebeldes são enquadrados através de seu símbolo maior: o casamento, confirmação da felicidade nas comédias (cf. Mulryne,1979:123).

Contudo, ao contrário do discurso conformista da Kate desconstruída, aqui as palavras dos dois grandes contestadores – a megera e o misógino – confirmam sua mudança, mas não sua desconstrução total. Diferentemente de Kate, que foi totalmente desconstruída e, em seguida, reconstruída de modo a ser integrada à normalidade, Beatrice e Benedick mostram que sua desconstrução foi limitada e, acima de tudo, exercida por eles. Mesmo no momento em que celebram seu amor e se rendem ao casamento, eles nos lembram de que, embora tenham ocorrido concessões de ambos os lados, eles não abriram mão inteiramente de suas identidades: apenas consentiram em deixar cair as suas máscaras, em função dos seus próprios interesses amorosos. Assim, quando levados a confessar publicamente seu amor, ambos voltam a representar e tentam achar desculpas para justificar sua decisão de aceitar um ao outro:

Benedick. Do not you love me?
Beatrice. Why no, no more than reason.
Benedick. Why then, your uncle and the prince and Claudio

> Have been deceived. They swore you did.
> *Beatrice.* Do not you love me?
> *Benedick.* Troth no, no more than reason.
> *Beatrice.* Why then, my cousin, Margaret, and Ursula
> Are much deceived, for they did swear you did.
> *Benedick.* They swore that you were almost sick for me.
> *Beatrice.* They swore that you were wellnigh dead for me.
> *Benedick.* 'Tis no such matter. Then you do not love me?
> *Beatrice.* No, truly, but in friendly recompense.
> (V.iv.74-83)

Eles precisam afirmar um pouco de sua independência, ambos legando que seu amor é controlado pela razão, e que fizeram o *favor* de se render por insistência dos outros, que lhes disseram o quanto cada um sofria separadamente por causa de um sentimento não correspondido.

Para concluir a análise da peça, gostaria de retomar o questionamento inicialmente proposto: terá sido Beatrice de fato desconstruída? E, se foi, resta-nos outra pergunta: até que ponto? Ainda que tenha apontado para esta questão várias vezes ao longo deste trabalho, acho pertinente fazer algumas considerações finais.

Como foi visto, Beatrice burlava o *status quo* por ser megera: alegre, bem-humorada, inteligente, porém insubmissa e dotada de uma língua ferina. Assim, era imperativo que ela fosse integrada à normalidade; o sistema deveria prevalecer. Porém, ao contrário de Kate, sua rendição é desejada, e motivada por algo maior: o amor a um homem, que ela por um tempo fez questão de esconder. Mais interessante ainda é observar que ela não se rende sozinha. Apesar de já nutrir sentimentos de amor por Benedick (posição que defendo, admitindo que os dois representavam uma antipatia mútua, quando na verdade, já estavam apaixonados), ela não se rende gratuitamente a ele. Apenas quando é informada do amor dele por ela é que a megera decide admitir seus sentimentos e decide *se* domar. Ela não toma a iniciativa, não é a primeira a falar de amor. Mesmo quando descobre que seu sentimento seria correspondido, ela se mantém numa posição defensiva até que ele venha até ela. Assim, é válido reafirmar que a importância conferida a Benedick neste trabalho deve-se ao fato de a desconstrução de Beatrice como megera estar intimamente ligada à dele como misógino e celibatário.

Apesar de entender a história como uma celebração velada do poder masculino, ao olhar para Beatrice penso que o mal-estar que a peça possivelmente me causaria é atenuado pela transformação a dois que ela e Benedick experimentam. Conscientes de sua impotência diante do *status quo*, e apaixonados, eles deixam de representar um para o outro e decidem capitular. Como observa Mares (em Shakespeare, 1988b:38), "Benedick and Beatrice believe the invented script, and play themselves – (...) – but with an awareness of the roles they commonly assume in the society around them." Assim, o interessante é o modo *como* ela (e ele) se rende(m), já que sabemos que isso iria fatalmente acontecer naquele contexto regido pelo sistema patriarcal.

O desfecho exalta – como em *A megera domada* – a vitória do sistema contra a resistência dos marginais. Aqui, contudo, não há apenas um marginal, mas dois – inclusive um homem, que se recusa, a princípio, a se enquadrar na normalidade. A rendição que ocorre em Messina é mútua: Beatrice se desconstrói à medida em que Benedick também o faz; ambos cedem, mas preservam – ainda que parcialmente – suas identidades.

Comentários finais

Cabe aqui retomar o papel do discurso nessas desconstruções. Concebê-lo como uma arma de ação no social – instrumento fundamental na luta pelo poder – e entender como ideologia e gênero operam diretamente na construção de identidades levou-me a depreender os motivos que faziam de Kate e Beatrice figuras ameaçadoras à "normalidade". Suas línguas soltas, responsáveis pelo rótulo de megeras em suas sociedades, hoje podem ser vistas como instrumentos de subversão, exercida através da única possibilidade de que dispunham. Falar conferia às personagens a impressão de uma liberdade que nem elas, nem as megeras reais, jamais experimentaram. Tolhidas por um sistema que via as mulheres como seres inferiores, sua rendição – agressivamente imposta, como no caso de Kate, ou inteligentemente consentida, como ocorreu com Beatrice – celebra a vitória do *status quo*. Aponto essa leitura como uma possibilidade, que não é a única ou a ideal, apenas minha.

Referências bibliográficas

BLOCH, R.M. (1995) *Misoginia medieval e a invenção do amor romântico*. Trad. Claudia Moraes. Rio de Janeiro: Editora 34.

BOOSE, Lynda E. (1992) "Scolding Brides and Bridling Scolds. Taming the Woman's Unruly Member". *Shakespeare Quarterly* 42, pp. 179-213.

COOK, Carol (1995) "The Sign and Semblance of Her Honour: Reading Gender Difference in *Much Ado About Nothing*." In Deborah Barker and Ivo Kamps (eds.) *Shakespeare and Gender. A History*. London/New York: Verso, pp. 75-103.

CRAWFORD, Mary (1995) *Talking Difference on Gender and Language*. London: Sage.

DETMER, Emily (1997) "Civilizing Subordination: Domestic Violence and *The Taming of the Shrew*". *Shakespeare Quarterly* 48, pp. 273-294.

EAGLETON, Terry (1997) *Ideologia: uma introdução*. Trad. Silvana Vieira e Luis Carlos Borges. São Paulo: Unesp/Boitempo.

FAIRCLOUGH, Norman (1989) *Language and Power*. London: Longman.

_____ (1992) *Discourse and Social Change*. Cambridge: Polity Press.

GRADDOL, David & SWAN, Joan (1991) *Gender Voices*. Cambridge, MA:Blackwell.

HOLUB, Robert C. (1984) *Reception Theory: A Critical Introduction*. London/New York: Routledge.

HOWARD, Jean (1987) "Renaissance Antitheatricality and The Politics of Gender and Rank in *Much Ado About Nothing*." In Jean Howard and Marion F. O'Connor (eds.) *Shakespeare Reproduced: The Text in History and Ideology*. London/New York: Methuen, pp. 163-187.

JARDINE, Lisa (1983) *Still Harping on Daughers: Women and Drama in The Age of Shakespeare*. Sussex: Harvester Press.

KAHN, Coppelia (1981) "Coming of Age: Marriage and Manhood in *Romeo and Juliet* and *The Taming of the Shrew*." In _____. *Man's Estate: Masculine Identity in Shakespeare*. Berkeley: University of California Press, pp. 82-118.

LEGGATT, Alexander (1974) *Shakespeare's Comedy of Love*. London: Methuen.

MANGUEL, Alberto (1997) *Uma história da leitura*. Trad. Pedro Maia Soares. São Paulo: Companhia das Letras.

MILLS, Sarah (1997) *Discourse*. London/New York: Routledge.

MOITA LOPES, Luiz Paulo da (1998) "Discursos de identidade em sala de aula de leitura de L1: a construção da diferença". In Inês Signorini (org.) *Linguagem e identidade*. Campinas: Mercado de Letras, pp. 303-330.

MUESCHKE, Paul and Miriam (1979) "Illusion and Metamorphosis". In John Russell Brown (ed.) *Much Ado About Nothing and As You Like It*. Great Britain: Macmillan, pp. 130-148.

MULRYNE, J.R. (1979) "The Large Design". In John Russell Brown (ed.) *Much Ado About Nothing and As You Like It*. Great Britain: Macmillan.

NEVO, Ruth (1980) "Better than Reportingly". In _____. *Comic Transformations in Shakespeare*. London/New York: Methuen, pp. 162-179

SANTOS, Marlene Soares dos (1997) "Megeras shakespearianas". *Cadernos de Letras*, 12. Rio de Janeiro, Faculdade de Letras, UFRJ.

SARBIN, Theodore & KITSUSE, John I. (1994) *Constructing the Social*. London: Sage.

SARUP, Modan (1996) *Identity, Culture and the Postmodern World*. Edinburgh: Edinburgh University Press.

STONE, Lawrence (1977) *The Family, Sex and Marriage in England 1500-1800*. Harmondsworth: Penguin.

SHAKESPEARE, William (1988a) *The Complete Works*. Stanley Wells & Gary Taylor (eds). Oxford: Clarendon Press. Compact Edition.

_____ (1988b) *Much Ado About Nothing*. F. Mares (ed.) The New Cambridge Shakespeare. Cambridge: Cambridge University Press.

THOMPSON, Ann (1994) "Shakespeare and Sexuality. *Shakespeare Survey* 46, ed. Stanley Wells. Cambridge: Cambridge University Press, pp. 1-8.

TRAVERSI, Derek A. (1969) *An Approach to Shakespeare*, v 1. Garden City, NY: Doubleday, pp. 70-78.

Tradução e (identidade) política: as adaptações de Monteiro Lobato e o *Julio César* de Carlos Lacerda

JOHN MILTON E ELIANE EUZEBIO

1. Introdução

Este ensaio examinará diferentes aspectos das associações entre tradução e política, focalizando traduções que foram realizadas no Brasil entre 1930 e 1945, período marcado pelo governo ditatorial de Getúlio Vargas, e entre 1950 e 1954. Inicialmente, será analisada a relação entre tradução e política fiscal. Em um segundo momento, serão estudadas as traduções – ou melhor, adaptações – de *Peter Pan* e *Dom Quixote* feitas pelo escritor e editor brasileiro Monteiro Lobato. A última parte do trabalho descreverá o contexto em que o político Carlos Lacerda, governador do antigo estado da Guanabara de 1960 a 1965, realizou a tradução da peça *Julio César*.

2. Política fiscal e tradução

Um dos grupos mais influentes na história política brasileira tem sido o dos nacionalistas defensores do protecionismo econômico, que se traduz na fixação de barreiras tarifárias para os bens importados. A este grupo contrapõem-se os neoliberais, que defendem a queda das barreiras comerciais para que o Brasil consolide sua posição no mercado internacional. Os chamados "barões do café", estabelecidos no estado de São Paulo, sempre temeram represálias dos principais mercados na Europa e América do Norte caso o Brasil elevasse as barreiras tarifárias sobre os bens manufaturados, sendo, portanto, a favor do livre comércio. Entretanto, nesses últimos anos, com a transformação do Brasil em potência industrial, a importância do café na economia brasileira viu-se muito reduzida. Nos últimos meses, essa discussão tem-se centrado nos possíveis benefícios da adesão do país à ALCA (Área de Livre Comércio das Américas).

A política protecionista do governo brasileiro durante os anos 30 buscava desenvolver a indústria brasileira e promover a substituição das importações.

Conseqüentemente, fixaram-se tarifas elevadas para a maioria dos bens importados, inclusive livros e papel. A equação, no entanto, é um pouco mais complicada. Em 1918, Monteiro Lobato, então no início da sua carreira editorial, criticou as baixas tarifas impostas pelo governo brasileiro aos livros importados, que os tornavam mais baratos do que o similar nacional, além de isentar de impostos todos os livros importados de Portugal, graças a um acordo especial e à necessidade de atender a uma demanda não muito significativa por obras técnicas e científicas. Como editor, Lobato desejava, naturalmente, que seus livros tivessem uma vantagem competitiva em relação às obras estrangeiras, o que o levava a defender a taxação desses produtos.

Por outro lado, ele defendia tarifas baixas para o papel importado. A incipiente indústria do papel brasileira, que tinha um lobby poderoso, precisava importar celulose e máquinas caras, e não dispunha da técnica necessária para garantir um bom produto. Dessa forma, Lobato queria ter acesso a papel importado de alta qualidade e baixo preço, mas não queria a concorrência dos livros importados, mais baratos do que os nacionais.

A elevação de tarifas sobre praticamente todos os bens importados efetivamente ocorreu depois de 1930, quando os rebeldes nacionalistas, liderados por Getúlio Vargas, derrotaram as forças da *República Velha* e conseguiram consolidar a indústria editorial brasileira. No entanto, a maioria das editoras não tinha outra alternativa a não ser usar papel brasileiro de baixa qualidade, que tinha um custo de produção mais elevado do que o papel estrangeiro.

A produção de livros aumentou substancialmente na década de 30 e continuou a crescer durante a Segunda Guerra Mundial. As políticas governamentais causaram um impacto considerável sobre a indústria do livro: a reforma do ensino básico resultou em maior demanda por livros escolares, e a desvalorização da moeda, com a adoção do *mil-réis* (1930-31), fez com que, pela primeira vez, os livros importados custassem mais caro do que os publicados no Brasil. Esse fato ajudou a aumentar o número de traduções e a reduzir o volume de livros importados da França, bem como a estimular a exportação de livros do Brasil para Portugal. Além disso, a situação precária dos direitos autorais no período possibilitava aos editores infringir abertamente a legislação sobre o assunto, ensejando a realização de várias traduções de uma mesma obra, cada uma delas voltada para um mercado específico.

As traduções de obras literárias de sucesso costumavam ser um bom investimento. Se a obra já fosse de domínio público, não era necessário pagar *royalties*, e as chances de uma obra estrangeira ser bem aceita pelo público brasileiro – acostumado a consumir produtos de fora – eram muito maiores do que as de um livro escrito por um desconhecido autor brasileiro.

O *Instituto Nacional do Livro* foi criado pelo governo Vargas com o objetivo de fomentar a distribuição de livros para bibliotecas públicas. Além de reeditar títulos brasileiros esgotados, o instituto planejava publicar a Enciclopédia Brasileira, um projeto inspirado na enciclopédia italiana *Triccani*, patrocinada por Mussolini. Esse projeto, no entanto, nunca saiu do papel.

Adriana Pagano (2001) detalha o crescimento de algumas importantes editoras privadas brasileiras estabelecidas na Argentina e no Brasil na década de 1930: Editora Globo, Companhia Editora Nacional, Martins e José Olympio, no Brasil, e Sudamericana, Losada, Emecé e Claridad, na Argentina.

O período compreendido entre 1930 e 1950 caracterizou-se, tanto no Brasil quanto na Argentina, por um processo crescente de industrialização e urbanização. O mercado de trabalho estava em expansão, o que possibilitou a elevação do poder aquisitivo de um segmento que, até então, quase não tinha acesso a bens de consumo. O aumento da renda pessoal representou, portanto, o aumento do consumo. As já mencionadas mudanças na política educacional do governo para melhorar o ensino básico e reduzir os índices de analfabetismo resultaram num aumento da escolaridade e, conseqüentemente, do número potencial de leitores de livros e revistas. Outras fontes de consumo envolviam novos meios de comunicação de massa, como o cinema e o rádio.

Tanto na Argentina como no Brasil foram publicadas inúmeras coleções, voltadas para o novo leitor da classe média baixa que possuía pouco capital cultural e que não falava outros idiomas. Os livros traduzidos e publicados para esse novo leitor visavam basicamente o entretenimento, incluindo, com freqüência, obras adaptadas para o cinema americano, além de folhetins, roteiros de novela traduzidos, adaptações de roteiros cinematográficos, histórias em quadrinhos e desenhos animados.

Um grande número de coleções publicadas em ambos os países apresentavam títulos como "Grandes Novelistas, "Grandes Ensaístas", "Obras Primas Universais", "Novelistas Americanos Contemporâneos" e "Biblioteca de Obras Famosas", além de "Os Grandes Livros Brasileiros".

Cada coleção reunia uma grande variedade de autores. Por exemplo, as coleções brasileiras "Biblioteca dos Séculos" ou "Coleção Globo", publicadas pela Editora Globo, e "Fogos Cruzados", da José Olympio, no Rio de Janeiro, incluíam autores como Montaigne, Laclos, Stendhal, Flaubert, Maupassant, Verlaine, Balzac, Platão, Shakespeare, Fielding, Emily Brontë, Dickens, Nietzsche, Tolstoi e Poe.

Essas traduções mostravam-se muito lucrativas para as editoras, já que o comprador do volume inicial da série era naturalmente induzido a adquirir os subseqüentes. Constituíam também uma forma de introduzir um sistema de linha de montagem na indústria editorial. A coleção também podia inserir os autores em categorias diferentes das usuais, além de planejar a recepção da obra e organizar as expectativas dos leitores quanto ao texto.

A obra, uma vez traduzida, torna-se parte da língua e da cultura nacionais. As coleções lançadas no Brasil foram fundamentais para promover a aceitação do país no mercado intelectual global. Muitas delas abordavam questões brasileiras: a "Biblioteca Pedagógica Brasileira", que inclui a famosa série "Brasiliana", "Grandes Livros do Brasil", "Biblioteca Médica Brasileira", todas publicadas pela Companhia Editora Nacional, ou "Os Grandes Livros Brasileiros", um produto da José Olympio. Essas coleções eram publicadas juntamente com outras séries compostas basicamente de textos traduzidos, como "Paratodos", "Terramarear" e "Biblioteca das Moças", todas da Companhia Editora Nacional. A José Olympio, por exemplo, publicou as coleções "Documentos Brasileiros" e "Os Grandes Livros Brasileiros" juntamente com outras séries como "Rubáiyát, Jóias da Poesia Universal" ou "Fogos Cruzados", ambas integradas basicamente por traduções de obras estrangeiras. A Martins, por exemplo, lançou as coleções "Biblioteca Histórica Brasileira" e "Biblioteca de Literatura Brasileira" junto com outra denominada "Excelsior", basicamente de obras traduzidas.

Esse período ficou conhecido como a Idade de Ouro da indústria editorial e da tradução no Brasil, e contrasta com a política de portas abertas adotada após a queda de Vargas em 1945, quando, na vigência de uma taxa de câmbio artificialmente alta, para agradar aos exportadores de café, obras estrangeiras pertencentes a determinadas áreas do conhecimento eram beneficiadas com tarifas preferenciais e, em muitos casos, tinham, no Brasil, um preço de venda mais baixo do que no seu país de origem. Durante a década de 1950, os livros importados eram vendidos a uma taxa de câmbio preferencial, que variava entre 33% e 60% da taxa oficial do dólar. Conseqüentemente, ficou mais barato importar livros do que papel para imprimi-los. Como os direitos de tradução tinham de ser pagos de acordo com o câmbio oficial, era muito mais barato importar uma tradução feita em Portugal do que comprar os direitos no Brasil e aqui mesmo fazer a tradução. É evidente que, nesse período, o crescimento da indústria editorial brasileira sofreu uma desaceleração, principalmente no que tange às traduções, e os livros brasileiros ficaram muito caros em Portugal.

3. Monteiro Lobato – "Um país se faz com homens e livros"

A figura central no desenvolvimento da indústria editorial brasileira é José Bento Monteiro Lobato, não só autor de livros infantis e de ficção, além de tratados sobre como tornar mais avançada a mentalidade do país, como também editor, primeiro na Monteiro Lobato e Cia. e, posteriormente, na Companhia Editora Nacional. Lobato foi o primeiro editor no país a procurar desenvolver um mercado de massa para livros e transformar a indústria editorial em uma indústria de consumo. Até então, a atividade editorial estava nas mãos de companhias portuguesas ou francesas, e o público-alvo era, basicamente, a elite francófila de classe média.

O primeiro sucesso de Lobato foi *Urupês* (1918), histórias sobre a vida rural inspiradas na sua experiência como fazendeiro nas cercanias da cidade de São Paulo; foi nessa obra que ele introduziu o personagem Jeca Tatu, o caipira indolente que representava o atraso e a ignorância do campo. Em seguida, veio a sua primeira coletânea de histórias infantis, *A Menina do Narizinho Arrebitado* (1921), em que introduzia seu elenco de crianças e bonecos no Sítio do Picapau Amarelo. Ambos os livros tiveram um sucesso estrondoso, podendo-se dizer que, de certa forma, deram início à indústria editorial no Brasil. *Urupês* teve cinco edições, e a primeira edição de *Narizinho* vendeu 50.500 exemplares, 30.000 dos quais foram distribuídos nas escolas do estado de São Paulo. Em 1920 mais da metade de todas as obras literárias publicadas no Brasil tinham o selo da Monteiro Lobato e Cia., e em 1941, um quarto de todos os livros publicados no Brasil foram produzidos pela Companhia Editora Nacional, também de Lobato (Koshiyama, 1982:133). De 1918 a 1927, Lobato obteve grande projeção no Brasil porque, além do sucesso dos dois livros mencionados, tinha uma coluna no influente jornal *O Estado de São Paulo* e adquiriu a *Revista do Brasil*, um periódico popular.

Lobato acreditava que uma indústria editorial em expansão impulsionaria o desenvolvimento do país: "Um país se faz com homens e livros" (Koshiyama, 1982:99). As pessoas costumam agir baseadas na experiência de outras pessoas, que é veiculada nos meios de comunicação, principalmente nos livros.

No entanto, apesar dessa exaltação do livro, este era, para o pragmático Lobato, um produto a ser comercializado em vários pontos de venda: "livro não é gênero de primeira necessidade... é sobremesa: tem que ser posto embaixo do nariz do freguês, para provocar-lhe a gulodice" (em Koshiyama, 1982:72). Ele conseguiu aumentar os pontos de venda para seus livros de 40 – o número total de livrarias no Brasil – para 1.200, incluindo farmácias e bancas de jornal. Além disso, inovou em termos da apresentação visual do livro, e foi responsável por produzir capas muito mais atraentes do que as tradicionais, amarelas e sem graça, que seguiam o estilo francês.

Lobato enfatizou a importância que o Brasil deveria dar à sua própria cultura. Sempre foi contra seguir a cultura francófila dominante, que copiava a última moda parisiense nas artes, música e literatura. Queria abrir o Brasil às literaturas alemã, russa, escandinava e anglo-americana, e traduziu e adaptou obras como *Peter Pan*, *Alice no País das Maravilhas*, *Robinson Crusoé*, *Tom Sawyer*, *Huckleberry Finn* e *As viagens de Gulliver*. A Companhia Editora Nacional, por ele fundada em 1925, após a falência da Monteiro Lobato e Cia., que chegou a ter o maior parque gráfico da América Latina, incluía em seu catálogo obras de Conan Doyle, Eleanor H. Porter, Hemmingway, H. G. Wells, Melville, Jack London, John Steinbeck e Rudyard Kipling. Dessa forma, Lobato ajudou a iniciar um movimento em direção à importação de obras escritas originalmente em língua inglesa que prosseguiu até a Segunda Guerra Mundial, quando o inglês finalmente destronou o francês como o idioma estrangeiro mais estudado e falado no Brasil. Suas editoras também publicavam autores desconhecidos, democratizando o acesso à indústria editorial, já que, tradicionalmente, a publicação de uma obra dependia da influência de amigos poderosos ou de recursos financeiros.

Lobato acreditava que o Brasil deveria voltar-se para o interior, para seu próprio folclore e mitos tradicionais. No entanto, o interior brasileiro precisava ser despertado. O escritor, sempre um homem prático, incentivou campanhas de vacinação e melhorias nas condições sanitárias básicas. Era necessário que o governo estimulasse o investimento no campo, e os próprios habitantes dessas regiões sofriam de indolência, caracterizada na figura de Jeca Tatu, que contrasta radicalmente com os personagens rurais idealizados de José de Alencar.

De 1927 a 1931 Lobato foi adido comercial do governo brasileiro nos Estados Unidos, ficando muito impressionado com a organização e eficiência da economia americana. O escritor, grande admirador de Henry Ford, foi a Detroit para conhecer a indústria automobilística, cujo sistema de produção em massa lhe pareceu potencialmente aplicável à indústria editorial. A maneira como os Estados Unidos haviam aproveitado suas riquezas minerais, especialmente minério de ferro, carvão e petróleo, mostrou a Lobato aonde o Brasil poderia chegar se tomasse as medidas adequadas e desenvolvesse sua própria indústria petrolífera, em vez de deixá-la à mercê dos monopólios, principalmente o da Standard Oil Corporation. Ao retornar, Lobato investiu todos seus esforços e capital na prospecção de petróleo no Brasil. No entanto, seus planos frustraram-se devido ao endurecimento do regime ditatorial de Vargas em 1937 e ao advento do *Estado Novo*, quando todos os projetos de prospecção foram centralizados e colocados sob o controle do governo, gerando um enorme prejuízo financeiro para o escritor.

Toda a literatura infantil disponível no Brasil quando Lobato começou a escrever estava em português europeu, e o desejo de oferecer histórias que seus próprios filhos e todas as crianças brasileiras pudessem ler estimularam o escritor a produzir textos pensando nesse público. Lobato acreditava que, após 400 anos de subserviência a Portugal, havia chegado a hora de libertar-se da influência de Lisboa e desenvolver uma língua especificamente brasileira.

Em uma carta escrita em 1921, ele revela planos de produzir uma série de livros infantis "com leveza e graça de língua" (em Azevedo et al., 1998), diferentes das histórias organizadas por Jansen Muller, publicadas há mais tempo, que ele havia reformulado e "aprimorado". Lobato, estranhando a linguagem usada nas traduções brasileiras publicadas pela editora francesa Garnier, afirmou: "Temos que refazer tudo isso – abrasileirar a linguagem" (Koshiyama, 1982:88). Além disso, recomendou que o tradutor Godofredo Rangel tomasse a liberdade de melhorar o original quando necessário. Dessa forma, a estratégia tradutória de Lobato é a de adaptar, empregando uma linguagem simplificada e mais coloquial, de modo a permitir um entendimento imediato por parte das crianças, seu público-alvo.

A adaptação de *Don Quijote*, *D. Quixote das Crianças*, é bem típica de Lobato: a travessa boneca de pano, Emília, alter ego do escritor, retira da estante um livro grande e pesado, uma tradução portuguesa da obra de Cervantes, que Dona Benta começa a ler para seus netos e bonecos. Todos, no entanto, acham o estilo do texto muito pomposo. Depois de ouvir "lança em cabido, adarga antiga, galgo corridor" (Monteiro Lobato, 1957:16), Emília – que, como Lobato, é contra tudo que é antiquado e retrógrado – não entende nada, perde o interesse e se prepara para brincar de esconde-esconde. Diante disso, Dona Benta resolve contar a história para as crianças com suas próprias palavras. O mesmo recurso é usado em *Peter Pan*, enquanto *Robinson Crusoé* (1930), *As viagens de Gulliver* (1937), *Alice no País das Maravilhas* e *Alice no País do Espelho* são adaptados sem intervenções narrativas. Quase no final do livro *D. Quixote das Crianças*, Pedrinho pergunta à avó se ela está contando a história inteira ou apenas fragmentos, ao que Dona Benta replica que apenas pessoas adultas deveriam tentar ler a história na íntegra, e que somente o que pode agradar à imaginação das crianças deveria ser incluído em tais versões (Monteiro Lobato, 1957:152). Qualidades "literárias" não têm lugar num livro para crianças, cuja imaginação deve ser estimulada por uma linguagem fluente e acessível. Em uma carta escrita em 1943, Lobato descreve as dificuldades que teve para

> extirpar a "literatura" de meus livros infantis. A cada revisão nova mato, como quem mata pulgas, todas as literaturas que ainda as estragam. O último submetido a tratamento foram *As Fábulas*. Como achei pedante e requintado! De lá raspei quase um quilo de "literatura" e mesmo assim ficou alguma... (Abramovich, 1982:152)

Em *Peter Pan* e *D. Quixote das Crianças*, esse contato próximo com a história é enfatizado por meio da interação dos ouvintes com a trama e os personagens. Lobato usa a técnica de Sherazade, com Dona Benta interrompendo o relato todas as noites às nove, hora de dormir, e prometendo retomá-lo na noite seguinte. Os ouvintes ficam muito envolvidos com as histórias: em *Peter Pan*, Emília faz um gancho e o prende à mão. Em *D. Quixote das Crianças*, ela se veste como Dom Quixote e ataca as galinhas e a cozinheira, apresentando-se como o gigante Freston. Pedrinho, o outro alter ego de Lobato, sente-se tão seduzido pelos livros quanto Dom Quixote. Depois de ler a história de Carlos Magno, o menino se convence de que o personagem Roldão encarnou-se nele; pega uma espada velha, vai ao milharal e, acreditando que os pés de milho são 300 mil mouros, derruba-os todos (Monteiro Lobato, 1957:94-95).

A obra de Lobato é explicitamente didática, já que ele não se furta a inserir o tempo todo seus temas preferidos no meio da história.Um dos mais recorrentes é a questão da expansão do mercado do livro no Brasil. No início de *Peter Pan*, Pedrinho, Narizinho e a boneca Emília, que haviam ouvido falar do personagem em *As Reinações de Narizinho*, perguntam a Dona Benta quem é Peter Pan. A avó, não sabendo responder, escreve a uma livraria em São Paulo e recebe o livro de Barrie em inglês. Dessa forma, Lobato consegue inserir um anúncio para compras de livros por reembolso postal, e Dona Benta pode contar a história em português, com suas próprias palavras, repetindo no livro a situação de uma narrativa oral. Pedrinho também herdou o espírito empreendedor de Lobato, o que se evidencia quando ele revela seus planos de montar uma fábrica de brinquedos quando crescer e comercializar uma série de bonecos, inclusive cópias daqueles do Sítio do Picapau Amarelo (Monteiro Lobato, 1971:12).

Lobato introduz exercícios voltados para o enriquecimento de vocabulário quando, por exemplo, Dona Benta explica as palavras "pigmento" (Monteiro Lobato, 1971:22), "cinegética" ("relativo a caçada") (ibidem, p. 60), "excêntrico" (ibid., p. 85); esclarece o sentido de "líquido" em "uma questão líquida" (ibid., p. 59) e também de "interpolada" (Monteiro Lobato, 1957:190). Além disso, referências a Maria Antonieta (Monteiro Lobato, 1971:30), a etimologia do nome do navio do Capitão Gancho, Hiena dos Mares (ibidem, p. 75), o motivo pelo qual Cervantes escreveu *Don Quijote* (Monteiro Lobato, 1957:18), a informação de que, antigamente, os barbeiros também atuavam como cirurgiões (ibidem, p. 100), a explicação do fenômeno das estalactites e estalagmites (Monteiro Lobato, 1971:59), os diferentes formatos dos livros: fólio, octavo, etc. (Monteiro Lobato, 1957:152-3) também visam a aumentar os conhecimentos gerais do leitor.

Narizinho diz gostar de *Peter Pan* porque é uma história moderna, engraçada e muito diferente dos contos de Grimm, Andersen e Perrault, com sua interminável sucessão de reis, rainhas, príncipes, princesas e fadas, sendo que sua afirmação reflete o esforço de Lobato para renovar a literatura infantil brasileira (Monteiro Lobato, 1971:28).

O escritor era contrário ao *Estado Novo*, o regime nacionalista de Getúlio Vargas, que por sua vez o desprezava pelo seu internacionalismo, suas constantes comparações negativas do Brasil com os Estados Unidos e a União Soviética, seu ateísmo e suas repetidas intromissões. Em março de 1941 Lobato foi preso, acusado de enviar uma carta insultuosa a Getúlio e ao General Góis Monteiro, e condenado a seis meses de prisão. Apesar dos inúmeros protestos de intelectuais, teve de cumprir três meses de pena, sendo libertado por ordem do presidente.

O *Peter Pan* de Lobato enfrentou uma série de problemas políticos. Em junho de 1941, um parecer do procurador público do estado de São Paulo, Dr. Clóvis Kruel de Morais, recomendou ao Tribunal de Segurança Nacional que fosse proibida a distribuição da obra, sob a alegação de que esta transmitia às crianças uma opinião errada do governo brasileiro e dava a impressão de que o Brasil era um país inferior à Inglaterra.

Quando a narradora, Dona Benta, compara as crianças brasileiras às inglesas, ela diz que, diferentemente daquelas, as inglesas, sem exceção, tinham seu próprio quarto, denominado *nursery*, cheio de brinquedos, com pinturas nas paredes e móveis especiais. Em contrapartida, continua ela, o das crianças brasileiras é "um quarto qualquer e por isso não tem nome especial" (Monteiro Lobato, 1971: 59), ressaltando a inferioridade das condições de vida no Brasil. Lobato também compara os sistemas de aquecimento, observando que nos países avançados de clima frio todas as casas têm aquecimento central em vez de lareira. Embora o conforto do aquecimento não seja necessário no Brasil, sua falta está claramente ligada aos "países atrasados" (ibidem, p. 59-60).

Uma outra passagem em que Lobato revela aspectos do Brasil é quando Emília pergunta se as crianças inglesas brincam com um "boi de chuchu", brinquedo caseiro que é feito enfiando-se pedaços de madeira no vegetal de modo a reproduzir um animal, recurso comum em áreas do Brasil onde as crianças tinham de improvisar brinquedos com bugigangas. Um dos personagens principais das histórias infantis de Lobato é o boneco Visconde, feito de uma velha espiga de milho (ibidem, p. 12). Dona Benta responde que as crianças inglesas são muito mimadas e têm os brinquedos que querem, e que eles não são incrivelmente caros, como no Brasil. Lobato também elogia a qualidade dos brinquedos alemães, feitos em Nuremberg, e observa, através de Dona Benta, que a indústria de brinquedos está apenas começando em nosso país. É evidente que, aqui, assim como no trecho citado, o escritor está inserindo suas próprias opiniões, contrárias ao protecionismo econômico do *Estado Novo*. Outro parecer para o Tribunal de Segurança Nacional, de autoria de Tupy Caldas, acusava as obras de Lobato de serem excessivamente materialistas e desprovidas de qualquer tipo de espiritualidade, e recomendava a sua proibição por colocarem em risco o projeto educacional do governo na medida em que não contribuíam para a formação de uma "juventude patriótica, continuadora da tradição cristã, unificadora da Pátria". O próprio Vargas, consciente do papel que os livros podem desempenhar, enfatizou esse risco:

> Todo e qualquer escrito capaz de desvirtuar esse programa é perigoso para o futuro da nacionalidade. O nosso mal até aqui foi justamente dar liberdade excessiva aos escritores, quando é o livro o mais forte veículo de educação. (em Carneiro, 1997: 76)

Tanto Peter Pan como Dom Quixote podem ser vistos como figuras anárquicas, que não respeitam a autoridade. Diz Pedrinho, a respeito do segundo: "– O que eu gosto em D. Quixote – observou Pedrinho, é que êle não respeita cara. Mêdo não é com ele. Seja clérigo, seja moinho de vento, seja arrieiro, êle vai de lança e espada em cima, como se fôssem carneiros." (Monteiro Lobato, 1957:91). O anti-clericalismo de Lobato era, naturalmente, desaprovado pela ala direitista da Igreja Católica, cujas opiniões estão expressas em *A Literatura Infantil de Monteiro Lobato ou Comunismo para Crianças*, em que o autor, Padre Sales Brasil, acusa Lobato de incentivar a revolução comunista, a falta de educação, o ateísmo e a rebelião contra o direito à propriedade privada.

Como resultado das instruções dadas pelo Tribunal de Segurança Nacional, o Departamento de Ordem Política e Social de São Paulo (DEOPS) apreendeu e confiscou todos os exemplares de *Peter Pan* disponíveis no estado.

3.1 Lobato e a Antropofagia

Nas adaptações de Lobato, vemos como uma nação em desenvolvimento como o Brasil pode usar obras originais do Primeiro Mundo. Lobato adapta as histórias originais mudando a sua ênfase; em *D. Quixote das Crianças* ele "traduz" o português difícil para uma linguagem mais simples e mais fácil de ler. Hoje, diz ele, "usamos a linguagem a mais simplificada possível, como a de Machado de Assis, que é o nosso grande mestre". Em contrapartida, os escritores clássicos portugueses usavam uma linguagem mais rica, mais interpolada (Monteiro Lobato, 1957:190-1). Em *Peter Pan* Lobato faz comparações com a realidade brasileira, como no trecho em que os peles-vermelhas norte-americanos são comparados aos nossos "caboclos do mato".

Em 1928, Oswald de Andrade publicou o *Manifesto Antropófago*, em que apresentou a imagem do canibal brasileiro, que devora o inimigo para apropriar-se de sua alma. Assim, o escritor brasileiro, como o canibal, não absorve passivamente a influência estrangeira, mas, sim, a transforma em algo novo. O original será digerido e reproduzido de uma forma diferente.

Adriana Vieira (2001:153) compara a "antropofagia" de Lobato à de Haroldo e Augusto de Campos. Embora Lobato adapte a literatura popular em um contexto comercial, enquanto os irmãos Campos traduzem uma literatura muito mais erudita, não comercial, Vieira acredita que tanto aquele quanto estes apropriam-se do texto original de uma forma antropofágica, inserindo-lhes sua marca brasileira característica nas adaptações feitas.

4. Carlos Lacerda, o "destronador" de presidentes

A fama de Carlos Lacerda (1914-1977) no Brasil é a de "destronador" de presidentes, tendo desempenhado um papel chave na queda de pelo menos três deles: Getúlio Vargas (1954), Jânio Quadros (1961) e João Goulart (1964). Embora tivesse pertencido ao Partido Comunista Brasileiro (PCB) no início de sua carreira política, em 1934, foi como membro de um partido de direita, a União Democrática Nacional (UDN), que se elegeu vereador pelo Rio de Janeiro em 1947, deputado federal em 1955 e governador do estado da Guanabara em 1961. Lacerda também era jornalista, tendo atuado no *Diário de Notícias*, *Diário Carioca*, *Correio da Manhã*, *Tribuna da Imprensa* e, durante seu exílio nos Estados Unidos, em *O Globo* e *O Estado de São Paulo*. Além disso, escreveu ensaios críticos sobre autores brasileiros como Carlos Drummond de Andrade e Érico Veríssimo, bem como peças, contos e crônicas, e, durante os anos 40, adaptou muitas obras literárias para o teatro, rádio e televisão brasileiros. Além disso, também foi parceiro de compositores populares brasileiros.

Durante toda sua carreira, Lacerda sempre demonstrou interesse em traduzir. Verteu para o português clássicos como *A morte de Ivan Ilitch*, de Tolstoi, e *Júlio César*, de Shakespeare, além de *Caracteres* (*Caractères*), de La Bruyère (em 1936, sob o pseudônimo de Luiz Fontoura) e *Minha mocidade*, de Winston Churchill (1941), de quem era grande admirador. Sua preferência por obras que refletissem a tradição democrática liberal americana pode ser observada em suas traduções de *O triunfo* (*The Triumph*) de John Kenneth Galbraith, assessor econômico do presidente americano John Kennedy; *Em cima da hora*:

conquista sem guerra (Il est moins cinq), uma crítica severa da crescente influência soviética no mundo, de Suzanne Labin (1963); *O bem amado (Come Blow Your Horn)*, de Neil Simon, peça encenada em 1963, quando Lacerda ainda era governador do Rio de Janeiro; o prefácio do livro *Estratégia da paz (Peace Strategy)*, de John Kennedy; *Do escambo à escravidão (From Barter to Slavery)*, de Alexander Marchant (1943); *A vida de Thomas Jefferson (Life and Letters of Thomas Jefferson)*, de Francis W. Hirst (1943). Para Lacerda, traduzir era uma forma de relaxar da política, e dedicou-se a verter para o português a peça *Como vencer na vida sem fazer força (How to Succeed in Business Without Really Trying)*, de Abe Burrows, na noite de 31 de março, a data do golpe militar de 1964, para relaxar da tensão de ter o Palácio Guanabara, sede do governo estadual, cercado por forças leais ao governo de João Goulart.

4.1 Os "destronamentos"

Em agosto de 1954, um assassino de aluguel ligado ao regime Vargas atentou contra a vida de Carlos Lacerda, a *bête noire* de Vargas, e que era freqüentemente chamado de "o Corvo" por seus detratores. Lacerda levou um tiro no pé, mas seu guarda-costas, o major da Aeronáutica Rubem Vaz, perdeu a vida ao lutar com o assassino. Lacerda retaliou em seus discursos no rádio e na televisão, bem como em artigos publicados em seu jornal, a *Tribuna da Imprensa*, acusando o governo Vargas de corrupção e de proteger os assassinos. Manifestações populares anti-governistas foram realizadas do lado de fora do Palácio do Catete, a sede do governo federal. Os militares, que sentiam sua posição enfraquecida por um poder alternativo – a guarda presidencial de Vargas – conduziram uma investigação completa, prenderam o assassino e descobriram que o crime havia sido aprovado pelos assessores mais próximos do presidente e organizado por um membro da guarda, Gregório Fortunato.

A situação de Vargas tornou-se insustentável, e parecia não lhe restar outra saída a não ser a renúncia. Na manhã de 25 de agosto de 1954, cometeu suicídio com um tiro no coração. Houve uma intensa comoção popular, e Lacerda, como o principal crítico de Vargas, passou de vítima do presidente a assassino, e precisou esconder-se.

Nas eleições gerais de 1960, Lacerda e a UDN, apoiados basicamente pelos empresários e pela classe média, cerraram fileiras em torno do candidato populista, Jânio Quadros. No entanto, Lacerda rapidamente decepcionou-se com a falta de competência de Jânio, sua incapacidade de fazer aprovar qualquer lei importante por um Congresso cada vez mais hostil e, mais importante ainda, sua crescente aproximação com o bloco soviético e com a China. Em 19 de agosto de 1961, o líder cubano Che Guevara foi recebido e condecorado pelo presidente, mas nenhum de seus ministros esteve presente à cerimônia. O jornal de Lacerda, a *Tribuna da Imprensa*, criticou severamente a atitude do presidente, e Lacerda viu que não poderia continuar apoiando Jânio, a quem adivinhava a intenção de fechar o congresso e mudar a Constituição de forma a fortalecer os poderes do presidente. Na noite de 24 de agosto de 1961 – ironicamente, o sétimo aniversário do suicídio de Vargas – Lacerda fez um discurso, transmitido pelo rádio e pela televisão, denunciando Jânio por querer fechar o Congresso, recusar-se a repassar recursos governamentais para o governo da Guanabara e por estreitar relações com Cuba e a União Soviética. Jânio, cada vez mais isolado pelo Congresso, renunciou, apostando que os oficiais militares que o apoiavam haveriam de lhe pedir para voltar à presidência e lhe garantiriam maiores poderes. Seu plano, no entanto, fracassou: ninguém lhe pediu para reconsiderar a decisão e o vice-presidente, João Goulart, então na China, foi finalmente empossado, apesar da grande resistência. Goulart era odiado pelos militares de alta patente por suas idéias esquerdistas, e como solução conciliatória propôs-se a adoção do parlamentarismo, regime que vigorou até 6 de janeiro de 1963, quando um plebiscito decidiu pela volta do sistema presidencialista.

O ano de 1963 e o início de 1964 foram marcados por uma agitação crescente. A direita desaprovava a reforma agrária proposta por Goulart; havia a suspeita de que o presidente poderia substituir o regime vigente por assembléias populares ao estilo de Cuba e decidir suspender as eleições presidenciais que deveriam ser realizadas em 1965. Além disso, havia muita inquietação no setor industrial. Lacerda fazia discursos e escrevia artigos contra o governo Goulart, e traduziu o tratado anti-soviético *Em cima da hora: a conquista sem guerra*, da francesa Suzanne Labin. Em 19 de março, realizou-se em São Paulo uma grande demonstração contra Goulart, conhecida como a "Marcha da Família com Deus pela Liberdade". Mas a gota d'água para as autoridades militares foi a rebelião dos marinheiros, que exigiam uma disciplina menos rigorosa e mais direitos. Em 24 de março Goulart determinou que os amotinados fossem poupados da corte marcial, o que os levou a comemorar nas ruas do Rio de Janeiro. O fato revoltou a maioria dos oficiais militares, que se rebelaram em 31 de março e deram um golpe – sem derramamento de sangue – em 1º. de abril.

A versão oficial de Lacerda é que seu apoio à revolução visava preservar a democracia, diante do receio de que Goulart introduzisse um regime político à semelhança do adotado em Cuba e na União Soviética, e que logo haveria eleições presidenciais. No entanto, o Brasil só elegeria um presidente pelas urnas 25 anos depois, e o regime militar, que começou relativamente moderado, sob a liderança do general Castelo Branco (abril de 1964-agosto de 1967), foi sucedido pelos governos mais "linha-dura" de Costa e Silva (março de 1967-agosto de 1969) e Garrastazu Médici (outubro de 1969-março de 1974). O Ato Institucional n°. 5, de 13 de dezembro de 1968, atingiu em cheio aos grupos esquerdistas, introduziu uma censura rigorosa e fechou o Congresso. Muitas figuras políticas e públicas importantes seguiram para o exílio. O próprio Lacerda, que se havia tornado um dos principais críticos do regime militar, teve seus direitos políticos cassados.

4.2 A tradução de *Julio César* por Lacerda

Comparações com a peça *Julio César*, de Shakespeare, podem ser feitas em todos os três casos descritos acima: as conspirações em que o papel de Lacerda foi fundamental para mudar a opinião pública; os presidentes que assumiam poderes excessivos e se isolavam da opinião pública e das lideranças; e a ruptura de Lacerda com os militares no período pós-1964.

A tradução de *Julio César* feita por Lacerda foi publicada em 1966, e, portanto, a impressão inicial é a de que seu objetivo foi refletir o golpe de 1964. No entanto, o trabalho foi efetivamente realizado bem antes, em 1955, alguns meses após a queda de Vargas. Lacerda faz referências específicas a esse fato, principalmente à importância da *Carta Testamento* do então presidente:

> Quando cheguei em casa estava começando o grande erro. O Café Filho assumiu o governo imediatamente, mas largou as rádios de lado. E as rádios quase todas ainda nas mãos do pessoal do Getúlio de dez em dez minutos se referiam à carta testamento... que era acompanhada com música de fundo, músicas tristes, marchas fúnebres, etc., e lida com a maior ênfase de dez em dez minutos... E o povo começou a sair para a rua, aquela agitação toda. O cadáver de Getúlio exposto, visitado por milhares de pessoas que choravam, gritavam, desfaleciam, que tinham ataques e chiliques." [...] "Diante do clima que se criou de agitação nas ruas e depredações – a *Tribuna da Imprensa* foi cercada e ameaçada e o povo gritava: "Abaixo a Aeronáutica", "Abaixo os americanos" e "Morram Lacerda e Roberto Marinho de *O Globo*" ... Aí me levaram de helicóptero para a ilha do Governador... onde passei três ou quatro dias. (Lacerda 1977:147)

> ... o que tinha acontecido no Brasil era o que aconteceu no drama de Shakespeare, e não foi à toa que traduzi esse drama: *Julio César*. A mesma multidão que aclamava Brutus e os que mataram César, quando Marco Antônio fez seu discurso com o cadáver nos braços, começou a pedir a morte dos que tinham assassinado César. [...] Foi assim que passei de vítima a assassino de Vargas [...]. Vargas, que num certo momento era, não digo odiado, mas desprezado pela maioria do povo, ao morrer, ou por sentimentalismo, ou por causa desse tipo de exploração, ou ainda por um

natural pudor nosso de não continuar a atacar um homem que tinha se suicidado [...] passou a ser o Julio César de Shakespeare. (Lacerda 1977: 149)

A analogia com a peça de Shakespeare torna-se, assim, bem clara. Os próprios discursos de Lacerda no rádio e na televisão, bem como os artigos publicados em jornais às vésperas do suicídio de Vargas, são o discurso de Brutus diante do cadáver de César, tentando justificar o assassinato do líder. Brutus tem o apoio dos Cidadãos, da mesma forma que os manifestantes anti-Vargas apoiavam Lacerda e faziam demonstrações contra o governo do lado de fora do Palácio do Catete e em outros locais do Rio de Janeiro. A *Carta Testamento* é o famoso elogio a César por Marco Antônio – "Friends, Romans, Countrymen" ["Amigos, romanos, concidadãos"] – que é responsável por fazer os Cidadãos retirarem o apoio a Brutus e aos demais conspiradores e expulsá-los de Roma. Da mesma forma, a repetição contínua da *Carta Testamento*, um documento de força retórica considerável, nas estações de rádio do governo, iniciativa que o Vice-Presidente, Café Filho, não conseguiu impedir, somada ao apoio que Vargas, o "pai dos pobres", havia conquistado principalmente junto ao setor mais pobre da população, conseguiu virar completamente o jogo. As multidões, pranteando Vargas, exigiam o sangue de Lacerda, assim como os Cidadãos em *Julio César* exigiam o sangue dos conspiradores, e Lacerda, repetindo Brutus e os demais rebeldes que fugiram de Roma, precisou sair de cena temporariamente.[1]

Uma comparação com os últimos três parágrafos da *Carta Testamento* com um trecho do elogio fúnebre da peça deixa clara a ligação, principalmente no que diz respeito a referências a sacrifício, sangue e traição. Diz Vargas, em sua *Carta Testamento*:

> Tenho lutado mês a mês, dia a dia, hora a hora, resistindo a uma pressão constante, incessante, tudo suportando em silêncio, tudo esquecendo, renunciando a mim mesmo, para defender o povo, que agora se queda desamparado. Nada mais vos

---

[1] A primeira apresentação pública da peça *Julio César* na tradução de Lacerda deu-se no Teatro Municipal de São Paulo, produzida pela atriz-empresária Ruth Escobar, sob a direção do então promissor Antunes Filho. Foi um acontecimento que dividiu o meio teatral brasileiro, já que Lacerda era odiado por muitos artistas. Escobar conseguiu apoio oficial e um elenco estelar, mas a peça estava fadada ao fracasso. Um cenário excessivamente complexo não permitiu que se fizessem ensaios no palco, e o elenco completo veio a se reuniu pela primeira vez por ocasião do ensaio com os figurinos. Apenas a presença da comunidade empresarial, políticos e militares de alta patente na estréia evitaram o seu adiamento. A apresentação foi calamitosa: o ator que vivia o papel-título machucou a pelve, o figurino e o cenário não pararam de dar problemas e houve constantes manifestações de membros anti-lacerdistas da comunidade teatral. A temporada encerrou-se após a segunda apresentação.

posso dar, a não ser meu sangue. Se as aves de rapina querem o sangue de alguém, querem continuar sugando o povo brasileiro, eu ofereço em holocausto a minha vida.

Escolho este meio de estar sempre convosco. Quando vos humilharem, sentireis minha alma sofrendo ao vosso lado. Quando a fome bater à vossa porta, sentireis em vosso peito a energia para a luta por vós e vossos filhos. Quando vos vilipendiarem, sentireis no pensamento a força para a reação. Meu sacrifício vos manterá unidos e meu nome será a vossa bandeira de luta. Cada gota de meu sangue será uma chama imortal na vossa consciência e manterá a vibração sagrada para a resistência. Ao ódio respondo com o perdão.

E aos que pensam que me derrotaram respondo com a minha vitória. Era escravo do povo e hoje me liberto para a vida eterna. Mas esse povo de quem fui escravo não mais será escravo de ninguém. Meu sacrifício ficará para sempre em sua alma e meu sangue será o preço do seu resgate. Lutei contra a espoliação do Brasil. Lutei contra a espoliação do povo. Tenho lutado de peito aberto. O ódio, as infâmias, a calúnia não abateram meu ânimo. Eu vos dei a minha vida. Agora vos ofereço a minha morte. Nada receio. Serenamente dou o primeiro passo no caminho da eternidade e saio da vida para entrar na História. (Rio de Janeiro, 23/08/54 – Getúlio Vargas)

Essas são as palavras de Antônio, na tradução de Lacerda:

Quem tem lágrimas prepare-se para derramá-las.
Todos conhecem este manto. Inda me lembro
A primeira vez que César o vestiu;
Era uma noite estival, em sua tenda,
No dia em que ele venceu os Nérvios.
Vejam, neste buraco passou a espada de Cássio;
Vejam que rasgo o invejoso fez aqui;
Por este outro apunhalou-o o bem amado Brutus;
E quando retirou da ferida o aço maldito
Vejam como veio o sangue que escorreu
Como se corresse à porta para saber se era
Mesmo Brutus, ou não, que com tanta força lhe batia;
Pois Brutus, como sabem, foi o anjo de César.
Julgai, ó Deuses, quanto César lhe queria bem!
Este foi de todos o corte mais cruel
Pois quando César se viu por ele apunhalado,
A ingratidão, mais forte do que o braço da traição,
Venceu-o. Então seu grande coração despedaçou-se
E cobrindo com seu manto a face,
Ao pé da estátua de Pompeu,

Rutilante de sangue, o grande César tombou.
Ó queda aquela, meus concidadãos!
Com ela, eu e vocês, todos nós também caímos
Enquanto a traição solerte, sanguinária, triunfou.
Chorem agora; e compreendo, sentem
O choque da piedade. São lágrimas piedosas,
Boas almas, choram só de ver rasgada
A túnica de nosso César. Pois vejam agora,
Aqui está ele, desfigurado pelos traidores.

O mais importante, no caso de Lacerda, é o ato político de empreender a tradução, muito mais do que as mudanças feitas no processo, como ocorreu com Lobato. A tradução é relativamente fiel ao original. No entanto, podem-se perceber pequenas modificações. A maioria delas diz respeito a escolhas lexicais e não acrescenta um significado especial: a palavra "closet" foi traduzida por "gabinete" (em inglês, "cabinet") (Lacerda, 1965:88). Em V.v, a afirmação "Our enemies have beat us to the pit" ("nossos inimigos nos empurraram para a beira do abismo") torna-se "nossos inimigos nos arrastam para o fundo" (ibidem, p. 147). Em III.ii, "Caesar has had great wrong" ("Procederam muito mal com César") é traduzido como "César causou muita desgraça". "Compostura" se torna "conduta" (ibid., p. 16). Além disso, há várias omissões, como em V.iii, onde foram suprimidas a linha 43, "Durst I have done my will" ("Se houvesse feito a minha vontade"), e um verso do discurso final de Brutus, " I shall find time, Cassius; I shall find time" (Hei de achar tempo, Cássio; hei de achar tempo"). Igualmente omitidos foram os dois últimos versos da fala de Catão, "A foe to tyrants and my country's friend" ("Inimigo dos tiranos e amigo da pátria") e "I am the son of Marcus Cato, ho!" ("Sou o filho de Marcos Catão!) em V. iv, bem como a linha 21 da cena seguinte: "Thou seest the world, Volumnius, how it goes" ("Estás vendo, Volúmnio, como vai o mundo"), que fecha o segundo discurso de Brutus (Lacerda, 1965:147).

Lacerda pode ter decidido publicar a tradução dez anos após tê-la feito devido à nova possibilidade de estabelecer um paralelo entre *Julio César* e a situação política brasileira, diante do golpe de 1964. Mais uma vez, o político e jornalista era visto como o principal líder civil do golpe, uma figura semelhante a Brutus, enquanto Goulart assumia o papel de César:

> Quando o chefe do Executivo se permite, nas praças públicas, fazer a apologia da subversão e incitar as massas contra os poderes da República que lhe estorvam a marcha para o cesarismo, pode-se afirmar que a ditadura, embora não institucionalizada, é uma situação de fato. (*Estado de São Paulo* – 14/03/64)

Embora um brilhante orador, altamente inteligente e articulado, Lacerda era extremamente impopular em muitos círculos por ser considerado temperamental, bastante instável, pouco confiável e ambicioso demais; nada poderia detê-lo na luta para obter a cobiçada coroa, a Presidência da República. Depois do golpe militar de 1964, sua exigência de que as eleições fossem realizadas em 1965, nas quais ele, como o principal líder civil do golpe, certamente teria grandes chances de sair vitorioso, e suas críticas públicas ao presidente Castelo Branco, o distanciaram de muitos membros de seu próprio partido, a UDN, e dos líderes militares. Ele não conseguiu "destronar" nenhum líder militar. Em 1966, juntou-se aos ex-presidentes João Goulart e Juscelino Kubitschek para formar a *Frente Ampla*, que visava ampliar a base política da oposição aos militares, mas, com o endurecimento do regime sob o AI-5 (Ato Institucional nº. 5), que passou a vigorar em dezembro de 1968, teve seus direitos políticos cassados. Desde então, dedicou-se à sua editora, a Nova Fronteira, até falecer, em 1977.

5. Conclusão

Em *Translation in a Postcolonial Context* e "Translation and Political Engagement", Maria Tymoczko, com base em sua experiência de estudar traduções e adaptações das antigas lendas irlandesas de Cú Chulainn, descreve diferentes formas nas quais a tradução pode ser usada para fins políticos. A pesquisadora enfatiza a forma pela qual essas lendas foram manipuladas por Standish O'Grady e Lady Gregory, que omitiram partes consideradas escatológicas e fizeram com que Cú Chulainn se adequasse ao ideal vitoriano do cavaleiro medieval. Essas versões, que popularizaram mitos irlandeses tradicionais e desenvolveram uma consciência da cultura e da história nacionais na época do movimento pela independência, co-existiam com versões mais eruditas, que enfatizavam a importância acadêmica da lenda de Cú Chulainn.

Manipulações semelhantes podem ser observadas nas adaptações de *Peter Pan* e *Dom Quixote* por Monteiro Lobato, que inseriu nas histórias suas próprias opiniões sobre educação, literatura infantil e os males econômicos e políticos do Brasil. Outro aspecto importante, mencionado por Tymoczko, é o fato de que certos textos são selecionados para tradução com objetivos políticos (Tymoczko, 2000:41-42). Tanto Dom Quixote quanto Peter Pan podem ser vistos como figuras anárquicas, que se rebelam contra o que a sociedade espera deles.

Lacerda não manipula o texto em si mas procura manipular politicamente o leitor, primeiro pela escolha da obra a ser publicada, e em seguida pelo paratexto do seu trabalho. Sua defesa do liberalismo, do livre mercado, do papel reduzido do estado, seu entusiasmo pelos Estados Unidos e seu anti-comunismo fanático estão refletidos nas obras que escolheu para traduzir. Em 1964 traduziu *Em cima da hora: a conquista sem guerra*, de Suzanne Labin, onde afirma que a tradução tinha uma intenção política clara: "Fiel à tese deste livro, creio trazer com a sua tradução uma importante contribuição à luta pela Democracia no Brasil" (em Labin, 1963:11). Sua tradução vai ajudar a refrear a crescente influência comunista e a infiltração dessas idéias no governo, na educação e nas Forças Armadas, e contrabalançar o crescente volume de propaganda comunista no Brasil. Em seguida, seu afastamento dos militares pode ser sentido no posfácio à sua tradução de *O triunfo*, de J. K. Galbraith: "Este livro ajudará, informará o leitor que lerá a última página com a impressão de ter encontrado a resposta para uma das perguntas mais importantes do momento: aonde pode levar essa política de equívocos e desencontros?"; "A primeira edição desse livro saiu exatamente em 1964. No Brasil não houve tempo de aprenderem a lição [...] Agora estão aí os militares [...] Ou se fazem opções necessárias, ou eles as farão – para continuarem no poder [...] A não ser que o sarcasmo de Galbraith se converta em realidade: 'por uma vez, o poder da pena foi muito maior do que o da espada.'"

Lacerda traduziu *Julio César*, de Shakespeare, com o objetivo de apresentá-lo como uma metáfora do suicídio de Vargas, em agosto de 1954, e de projetar sua imagem como Brutus, o homem injustiçado de alma nobre, que se deixou levar pelos subterfúgios e a oratória superficial dos populistas para ser, em seguida, enganado e traído por seus próprios amigos e partidários. Trata-se de uma imagem muito mais atraente do que a outra, mais popular, do histórico e impiedoso "destruidor" ou "demolidor" do presidente Vargas. E em 1966, quando a tradução foi publicada, outras analogias puderam ser feitas, dessa vez entre os presidentes Jânio Quadros e João Goulart e o próprio César, unidos pelo desejo de ampliar seus poderes, mesmo contra a vontade do povo, e firmando a imagem de Lacerda como "destronador" de governantes.

Tradução de **Marcia A. P. Martins** a partir do texto em inglês "Translation and Politics: The Adaptations of Monteiro Lobato and Carlos Lacerda's *Julius Caesar*".

Referências bibliográficas

ABRAMOVICH, Fanny (1982) "Lobato de todos nós". In Paulo Dantas (org.) *Vozes do tempo de Lobato*. São Paulo: Traço, pp.145-157.

AZEVEDO, Carmem Lucia de; CAMARGOS, Marcia; SACCHETTA, Vladimir (1998) *Monteiro Lobato: furacão na Botocúndia*. São Paulo: Editora Senac.

BRASIL, Sales (Pe.) (1957) A *literatura infantil de Monteiro Lobato ou Comunismo para crianças*. Bahia: Aguiar & Souza.

CARNEIRO, Maria Luiza Tucci (1997) *Livros proibidos, idéias malditas: o Deops e as minorias silenciadas*. São Paulo: Estação Liberdade.

KOSHIYAMA, Alice Mitika (1982) *Monteiro Lobato: intelectual, empresário, editor*. São Paulo: Queiroz.

LABIN, Suzanne (1963) *Em cima da hora: a conquista sem guerra*. Trad. Carlos Lacerda. Rio de Janeiro: Record.

LACERDA, Carlos Frederico Werneck (1977) "Depoimento". Rio de Janeiro: Nova Fronteira.

MESQUITA FILHO, Júlio de. Leader in *Estado de São Paulo*, 14 de março de 1964.

MONTEIRO LOBATO, José (1971) *Peter Pan*. São Paulo: Brasiliense.

_____ (1957) *D. Quixote das Crianças*. São Paulo: Brasiliense.

PAGANO, Adriana Silvina (2001) " 'An Item Called Books': Translations and Publishers' Collections in the Editorial Booms in Argentina and Brazil from 1930 to 1950". *Emerging Views on Translation History in Brazil*, CROP, (journal of the English Language and English and North-American Literature Courses), FFLCH, n. 6. São Paulo: USP, pp.171-194.

SHAKESPEARE, William (1966) *Julio César*. Trad. Carlos Lacerda. Rio de Janeiro: Record.

_____ (1992) *Julius Caesar*. New York: The Folger Shakespeare Library,.

TYMOZCKO, Maria (2000) "Translation and Political Engagement: Activism, Social Change and the Role of Translation in Geopolitical Shifts". *The Translator*, Volume 6, Number 1, pp.23-47.

_____ (1999) *Translation in a Postcolonial Context*. Manchester: St. Jerome.

VIEIRA, Adriana Silene (2001) "Monteiro Lobato Translator". *Emerging Views on Translation History in Brazil*, CROP (journal of the English Language and English and North-American Literature Courses), FFLCH, n. 6. São Paulo: USP, pp. 143-169.

A análise lingüística de diálogos de Shakespeare (em tradução brasileira) via implicaturas conversacionais

BEATRIZ VIÉGAS-FARIA

Introdução

Este trabalho apresenta a propriedade de *calculabilidade* das implicaturas conversacionais particularizadas conforme propostas por Grice, no sentido de auxiliar o estudioso de Tradução a pensar um problema específico mas complexo da atividade tradutória dentro de uma nova ótica. Além de ilustrar a teoria examinada via diálogos de peças consagradas da literatura universal, o trabalho pretende mostrar virtualmente (com algumas passagens de *Romeu e Julieta*, *A tempestade* e *Muito barulho por nada*) que a tradução adequada de um diálogo com implícitos desse tipo deve obedecer ao mesmo cálculo griceano que se pode encontrar no texto original – o cálculo inferencial que segue uma lógica não-trivial e que a personagem-Ouvinte faz acerca da intenção da personagem-Falante.

Este é um estudo informal que visa a ser uma tentativa (e sugestão) de se começar a pensar numa possível formalização de pelo menos parte daquilo que até hoje tem sido visto intuitivamente como o aspecto "intangível" da tradução literária: os meandros dos significados implícitos, por onde o tradutor tem de perambular sozinho, confiando em sua "vocação" e em sua bagagem cultural. Há modelos teóricos para o estudo de inferências, que se encontram nos mais recentes estudos da Lingüística em sua interface com os estudos da Lógica, e que podem ser ferramentas ancilares importantes para o tradutor literário – mas principalmente para o formador de tradutores.

Este é um estudo inicial, que vem sendo apresentado como sugestão acadêmica; contudo, acredita-se que esta proposta tem potencial para enriquecer a análise de processos e produtos tradutórios não só na área da lingüística aplicada à tradução, mas também na área dos estudos literários e culturais comparados, pois seria suplementar à investigação daqueles significados implícitos de uma obra literária em tradução que se atrelam às evidentes diferenças culturais entre os sistemas da língua-fonte e da língua-alvo, ou à intertextualidade, ou às idiossincrasias autorais e de gênero, por exemplo.

A Pragmática lingüística vai aos poucos encontrando seu nicho dentro dos estudos lingüísticos, tateando o caminho da normalização, examinando questões das quais a Sintaxe, mesmo dentro do conceito de estrutura profunda, não consegue dar conta, e que a Semântica que se estabeleceu e normalizou em cima das noções de referência e condições-de-verdade não abrange.

A Teoria das Implicaturas de Grice veio tirar do léxico e, portanto, da semântica, o ônus de explicar, por exemplo, ambigüidades lingüísticas via uma multiplicidade de significados para cada vocábulo. Filósofo da linguagem, Grice debruçou-se sobre as questões do significado implícito em linguagem natural, e apresentou uma maneira de dar tratamento lógico a um certo tipo de implícito que ele denominou "implicatura". É importante ressaltar que a implicatura conversacional é um tipo de não-dito que se poderia também chamar de um quase-dito, pois, embora seja um conteúdo que não se explicita na forma lingüísitica da enunciação, ele é um implícito calculável a partir do dito.

Outro ponto a ressaltar é o caráter razoável, plausível da implicatura – não é preciso, exatamente porque é um não-dito, um significado não explicitado pelo Falante. Portanto, o Ouvinte deve (ou pelo menos deveria) inferir esse significado a partir do dito e do contexto conversacional (conforme este se vai construindo no diálogo). A princípio, então, seria possível formatar de mais de uma maneira a proposição implicitada. O que deve ter objetividade é a consistência metodológica na construção da seqüência de implicaturas encadeadas. O que é necessariamente objetivo é o cálculo da implicatura que se assume como válida para um dado diálogo. O cálculo inferencial empresta precisão à detecção de implicaturas em um texto ficcional. A questão técnica deste trabalho é modelar teoricamente implicaturas que podem ser rastreadas em um texto ficcional e que têm implicações para sua tradução – principalmente porque, a princípio, deseja-se que na tradução essas mesmas implicaturas "apareçam" também como significados implícitos do texto, igualmente calculáveis, em vez de aparecerem sob a forma de explicitações lingüísticas.

A Teoria das Implicaturas

Paul Grice, em palestra proferida em 1967 e em "Logic and conversation", artigo publicado em 1975, apresenta aos estudiosos da linguagem uma maneira de se abordar os significados implícitos que eventualmente se encontram nos diálogos de pessoas engajadas em conversação.

Por significado implícito entende-se aquele teor da fala que não se encontra nem se expressa literalmente nas palavras, nas frases, nas sentenças do Falante. É um significado que o Ouvinte pode captar – e o faz rápida e naturalmente na maioria das vezes – mas que, dentro dos estudos lingüísticos, somente a Pragmática seria capaz de explicar, uma vez que depende do *contexto* em que as palavras, frases ou sentenças tornam-se enunciados.

Pode-se definir como sendo o *dito* aquele significado literal e expresso de modo explícito pela cadeia de palavras pronunciadas pelo Falante, e pode-se definir como sendo o *não-dito* aquele significado que se pode depreender dessa fala porque implícito.

Dentro então de um tema mais abrangente, que seria o dos implícitos lingüísticos, ou seja, tudo o que não é dito explícita e literalmente num diálogo ou texto mas que se apresenta como parte integrante desse diálogo ou texto no que tange a sua compreensão, as implicaturas griceanas seriam aquilo que é não-dito num grau imediatamente abaixo do dito e examinado exclusivamente em diálogos. Segue-se daí que esse quase-dito conversacional não depende da interpretação do ouvinte (não pode variar de ouvinte para ouvinte) e pode ser calculado a partir dos enunciados verdadeiramente ditos no decorrer do diálogo. Em outras palavras, é nas informações oferecidas pelo contexto do diálogo que se vão encontrar os subsídios suficientes e necessários para o entendimento, pelo ouvinte, de $p + q$ quando o falante disse tão-somente p.

A implicatura conversacional seria um tipo de inferência pragmática não-convencional, pois é suposição contextualmente inferida. (Já a implicatura convencional depende do significado das palavras do enunciado, ou seja, encontra-se no léxico, e mantém-se em qualquer contexto.)

O dito, ou seja, a sentença enquanto enunciação, está sujeito à análise de suas condições-de-verdade, i.e., pode ser verdadeiro ou falso – é uma questão para a Semântica. Já a inferência só pode ser julgada válida ou inválida, pois tudo que fica implícito pode ser cancelado (ou esvaziado ou anulado), uma vez que o que não foi dito é perfeitamente passível de ser negado – questão para ser analisada pela Pragmática.

Grice, com sua teoria das implicaturas, inaugurou uma pragmática que é complementar à semântica das condições-de-verdade e que veio explicar aquilo que a intuição do ouvinte registra com relação às intenções do falante. Essa intuição é automática e não depende de interpretação, por parte do ouvinte, daquilo que o falante enunciou. (Veja-se que, enquanto a Semântica é a disciplina das condições-de-verdade das proposições, a Pragmática é a disciplina das condições comunicativas dos enunciados.)

O raciocínio de Grice para chegar à concepção do Princípio da Cooperação (PC) pode ser ilustrado com o seguinte diálogo ou troca conversacional:

A – Você quer um cafezinho?
B – Eu tenho úlcera.

No momento em que B aparentemente muda de tópico, como é que a comunicação ainda assim funciona? E de maneira eficiente? Grice entendeu que a *intenção* das pessoas é de se comunicarem, de se entenderem e de se fazerem entender. Se elas acabam por se entender é porque devem estar seguindo *regras naturais de linguagem*. Esse conjunto de regras Grice denominou de máximas conversacionais, que estariam a serviço de um Princípio da Cooperação (PC) ao qual obedecem os interlocutores. E essas regras conversacionais seriam adquiridas pelo indivíduo concomitantemente à aquisição da linguagem.

O PC de Grice abrange uma série de máximas divididas em quatro categorias: Qualidade, Quantidade, Relação e Modo. Essas quatro categorias explicariam todos os implícitos tratáveis por uma teoria pragmática da lingüística. As máximas griceanas, veja-se bem, estão calcadas na competência comunicativa dos falantes (e, conseqüentemente, em sua intuição comunicativa). Quando o emissor da mensagem quer que seus implícitos sejam entendidos, o receptor fica automaticamente convidado a calcular a implicatura que vem atrelada ao dito.

O Princípio da Cooperação ordena o seguinte:

Faça sua contribuição conversacional tal qual lhe foi solicitado, no estágio em que ela ocorre, pela direção ou propósito aceito da troca conversacional em que você está engajado.

Dentro da categoria de QUANTIDADE, observam-se duas máximas:
(1) Faça sua contribuição tão informativa quanto lhe foi solicitado (para os propósitos vigentes naquele momento da troca conversacional).
(2) Não faça sua contribuição mais informativa que o solicitado.

Esta segunda máxima, de acordo com Grice, é questionável, e seu efeito é assegurado por outra máxima, que se refere à relevância.

Sob a categoria de QUALIDADE, defrontamo-nos com uma supermáxima e duas máximas mais específicas:
(SM) Tente fazer com que sua contribuição seja verdadeira
(1) Não diga aquilo que você acredita ser falso.
(2) Não diga aquilo que você não tem como provar adequadamente.

Para a categoria de RELAÇÃO, Grice apresenta uma única máxima:
(M) Seja relevante.

Segundo o autor, a formulação dessa máxima traz em seu bojo uma série de problemas (por exemplo, como os tópicos de conversação são mudados de uma fala para outra dentro de um diálogo e como se explica que isso seja perfeitamente normal e aceitável). Grice adia essa problemática para trabalhos posteriores.

Sob a categoria de MODO, associada não mais àquilo que é dito, mas sim a *como* é dito o que se diz, Grice apresenta outra supermáxima, que acolheria em seu escopo máximas como as quatro abaixo:
(SM) Seja claro.
(1)   Evite obscuridade de expressão.
(2)   Evite a ambigüidade.
(3)   Seja breve (evite prolixidade desnecessária).
(4)   Seja ordenado.

Mais adiante em seu artigo "Logic and Conversation" (1975), Grice vai expor o raciocínio que fez para mostrar que a observância do PC e das máximas é razoável: "é de se esperar que qualquer um indivíduo que tenha em mente os objetivos centrais da conversação/comunicação (ex.: dar e receber informações, influenciar e deixar-se influenciar por terceiros) tenha também um interesse, dadas as circunstâncias adequadas, em participar nas trocas conversacionais, que serão proveitosas apenas se parte-se da suposição de que essas trocas estão sendo conduzidas conforme o PC e as máximas. Não tenho certeza de poder chegar a tal conclusão; de qualquer modo, sinto-me bastante seguro em afirmar que não posso chegar a essa conclusão antes de conseguir enxergar com maior clareza a natureza da relevância e das circunstâncias nas quais ela é exigida". (p. 49)

Grice passa então a discutir a relação entre o PC e as máximas, bem como a relação entre o PC e a implicatura conversacional, mostrando que um participante de uma troca conversacional pode optar por não observar uma ou mais máximas. No momento em que viola uma máxima, o falante estará aparentemente confundindo seu ouvinte. O falante pode escolher não cooperar com seu interlocutor, e deixaria isso claro ao dizer, por exemplo, "não posso falar mais nada". Ou o falante escolhe quebrar uma máxima, obviamente desrespeitando-a. Conforme Grice, essa é a situação típica geradora de implicaturas conversacionais – quando uma máxima é violada.

O autor a seguir passa a fazer aquilo que ele chama de "caracterizar a noção de implicatura conversacional". Se alguém diz *p* e com isso está implicando *q*, pode-se dizer que este *q* foi conversacionalmente implicado quando (1) supõe-se que essa pessoa está observando as máximas ou pelo menos o PC; (2) supõe-se que ela está ciente de que (ou pensa que) q é necessário para manter a suposição (1); e (3) essa pessoa pensa (e espera que seu ouvinte pense que ela pensa) que está dentro da competência de seu ouvinte calcular (ou entender via intuição) que a suposição (2) é necessária.

Assim, Grice chega à questão do cálculo inferencial – aquele raciocínio a que o ouvinte tem de proceder para fins de entender uma implicatura conversacional. O cálculo inferencial seria o seguinte:

(1) Ele disse p.
(2) Não há razão para supor que ele não esteja observando as máximas ou, pelo menos, o PC.
(3) Ele não estaria fazendo isso a menos que pensasse q.
(4) Ele sabe (e sabe que eu sei que ele sabe) que eu posso entender que ele pensar q é uma suposição necessária.
(5) Ele não fez nada para me impedir de pensar q.
(6) Ele quer que eu pense q ou, pelo menos, está disposto a me deixar pensar q.
(7) Portanto, ele implicou q.

Grice diferencia implicaturas generalizadas de particularizadas com base em que estas são implicaturas conversacionais que ocorrem quando se diz p numa situação em particular e em função de características especiais do contexto. Por outro lado, as implicaturas generalizadas independem do contexto em que p é enunciado. O autor ilustra esse tipo de implicatura com o seguinte exemplo: "X vai se encontrar com uma mulher hoje à noite". O falante estaria normalmente implicando que a mulher em questão não é nem mãe, nem irmã, nem mulher, nem filha ou neta de X. O problema aqui é que fica difícil vislumbrar a fronteira exata entre implicatura conversacional generalizada e implicatura convencional ou não-conversacional, uma observação que o próprio Grice encarrega-se de fazer em seu artigo.

O Modelo de Grice Ampliado

Costa (1984) propõe uma reformulação do modelo de Grice discutindo a Relevância enquanto supermáxima. Diz o autor que "a implicatura surge para harmonizar relações entre funções diversas do jogo comunicativo" (p. 120) e conclui que "a implicatura é a relevância pragmática do dito" (p. 129) quando a implicatura acontece por violação de uma ou mais máximas. A relevância seria "a propriedade pragmática por excelência" (ibidem). Costa propõe que se reordenem as máximas, cabendo à relevância o papel de função pragmática. A ela seria mais propriamente garantida a posição de supermáxima ligada ao princípio geral da cooperação.

Princípio da Cooperação
Regras Gerais da Conversação
Supermáxima Geral: "Seja o mais relevante possível"
I   Categoria da Quantidade
    1ª máxima – Faça com que sua contribuição seja tão informativa quanto o requerido (para o propósito corrente da conversação)
    2ª máxima – Não faça sua contribuição mais informativa do que o requerido
II Categoria da Qualidade
    Supermáxima: Diga somente o que você sabe
    1ª máxima – Não diga o que você sabe ser falso
    2ª máxima – Não diga o que você não pode assumir como sabendo
III Categoria de Adequação
    Máxima – Só diga algo adequado ao assunto da conversação
IV Categoria de Modo
    Supermáxima: Seja claro
    1ª máxima – Evite obscuridade
    2ª máxima – Evite ambigüidade
    3ª máxima – Seja breve (evite prolixidade)
    4ª máxima – Seja ordenado

Quanto à tipologia das implicaturas, Costa (p. 133) apresenta-nos o seguinte resumo:
Tipos de implicaturas
Quanto à natureza pragmática:
    1- Convencionais: relação dito-léxico
    2- Conversacionais: relação dito-contexto-princípio da cooperação
Quanto ao tipo de causa
    1- Standard: respeito às máximas
    2- Por quebra: violação das máximas
Quanto ao tipo de contexto
    1- Generalizadas: contexto geral (regras lingüísticas)
    2- Particularizadas: contexto particular (regras comunicacionais)

Finalmente, apresenta-se o modelo do cálculo conforme Costa (1984) em seu Modelo de Grice Ampliado, não sem antes o autor discutir a questão do conceito de contexto. Segundo ele, o contexto "é constituído de um conjunto indeterminado de sentenças mutuamente conhecidas; na depreensão de uma implicatura, entretanto, apenas algumas são relevantes, necessárias e determináveis" (p. 150). Na apresentação do cálculo, devem aparecer tão-somente aquelas indispensáveis para que, partindo do enunciado, o ouvinte chegue à implicatura. Assim é que as sentenças apresentadas nos exemplos de cálculos serão sempre um subconjunto de sentenças do contexto. Costa admite que o conceito é elástico, embora seja "o ponto crucial de uma abordagem pragmática para a significação na linguagem natural" (ibidem).

O modelo de cálculo é oferecido por Costa (1984) na seguinte formatação:
(A) = o destinatário
(B) = o remetente
(C) = o contexto (conjunto de proposições potenciais conhecidas por (A) e por (B) ou que, pelo menos, podem ser aceitas como não-controvertidas.
(E) = Enunciado
(Q) = Implicaturas (inferências pragmáticas do tipo griceano)

Costa também é o autor que introduz o conceito de "implicaturas encadeadas" dentro desse modelo reformulado, conforme será visto nos exemplos analisados dos diálogos de *Romeu e Julieta*.

O cálculo ilustrado por diálogos de Shakespeare (originais e traduzidos)

Passagens de peças shakespearianas são analisadas a seguir, em termos de cálculo das implicaturas conversacionais particularizadas do tipo "por quebra" (o objeto deste estudo). Os cálculos apresentados seguem a formulação sugerida por Costa (1984) em seu Modelo de Grice Ampliado, conforme exposto acima.

Romeo and Juliet, p.1014-1015 (Act I, Scene II)
SERVANT – (...) I pray, sir, can you read?
ROMEO – Ay, mine own fortune in my misery.
SERVANT – Perhaps you have learned it without book: but, I pray, can you read anything you see?
ROMEO – Ay, if I know the letters and the language.
SERVANT – Ye say honestly: rest you merry!
ROMEO – Stay, fellow; I can read. (...) whither should they come?
SERVANT – Up...
ROMEO – Whither?
SERVANT – To supper; to our house.

ROMEO – Whose house?
SERVANT – My master's.
ROMEO – Indeed, I should have ask'd you that before.
SERVANT – Now I'll tell you without asking: my master is the great rich Capulet (...).

Romeu e Julieta, p. 23-24 (Ato III, cena 2)
CRIADO – (...) Eu vos pergunto, senhor: sabeis ler?
ROMEU – Sim. Sei ler até mesmo minha própria sorte em meu sofrimento.
CRIADO – Talvez o senhor tenha aprendido isso sem o auxílio dos livros. Mas eu lhe pergunto novamente: o senhor sabe ler qualquer coisa que vê?
ROMEU – Sim, se conhecer as letras e o idioma.
CRIADO – O senhor fala de modo respeitável. Passar bem.
ROMEU – Fique, amigo. Eu sei ler. (...) [Romeu lê os nomes de uma lista de convidados.] Aonde devem eles ir?
CRIADO – Lá para cima.
ROMEU – Aonde?
CRIADO – Jantar; em nossa casa.
ROMEU – Casa de quem?
CRIADO – Do meu amo.
ROMEU – Claro! Eu devia ter perguntado antes.
CRIADO – Agora vou lhe contar sem que me pergunte: meu amo é o grande e rico Capuleto; (...)

Para esse excerto de original e tradução, temos de levar em consideração que o diálogo divide-se, para fins deste estudo, em dois momentos: (i) quando quem faz perguntas é o Criado e (ii) quando quem faz perguntas é Romeu. Assim, temos:
(A) = Criado
(B) = Romeu
(C) = C1 – Romeu e o Criado não se conhecem
    C2 – Romeu é alfabetizado
    C3 – O Criado é analfabeto
    C4 – O Criado precisa saber o teor de uma lista de convidados
(E1) = Sei ler até mesmo minha própria sorte em meu sofrimento.
(Q1) = Não me incomode agora, que estou sofrendo (por quebra das 2as máximas de Qualidade e de Modo)

CÁLCULO:
1- (B) disse (E1)
2- (B) está oferecendo uma resposta (sorte/fortune + sofrimento/misery) para a qual ele não tem provas e que se apresenta ambígua (lê-se a sorte nas mãos, e sofrimento é má sorte)

3- (B) ainda assim deve estar cooperando
4- (B) sabe que (A) sabe C {C1, C2, C3, C4}
5- (B), dizendo (E1), só estará sendo relevante se pretender que (A) pense (Q1)
6- (B) disse (E1) e implicou (Q1)

(E2) = Sim, [sei ler] se conhecer as letras e o idioma.
(Q2) = Sei ler o que sei ler (por quebra da 1ª máxima de Quantidade)

CÁLCULO:
Apresenta-se agora o possível cálculo de (A) até chegar à inferência da implicatura Q2:
1- (B) disse (E2)
2- (B) está oferecendo uma informação (letras/letters + idioma/language) menos informativa que o requerido
3- (B) ainda assim deve estar cooperando
4- (B) sabe que (A) sabe C {C1, C2, C3, C4, Q1}
5- (B), dizendo (E2), só estará sendo relevante se pretender que (A) pense (Q2)
6- (B) disse (E2) e implicou (Q2)

e, continuando, temos:
(A) = Romeu
(B) = Criado
(C) = [ver acima]
(E3) = Lá para cima.
(Q3) = Em um lugar mais alto que este (por quebra das 1ªˢ máximas de Quantidade e Modo)

CÁLCULO:
1- (B) disse (E3)
2- (B) está oferecendo uma informação (cima/up) menos informativa que o requerido e obscura
3- (B) ainda assim deve estar cooperando
4- (B) sabe que (A) sabe C {C1, C2, C3, C4, Q1, Q2}
5- (B), dizendo (E3), só estará sendo relevante se pretender que (A) pense (Q3)
6- (B) disse (E3) e implicou (Q3)

(E4) = em nossa casa
(Q4) = na casa que é minha e de mais alguém (por quebra das 1ªˢ máximas de Quantidade e Modo)

CÁLCULO:
1- (B) disse (E4)
2- (B) está oferecendo uma informação (nossa/our) menos informativa que o requerido e obscura
3- (B) ainda assim deve estar cooperando
4- (B) sabe que (A) sabe C {C1, C2, C3, C4, Q1, Q2}
5- (B), dizendo (E4), só estará sendo relevante se pretender que (A) pense (Q4)
6- (B) disse (E4) e implicou (Q4)

(E5) = Do meu amo.
(Q5) = Da pessoa de quem sou criado (por quebra das 1as máximas de Quantidade e Modo)

CÁLCULO:
1- (B) disse (E5)
2- (B) está oferecendo uma informação (meu/my) menos informativa que o requerido e obscura
3- (B) ainda assim deve estar cooperando
4- (B) sabe que (A) sabe C {C1, C2, C3, C4, Q1, Q2}
5- (B), dizendo (E5), só estará sendo relevante se pretender que (A) pense (Q5)
6- (B) disse (E5) e implicou (Q5)

(E6) = Agora vou lhe contar sem que me pergunte
(Q6) = Também posso fazer o senhor de bobo (por quebra da 1ª máxima de Qualidade)

CÁLCULO:
1- (B) disse (E6)
2- (B) está oferecendo uma informação a mais que o requerido (sem que me pergunte/without asking) sabidamente falsa
3- (B) ainda assim deve estar cooperando
4- (B) sabe que (A) sabe C {Q1, Q2, Q3, Q4, Q5}
5- (B), dizendo (E6), só estará sendo relevante se pretender que (A) pense (Q6)
6- (B) disse (E6) e implicou (Q6)

É justo quando Romeu desiste de perguntar onde será a festa que o Criado quebra a máxima de Adequação e responde então à pergunta que não mais está sendo feita. Isso representa a repetição da atitude de Romeu um pouco antes – quando o Criado desiste de perguntar se ele sabe ler e despede-se, Romeu quebra a máxima de Adequação e oferece resposta não mais desejada: "Fique, amigo. Eu sei ler". E o Criado continua "dando o troco" a Romeu, como se pode ver na implicatura que se segue:

(E7) = meu amo é o grande e rico Capuleto
(Q7) = posso ser analfabeto, mas não sou um qualquer, pois sou criado de pessoa importante (por quebra da 2ª máxima de Quantidade)

CÁLCULO:
1- (B) disse (E7)
2- (B) está oferecendo mais informações que o requerido (grande e rico/great rich)
3- (B) ainda assim deve estar cooperando
4- (B) sabe que (A) sabe C {C1, C2, C3, Q6}
5- (B), dizendo (E7), só estará sendo relevante se pretender que (A) pense (Q7)
6- (B) disse (E7) e implicou (Q7)

Como se pode ver pelo exemplo acima, pode-se dar tratamento formal, a partir de sua calculabilidade, a uma figura de linguagem como a ironia. Diferentemente dos exemplos explorados por Grice (1975) em seu artigo pioneiro, assim como nos exemplos de que se serviram seus comentadores e críticos, o presente trabalho diferencia-se dos demais justamente por valer-se de exemplos que, a meu ver, possuem uma grande vantagem: a continuidade dos diálogos. Quase todos os exemplos investigados (o presente trabalho mostra só alguns) ilustram a propriedade de calculabilidade das implicaturas examinadas e têm como ser corroborados em sua validade, pois as falas seguintes vêm garantir que o cálculo inferencial possível não só foi razoável e possivelmente executado, como também foi corroborado pelo texto que se segue. Pode-se também dizer que é justamente porque conto com a continuidade dos diálogos que posso executar os cálculos mais precisos possíveis, pois o texto que se segue serve de guia para as inferências necessárias no trecho imediatamente anterior. Pode-se comentar que esta é justamente a função do tradutor: ficar permanentemente atento ao que se segue dentro do texto, de modo que assim se evitem os "furos" da tradução, ou seja, que se evite a falta de lógica nos diálogos traduzidos — mesmo que a lógica do original seja a do nonsense.

Romeo and Juliet, p. 1011-1012 (Act I, Scene I)
SAMPSON – Me they shall feel while I am able to stand: and 'tis known I am a pretty piece of flesh.
GREGORY – 'Tis well thou art not fish; if thou hadst, thou hadst been poor-John. –

Romeu e Julieta, p. 9 (Ato I, cena 1)
SANSÃO – Pois a mim elas vão sentir, enquanto eu for capaz de me agüentar teso; e é público e notório que sou um belo exemplar de macho.
GREGÓRIO – E ainda bem que de macho humano, pois, se fosse de bovino, estarias mais para boi que para touro.

No trecho acima, tem-se um ótimo exemplo de como uma metáfora pode ser trabalhada na tradução, apresentando-se numa analogia diferente daquela de que se vale o original, mas, ainda assim, levando à mesma implicatura. Observe-se:
(A) = Sansão
(B) = Gregório
(C) = C1 – Os dois vinham conversando sobre a masculinidade de Sansão
    C2 – Gregório insiste em pôr em dúvida a virilidade de Sansão
(E) = ainda bem que [és um belo exemplar] de macho humano, pois, se fosse de bovino, estarias mais para boi que para touro
(Q) = te dizes macho, mas ages como um castrado (por quebra da 1ª máxima de Qualidade)

Em inglês, (E) = 'Tis well thou art not fish; if thou hadst, thou hadst been poor-John, onde "poor-John" significa peixe defumado. Temos, mais uma vez, Shakespeare empregando a imagem de um peixe defumado (que teve seus órgãos reprodutores masculinos retirados) para insinuar que o homem a que se refere a expressão metafórica não age exatamente como um macho naquilo que se convencionou chamar "atitudes de homem". A tradução opta por uma metáfora que se mantém no reino animal, mas se permite ser bovina em vez de pisciforme para chegar à mesma implicatura do original. É uma figura de linguagem comumente usada no português e prontamente apreendida por seus leitores.

    CÁLCULO:
1- (B) disse (E)
2- (B) está oferecendo uma informação (bovino + boi [e não touro]/fish + poor-John) obviamente falsa
3- (B) ainda assim deve estar cooperando
4- (B) sabe C {C1, C2}
5- (B), dizendo (E), só estará sendo relevante se pretender que (A) pense (Q)
6- (B) disse (E) e implicou (Q)

Nesse exemplo, infelizmente, não temos uma continuidade nas falas que nos comprove que essa implicatura foi depreendida do significado do enunciado, pois a conversa entre os dois é interrompida pela chegada de "dois da casa dos Montéquio". O diálogo neste caso carece de uma continuidade que lhe dê o aval de que a implicatura foi realmente compreendida pelo destinatário.

Mais adiante, na peça de Shakespeare, deparamos um diálogo curto entre Julieta e Capuleto, seu pai, quando então a protagonista da peça procede a uma ginástica lingüística (indicadora de sua ginástica mental). Julieta fala de modo que em nenhum de seus enunciados possa ser detectada uma mentira, i.e., ela preserva a todo custo as máximas de Qualidade, observando, além disso, a máxima de Adequação, e o referido custo é o desrespeito às máximas de Quantidade e Modo, sendo que, nesta última categoria, ela infringe obrigatoriamente a 2ª máxima (Evite ambigüidade). Isso é conseqüência da própria ambigüidade moral por que está passando a personagem: impedida pelas circunstâncias a divulgar que é mulher casada, ainda precisa fazer-se passar por noiva de Páris, já que o pai impôs-lhe o noivo, e ela não pode contar ao pai irado sobre seu casamento proibido e secreto. Personagem de elevados valores cristãos, que tem em Frei Lourenço seu confessor, Julieta não ousa mentir e, ao mesmo tempo, está impedida de declarar a verdade. Recorre então seu discurso à afirmação de generalidades – que se prestam a interpretações várias, dependendo do contexto.

> *Romeo and Juliet*, p. 1036 (Act IV, Scene II)
> NURSE – See where she comes from shrift with merry look.
> *Enter Juliet.*
> CAPULET – How now, my headstrong! where have you been gadding?
> [...]
> JULIET – I met the youthful lord [Paris] at Lawrence' cell; / And gave him what becomed love I might, / Not stepping o'er the bounds of modesty.
> CAPULET – Why, I am glad on't; this is well, — stand up. – This is as't should be.
>
> *Romeu e Julieta*, p. 126-127 (Ato IV, cena 2)
> AMA – Veja, senhor, aí vem ela voltando da confissão com olhar contente.
> *Entra Julieta.*
> CAPULETO – Ora, ora, minha cabecinha dura! Por onde andaste passeando?
> [...]
> JULIETA – Encontrei-me com o jovem senhor [Páris] na cela de Frei Lourenço, e ofereci-lhe todo o amor que fui capaz de lhe entregar, sem ultrapassar os limites da modéstia.
> CAPULETO – Ora, isso muito me apraz; assim está bem. – Levanta-te. – As coisas assim ficam como deveriam ser.

No exemplo oferecido acima para ilustrar *implicaturas concomitantes* e seus cálculos, temos a situação em que Capuleto, o pai de Julieta, não sabe que a filha é apaixonada por Romeu e com este casou-se secretamente, enquanto esses dados são do conhecimento da Ama de Julieta. Vejam-se então as implicaturas:

(A) = Capuleto
(B) = Julieta
(C) = C1 – Julieta e Páris estão oficialmente noivos
   C2 – Julieta e Páris têm casamento marcado para quinta-feira
   C3 – Julieta e Páris encontraram-se
(E) = ofereci-lhe todo o amor que fui capaz de lhe entregar
(Q1) = ofereci-lhe todo o amor que uma noiva é capaz de entregar ao futuro marido (por quebra da 1ª máxima de Quantidade e da 2ª máxima de Modo)

CÁLCULO:
1- (B) disse (E)
2- (B) está oferecendo uma informação (todo amor que fui capaz/what becomed love I might) ambígua e não ofereceu todas as informações necessárias
3- (B) ainda assim deve estar cooperando
4- (B) sabe que (A) sabe {C1, C2, C3}
5- (B), dizendo (E), só estará sendo relevante se pretender que (A) pense (Q1)
6- (B) disse (E) e implicou (Q1)

IMPLICATURA CONCOMITANTE
(D) = Ama
(B) = Julieta
(C) = C1 – Julieta e Páris estão oficialmente noivos
   C2 – Julieta e Páris têm casamento marcado para quinta-feira
   C3 – Julieta e Páris encontraram-se
   C4 – Julieta é apaixonada por Romeu
   C5 – Romeu e Julieta casaram-se secretamente
   C6 – Capuleto não sabe C4 nem C5
(E) = ofereci-lhe todo o amor que fui capaz de lhe entregar
(Q2) = ofereci-lhe amor nenhum (por quebra da 2ª máxima de Modo)

CÁLCULO:
1- (B) disse (E)
2- (B) está oferecendo uma informação (todo amor que fui capaz/what becomed love I might) ambígua
3- (B) ainda assim deve estar cooperando
4- (B) sabe C {C1, C2, C3, C4, C5, C6} e sabe que é possível inferir (Q1) a partir de (E)

5- (B), dizendo (E), só estará sendo relevante se pretender que (D) pense (Q2)
6- (B) disse (E) e implicou (Q1) e (Q2) concomitantemente

No exemplo acima, quanto à implicatura depreendida por Capuleto a partir do enunciado de Julieta, pode-se calcular uma implicatura encadeada, qual seja: "já confirmei com Páris o casamento na quinta-feira", dado o acesso que Capuleto tem ao contexto {C1, C2, C3, Q1}. Isso confirma-se pela continuidade do diálogo, na fala seguinte de Capuleto: "Ora, isso muito me apraz (...) As coisas assim ficam como deveriam ser".

Ilustramos, a seguir, o que sucede quando a tradução acata a significação do dito mas não observa a inferência necessária à apreensão do significado total do enunciado. A tradução não segue o cálculo griceano que *existe* no texto original simplesmente porque inexiste implicatura a ser calculada na fala em questão, a que sofreu amputação do implícito. No exemplo abaixo, tirado de *The tempest*, o implícito embute-se em um caso de polissemia lexical, qual seja, do vocábulo "laughter", que tanto pode significar "risada" quanto "o número total de ovos de uma postura". O diálogo então tira a sua graça de jogar com a ambigüidade e construir um trocadilho, como se pode ver abaixo.

> *The tempest*, p. 187 (Act II, Scene I)
> ALONSO: I prithee spare.
> GONZALO: Well, I have done: but yet –
> SEBASTIAN: He will be talking.
> ANTONIO: Which, of he, or Adrian, for a good wager, first begins to crow?
> SEBASTIAN: The old cock.
> ANTONIO: The cockerel.
> SEBASTIAN: Done: the wager?
> ANTONIO: A laughter.
> SEBASTIAN: A match.
> ADRIAN: Though this Island seem to be desert –
> ANTONIO: He, ha, ha.
> SEBASTIAN: So, you're paid.[1]

---

[1] Em outras edições, tanto do original quanto traduzidas, estas duas últimas falas são invertidas, ou seja, quem ri é Sebastião e quem diz que a aposta assim está paga é Antônio. Este é um exemplo que remete à tradicional questão da "fidelidade" em tradução conforme eu a abordo em palestra de título "O tradutor traidor", apresentada em mesa-redonda no Instituto Estadual do Livro (IEL – RS), em Porto Alegre, em setembro de 2001. A pergunta de partida é: a quem o tradutor estaria supostamente sendo (in)fiel quando o próprio texto original seguidamente tem mais de uma versão?

A ANÁLISE LINGÜÍSTICA DE DIÁLOGOS DE SHAKESPEARE (EM TRADUÇÃO BRASILEIRA)

A tempestade, p. 38-39 (Ato II, cena 1)
ALONSO – Peço-te: pára com isso.
GONÇALO – Pronto, já parei. Mas, por outro lado...
SEBASTIÃO – ...ele vai continuar falando.
ANTÔNIO – Podemos fazer uma aposta: qual dos dois, ele ou Adriano, vai ser o primeiro a cacarejar?
SEBASTIÃO – O galo velho.
ANTÔNIO – O frangote.
SEBASTIÃO – Apostado. Quem ganha leva o quê?
ANTÔNIO – Uma ovação.
SEBASTIÃO – Feito.
ADRIANO – Muito embora esta Ilha pareça ser deserta...
Antônio ri, e Sebastião bate palmas.
SEBASTIÃO (*ainda batendo palmas*) – Aqui está: sua aposta está paga.

Tradução exclusivamente do dito:
ADRIANO – Muito embora esta Ilha pareça ser deserta...
ANTÔNIO – Ha, ha, ha.
SEBASTIÃO – Aí está: sua aposta está paga.

Consideremos primeiramente o cálculo inferencial que se aplica, segundo o Modelo Ampliado de Grice conforme Costa (1984), a original e tradução:
(A) = Antônio
(B) = Sebastião
(C) = C1 – Antônio e Sebastião vêm desenvolvendo, simultaneamente ao diálogo principal, em voz alta, um diálogo à parte, em voz baixa, zombando de Gonçalo e Adriano.
C2 – Sebastião (irmão de Alonso, rei de Nápoles) refere-se a Gonçalo, velho conselheiro de Alonso, como "o galo velho".
C3 – Antônio (irmão de Próspero) refere-se a Adriano, um dos lordes, como "o frangote".
C4 – Antônio e Sebastião fazem uma aposta: depois que o rei pediu que o deixassem sossegado, quem seria o primeiro a não se conter e continuar falando ao rei: Gonçalo ou Adriano?
C5 – Quem vencer a aposta ganha "a laughter" (o número total de ovos de uma postura) [uma ovação ("postura; desova")], ou seja, ovos, a interpretação mais relevante de "laughter/ovação" dentro do contexto construído pelo diálogo, dadas as referências a galináceos, de acordo com C2 e C3.
(E) = Aí [Aqui] está: sua aposta está paga.
(Q) = Você está rindo, e *uma risada* foi o que apostamos. [Estou lhe aplaudindo, e *aplauso* foi o que apostamos.]
(Q') = Ao contrário do que você pensou, nós *não* apostamos ovos.

CÁLCULO:
1- (B) disse (E)
2- (B) está dizendo o que sabe ser falso (violando a 1ª. máxima de Qualidade) e também está dizendo algo inadequado ao assunto da conversação (violando a máxima de Adequação)
3- (B) ainda assim deve estar cooperando
4- (B) sabe C {C1, C2, C3, C4, C5}
5- (B), dizendo (E), só estará sendo relevante se pretender que (A) pense (Q)
6- (B) disse (E) e implicou (Q) – e, conseqüentemente/simultaneamente, (Q')

  Retirada a implicatura construída pelo trocadilho na fala de Sebastião, o que se segue é que o leitor de Shakespeare assim traduzido (mais literalmente, ou seja, na tradução exclusivamente do dito) vai estranhar a falta de sentido do diálogo, pois a partir da fala examinada (E) de Sebastião não se tem como vincular a idéia de a aposta estar paga no momento que Antônio ri, sendo que os dois haviam apostado uma "ovação".
  Como solução tradutória à questão do trocadilho, acrescenta-se uma rubrica na tradução que inexiste no texto original. Como pode-se observar na tradução "exclusivamente do dito", a expressão que no original aparece como "So" traduz-se por "Aí está" = você está rindo (e isso paga a aposta que você venceu); a mesma expressão vai aparecer na tradução publicada como "Aqui está" = eu estou aplaudindo (e isto paga a aposta que você venceu). Vale a pena ressaltar aqui dois aspectos inerentes à natureza das implicaturas: uma vez que são proposições razoáveis (i.e., deduzidas e plausíveis), dado o contexto, elas, exatamente por serem não-explícitas, são canceláveis e indeterminadas. No exemplo acima, a cancelabilidade poderia se dar da seguinte maneira: "sua aposta está paga por ora, mas depois eu lhe entrego os ovos que estou devendo". A indeterminabilidade poderia ser registrada pela inversão de (Q) e (Q') – pode-se pensar que primeiro Antônio apreende a idéia de não ser ovos o que estava em jogo, para depois entender que Sebastião está lhe pagando a aposta com aplauso/risada. Implicatura encadeada ao entendimento do trocadilho seria o entendimento de que Sebastião está lhe "passando a perna".
  Observe-se também que, de acordo com a edição (*The Arden Shakespeare*) consultada para esta tradução de *A tempestade*, é Antônio quem decide por "a laughter" (ovos, em seu primeiro significado, contextual) como prêmio ao vencedor da aposta. Sebastião, que perde a aposta, estabelece o segundo significado de "laughter" (risada/aplauso) como prêmio. Assim, pode-se dizer que o trocadilho instaura-se *a posteriori*. Em outras edições, onde é Antônio a personagem que estabelece o prêmio e paga-o de acordo com o trocadilho, pode-se

pensar também que o trocadilho já se teria instaurado *a priori*, simultaneamente ao ato de proposta do prêmio da aposta, de parte do próprio Antônio, que depois vale-se da polissemia do termo. Neste caso, teríamos de considerar a inclusão, no cálculo inferencial, de uma violação à 2ª. máxima de Modo ("Evite ambigüidade").

De qualquer modo, vale ressaltar que a solução tradutória buscará, acima de tudo, o mesmo *efeito* do texto original sobre a platéia, na mesma fala (seja esta fala de Antônio ou de Sebastião, conforme a edição privilegiada no processo de tradução). O efeito é de humor, dado o trocadilho, em função da construção de ambigüidade no texto original. E a manutenção do trocadilho é observada, ainda que às expensas do surgimento de uma rubrica que não existe no texto original. Observa-se, assim, aquilo que Sirkku Aaltonen (2000:98) afirma na conclusão de seu estudo sobre tradução teatral: "Theatre translation follows its own conventions, which are neither those of the source text nor those of the target literary system".

Passemos agora a um exemplo de implicaturas encadeadas, conforme Costa (1984), em passagem de *Muito barulho por nada*.

Much Ado About Nothing, p. 183-184 (Act IV, Scene I)
BENEDICK – I do love nothing in the world so well as you – is not that strange?
BEATRICE – As strange as the thing I know not. It were as possible for me to say I loved nothing so well as you, but believe me not; and yet I lie not; I confess nothing, nor I deny nothing. I am sorry for my cousin.
BENEDICK – By my sword, Beatrice, thou lovest me.
[...]
BEATRICE – Why then, God forgive me
BENEDICK – What offence, sweet Beatrice?
BEATRICE – You have stayed me in a happy hour, I was about to protest I loved you.

Muito barulho por nada, p. 108 (Ato IV, cena 1)
BENEDICTO – Nada no mundo amo tanto quanto a senhorita; não é estranho?
BEATRIZ – Tão estranho quanto tudo que não conheço. Eu também, poderia dizer que amo coisa nenhuma tanto quanto amo o senhor; mas não me acredite. E, no entanto, não estou mentindo. Não confesso coisa nenhuma; tampouco nego coisa nenhuma. Sinto-me desconsolada por minha prima.
BENEDICTO – Por minha espada, Beatriz, tu me amas.
[...]
BEATRIZ – Ora, mas então... Deus que me perdoe.
BENEDICTO – De que pecado, doce Beatriz?
BEATRIZ – Você me interrompeu em boa hora; eu estava prestes a lhe declarar meu amor.

(A) = Beatriz
(B) = Benedicto
(C) = C1 – Benedicto e Beatriz, sempre que se encontravam, insultavam-se mutuamente, irritando um ao outro, em diálogos inteligentes e irônicos, de raciocínio rápido.
    C2 – Benedicto e Beatriz sabem usar as palavras como se estivessem esgrimando (em golpes de ataque e defesa).
    C3 – Por artimanha de seus amigos, Benedicto agora acredita que Beatriz o ama, e isso o comove.
    C4 – Por artimanha de sua prima, Beatriz agora acredita que Benedicto a ama, e isso a comove.
    C5 – Nenhum dos dois quer admitir seu amor ao outro.
(E1) = Nada no mundo amo tanto quanto a senhorita.
(Q1) = Amo-a menos que a coisa que menos amo, OU amo-a mais que a coisa que mais amo. [OU = disjunção exclusiva]

    CÁLCULO:
1- (B) disse (E)
2- (B) está dizendo o que sabe ser ambíguo (violando a 2ª. máxima de Modo)
3- (B) ainda assim deve estar cooperando
4- (B) sabe C {C1, C2, C3, C5}
5- (B), dizendo (E1), só estará sendo relevante se pretender que (A) pense (Q)
6- (B) disse (E1) e implicou (Q1)

    A resposta de Beatriz a Benedicto coloca-os como falante e ouvinte, respectivamente, invertendo-se os papéis para o cálculo a seguir.

    IMPLICATURA ENCADEADA
(A) = Benedicto
(B) = Beatriz
(C) = o mesmo acima, acrescido de
Q1 – Benedicto talvez ame Beatriz, e talvez não.
(E2) = Eu também, poderia dizer que amo coisa nenhuma tanto quanto amo o senhor; mas não me acredite.
(Q2) = Se eu afirmasse uma ambigüidade como a sua, você não deveria acreditar nela. [porque, sendo uma disjunção exclusiva – amo OU não amo –, não pode ser as duas coisas ao mesmo tempo]

CÁLCULO:
1- (B) disse (E2)
2- (B) está dizendo o que sabe ser uma tautologia (violando a 1ª. máxima de Quantidade) e está sendo obscura (violando a 1ª. máxima de Modo)
3- (B) ainda assim deve estar cooperando
4- (B) sabe C {C1, C2, C4, C5, Q1}
5- (B), dizendo (E2), só estará sendo relevante se pretender que (A) pense (Q2)
6- (B) disse (E2) e implicou (Q2)

O diálogo continua, e Beatriz constrói em seu discurso um encadeamento de raciocínio lógico:

IMPLICATURA ENCADEADA
(A) = Benedicto
(B) = Beatriz
(C) = {C1, C2, C3, C4, C5}, acrescido de
Q1 – Benedicto talvez ame Beatriz, e talvez não.
Q2 – Benedicto não deve acreditar que pode ser amor e pode não ser amor.
(E3) = E, no entanto, não estou mentindo.
(Q3) = Não acredite, mas pode acreditar.

CÁLCULO:
1- (B) disse (E3)
2- (B) está dizendo o que sabe ser uma contradição, sendo mais informativa que o requerido (violando a 2ª. máxima de Quantidade) e está sendo obscura (violando a 1ª. máxima de Modo)
3- (B) ainda assim deve estar cooperando
4- (B) sabe C {C1, C2, C4, C5, Q1, Q2}
5- (B), dizendo (E3), só estará sendo relevante se pretender que (A) pense (Q3)
6- (B) disse (E3) e implicou (Q3)

E Beatriz continua, sempre hábil com as palavras:

IMPLICATURA ENCADEADA
(A) = Benedicto
(B) = Beatriz
(C) = {C1, C2, C3, C4, C5}, acrescido de
Q1 – Benedicto talvez ame Beatriz, e talvez não.
Q2 – Benedicto não deve acreditar que pode ser amor e pode não ser amor.

Q3 – Não deve acreditar, mas pode acreditar.
(E4) = Não confesso coisa nenhuma; tampouco nego coisa nenhuma.
(Q4) = (Digo nada e nego tudo:) recuso-me a dizer se o amo ou não.

CÁLCULO:
1- (B) disse (E4)
2- (B) está declarando sua recusa em fazer qualquer declaração, sendo mais informativa que o requerido (violando a 2ª. máxima de Quantidade), e está sendo prolixa (violando a 3ª. máxima de Modo)
3- (B) ainda assim deve estar cooperando
4- (B) sabe C {C1, C2, C4, C5, Q1, Q2, Q3}
5- (B), dizendo (E4), só estará sendo relevante se pretender que (A) pense (Q4)
6- (B) disse (E4) e implicou (Q4)

Ou seja, Beatriz dá a entender a Benedicto que não usará de uma ambigüidade para falar de sentimentos, como ele fez, mas que opta por recusar-se a falar de sentimentos. Continuo a discussão do diálogo sem montar outros cálculos inferenciais, para que não fique este texto cansativo demais. O contexto inicial poderia incluir um outro dado, C6, a saber: "Beatriz é pessoa que fala diretamente do que lhe desagrada, sem meias palavras". Com isso, Benedicto infere, a partir de {C3, C5, C6}, e pela atitude de Beatriz, em sua recusa explícita e não-requerida {Q4} de falar de sentimentos, que Beatriz o ama: "thou lovest me". Ou seja, o diálogo tem uma continuidade que vai corroborando as implicaturas encadeadas {Q1, Q2, Q3, Q4} como relevantes para a construção da coerência nas falas das personagens. E Beatriz é tão coerente em seu discurso que mantém a recusa de declarar seus sentimentos, usando de um artifício engenhoso para falar deles sem afirmá-los: agradece Benedicto por havê-la interrompido em boa hora – "eu estava prestes a lhe declarar meu amor". A personagem fala de um amor que teria sido declarado, mas não foi; fala de uma quase-declaração e não se declara; fala de sua intenção de falar sobre seu amor e, com isso, não está falando sobre seu amor. Entre Benedicto e Beatriz, cada um quer que o outro se declare primeiro.

Na passagem analisada, as personagens estão usando movimentos de defesa em seu embate afetivo. Benedicto conhece os movimentos de sua oponente: se Beatriz não o amasse, teria declarado, sem meias palavras, que não lhe tinha amor, num movimento de ataque. Ataca então Benedicto: "Por minha espada, (...)". A isso, Beatriz imediatamente revida, ordenando-lhe que engula a sua espada e assim por diante, até que ela ataca usando de um aparente movimento de defesa: "eu estava prestes a lhe declarar meu amor". São detalhes significativos para a coerência e coesão do diálogo, daí a importância de (C2) na análise acima.

Considera-se que os exemplos acima são necessários e suficientes para ilustrar a capacidade descritiva e explanatória da Teoria das Implicaturas de Grice no que vem a ser o melhor tratamento que a Lingüística tem a oferecer, qual seja, dentro da Pragmática, para a questão de um tipo específico de implícito encontrado em diálogos: a implicatura conversacional particularizada por quebra de máximas griceanas. Procurou-se mostrar também que, para original e tradução, o cálculo inferencial de uma implicatura deve ser o mesmo.

Avaliação do potencial de aplicação

A questão teórica ilustrou-se com diálogos de peças de Shakespeare, devidamente analisados em seus cálculos inferenciais, o que veio corroborar a idéia de que o Princípio da Cooperação é sempre respeitado, mesmo quando aparentemente quebram-se uma ou mais máximas conversacionais, e um construto teórico chamado "cálculo inferencial" mostra-se válido para demonstrar esse fenômeno pragmático. O que autoriza uma inferência do tipo implicatura particularizada por quebra é não só o enunciado do falante, mas também o contexto em que este é dito. Acredita-se que o presente trabalho mostrou que o cálculo inferencial vale-se de uma lógica dedutiva e não-trivial para relacionar enunciado, conhecimento do contexto e hábitos conversacionais (de inferir significados), o que descreve e explica, dentro de uma teoria de base pragmática, como o interlocutor de determinado falante depreende um significado não-dito, como ele compreende um tipo de implícito, como ele infere a implicatura. Em suma, o cálculo inferencial, conforme apresentado por Costa (1984) e aqui empregado para análise de diálogos shakespearianos, provou ser modelagem adequada para dar tratamento a implicaturas griceanas dentro de textos ficcionais.

Acrescentou-se ao Modelo Ampliado a noção de *implicaturas concomitantes*, conforme ficou visto que houve situações de diálogos em que há mais de dois interlocutores atuando e, para um mesmo enunciado, acontecem implicaturas diferentes – em função de serem diferentes os conjuntos de proposições que formam o contexto de cada interlocutor. Fica aqui a observação de que isso ajuda a ilustrar como a noção de conhecimento mútuo é falha para uma teoria da comunicação humana. O conhecimento nesses casos é apenas parcialmente mútuo, e isso fica evidente nos exemplos em que inserimos implicaturas concomitantes. Daí a importância da reformulação do modelo griceano por Costa (1984), quando então retira-se do modelo clássico do cálculo inferencial o passo que está vinculado à idéia de conhecimento mútuo, substituindo-o por outro passo, onde fica expressa a idéia de contexto do ouvinte, ou seja, o contexto do interlocutor que está (teoricamente) realizando o cálculo – conforme o modelo teórico aqui apresentado.

Corroborou-se também a idéia de que a teoria griceana é potencialmente capaz de descrever uma tradução pragmaticamente adequada de uma conversação entre personagens de uma obra de ficção. Essa potencialidade de aplicação é tão rica que, conforme ficou visto em estudo mais detalhado (Viégas-Faria, 1999), o cálculo inferencial aplicado a diálogos ficcionais pode apontar equívocos de uma tradução e poderia até mesmo sugerir uma solução tradutória para uma fala do original. Isso porque, a partir do dito (seja no original, seja na tradução) a inferência (o quase-dito) a que deve chegar o ouvinte-personagem dentro do texto de ficção deve ser a mesma e, para isso, as mesmas quebras de máximas conversacionais devem ser mantidas na tradução e, conseqüentemente, o mesmo cálculo para aquela implicatura particularizada. Do contrário, a tradução terá perdido um implícito existente no original.

Chamo a atenção para dois pontos cruciais: a importância deste estudo não se dar dentro de uma teoria da tradução e a importância deste estudo trabalhar diálogos de Shakespeare. Nosso foco aqui é avaliar um tratamento de inferências pragmáticas que nos oferece uma teoria recente da lingüística, avaliação esta que se conseguiu via diálogos selecionados de peças shakespearianas e que traz implicações não só para os estudos em tradução teatral – que são poucos e recentes –, mas também para o inexplorado campo da tradução do não-dito. Digo inexplorado no sentido de que não dispomos de uma abordagem para essa questão que seja menos empírica e de maior rigor científico, mais sistemática e – por que não? – eventualmente formalizável.

Contudo, há restrições a se levar em consideração. Este modelo que ilustro aqui com diálogos de Shakespeare traduzidos para o português mostrou-se eficaz e mesmo competente para uma aplicação em ambientes de ensino de tradução literária[2] no Brasil, sendo que não foram encontrados exemplos de diálogos traduzidos no par de línguas inglês-português aos quais não fosse aplicável a idéia matriz deste trabalho – o cálculo inferencial de uma implicatura que se encontra no texto-fonte deve aparecer igualmente na tradução para que esta seja adequada. Entretanto, Hatim (1998:182) escreve sobre traduções de textos de culturas ocidentais para culturas orientais, onde nem sempre a regra

---

[2] Ver Viégas-Faria, B. (2001). "A semântica argumentativa e a pragmática lingüística nas bases de uma Oficina de Tradução Literária". In *Letras de Hoje*. Porto Alegre: EDIPUCRS, v.36, n.4, dezembro, pp.263-293.

aqui proposta funciona. O autor descreve um exemplo de fala irônica, onde uma tautologia em língua inglesa ("if these facts are facts"), em tradução para o árabe, mantendo a mesma quebra da máxima de Qualidade "could only produce the opposite effect in Arabic, i.e., achieving emphasis and leading to a statement of conviction. To ensure that sarcasm, irony, etc. are optimally preserved, the translator could have more felicitously flouted the maxim of Manner (by being unnecessarily verbose)".

Conseqüências para a tradução

Acredito que o presente trabalho mostra valor suficiente para ser inserido na seara dos Estudos da Tradução, na medida em que a literatura disponível não contempla em termos teóricos a questão do não-dito. Todos os teóricos da tradução concordam em que o não-dito tem de ser traduzido; isso é ponto pacífico. No entanto, inúmeros autores limitam-se a explanar tal ponto com base em exemplos pontuais, geralmente de traduções em poesia.

Num esforço para oferecer aos estudiosos da tradução uma explicação teórica que se encontra dentro da área da Lingüística para uma questão delicada da atividade tradutora, qual seja, a tradução do sentido implícito, este trabalho deteve-se sobre o estudo das implicaturas conversacionais segundo Grice, estudo este que se dá dentro do campo da Pragmática. Minha investigação, dentro de um objetivo secundário, complementar à parte teórica, propôs-se a ilustrar como o modelo griceano ampliado tem potencial para auxiliar no entendimento de traduções de peças shakespearianas e, conseqüentemente, de qualquer outro texto literário que faça uso de diálogos. Meu estudo pretendeu encontrar sua importância na medida em que tenha contribuído de alguma forma para minorar a angústia do tradutor frente ao binômio "traduzir literalmente *e* recriar livremente" e na medida em que tenha contribuído de alguma forma para o avanço de estudos lingüísticos que encontram sua aplicação dentro do campo da tradução literária.

Acredito que a Teoria das Implicaturas de Grice pode vir a constituir-se num embasamento teórico, juntamente com estudos aprofundados em Lógica, para um possível modelo teórico que se proponha a sistematizar, de maneira especializada, a tradução desse tipo de significado implícito na literatura de ficção. Além disso, já que dedicado à investigação do interior do texto dialogado (as falas das personagens, as intenções das personagens, o contexto ficcional, a continuidade dos diálogos, os relacionamentos intra-personagens), seria um estudo suplementar, como já foi dito, para a área dos estudos literários e culturais comparados – estes sim, investigando as intenções das autorias de original e tradução, os contextos históricos de original e tradução, a continuidade do diálogo intercultural no par dos idiomas em questão, os relacionamentos texto-leitor/platéia, os intertextos.

Referências bibliográficas

AALTONEN, S. (2000) *Time-sharing on stage: drama translation in theatre and society.* Clevedon: Multilingual Matters.

COSTA, J.C. (1984) *A relevância da pragmática na pragmática da relevância: a lógica não-trivial da linguagem natural.* Dissertação de mestrado inédita, PUCRS.

GRICE, H.P. (1975) "Logic and conversation." In Cole & Morgan (eds.) *Syntax and semantics.* v.3. *Speech Acts.* New York: Academic, pp. 41-58.

HATIM, B. (1998) "Pragmatics and translation". In Mona Baker (ed.) *The Routledge Encyclopedia of Translation Studies.* London: Routledge, pp. 179-183.

MACRONE, M. (1997) *Naughty Shakespeare.* New York: Cader.

SHAKESPEARE, W. (2001) *Much ado about nothing.* Ed. A.R.Humphreys. London: Thomson Learning.

_____ (2002) *Muito barulho por nada.* Trad. Beatriz Viégas-Faria. Porto Alegre: L&PM.

_____ (1975) "Romeo and Juliet". In *The complete works of William Shakespeare.* New York: Gramercy, pp. 1010-1044.

_____ (1998) *Romeu e Julieta.* Trad. Beatriz Viégas-Faria. Porto Alegre: L&PM.

_____ (2000) *The tempest.* Eds. Virginia Mason Vaughan e Alden T. Vaughan. London: Thomson Learning.

_____ (2002) *A tempestade.* Trad. Beatriz Viégas-Faria. Porto Alegre: L&PM.

VIÉGAS-FARIA, B. (1999). *Implicaturas em* Romeu e Julieta*: a teoria de Grice e suas implicações para o estudo da tradução.* Dissertação de mestrado inédita, PUCRS.

Traduzindo o trocadilho: o humor de *O mercador de Veneza* em português

MARCIA A. P. MARTINS

> Look, he's winding up the watch of his wit;
> by and by it will strike.
> *The Tempest* (II.i.14)

> A jest's prosperity lies in the ear
> Of him that hears it, never in the tongue
> Of him that makes it.
> *Love's Labour's Lost* (V.ii.862)

1. "What a Wit-Snapper Are You!" – O trocadilho na obra de Shakespeare

Dentre as características mais marcantes do estilo shakespeariano destacam-se a riqueza vocabular e a profusão de recursos retóricos, como jogos de palavras, trocadilhos e ambigüidades, provocando efeitos ora de humor, ora de refinada poesia. O gosto de Shakespeare pelos trocadilhos, desaprovado por Samuel Johnson e pelos augustanos ingleses, ignorado pelos vitorianos e aplaudido por legiões de admiradores amealhados nesses últimos quatro séculos, não era uma característica individual do poeta. Ao que se sabe, os elisabetanos muito apreciavam esses artifícios da linguagem (Mahood, 1988:9), e Shakespeare não se furtava a atender às expectativas de suas platéias. Na visão dos estudiosos, o autor brincava com os sentidos das palavras porque era assim que a sua imaginação de poeta funcionava, ou ainda porque seus personagens freqüentemente encontravam-se em situações onde era natural fazer trocadilhos, além do fato de que este recurso ajudava a deixar bem clara uma visão da vida que ele pretendia mostrar numa determinada peça (ibidem, p. 21).

Como resultado da instável popularidade dos trocadilhos, que oscila de acordo com as diferentes concepções do bem escrever, a identificação das ocorrências desses recursos é igualmente variável, dependendo das estratégias e convenções de leitura vigentes e do prestígio atribuído a tais manifestações de engenhosidade lingüística. É certo que a exegese mais recente oferece novas interpretações de possíveis trocadilhos, podendo tanto desautorizar ocorrências registradas por estudiosos como Samuel Johnson, quanto reconhecer como pertencente à categoria outras tantas que haviam passado despercebidas até então. Isso, no entanto, não depõe, necessariamente, contra um estudioso ou sua análise. Diante dos pressupostos epistemológicos pós-modernos que são quase consenso nos dias de hoje, não se pode pretender chegar a uma conclusão sobre o assunto, ou seja, determinar, de forma concludente e definitiva, quais são os trocadilhos efetivamente criados por Shakespeare em suas peças. Afinal, a felicidade de um trocadilho, assim como a de qualquer recurso poético, reside no ouvido (ou na mente) de quem o escuta (ou lê), como ressalta o próprio poeta através da personagem Rosalina, de *Trabalhos de amor perdidos* (V.ii. 847-9). A "verdadeira" intenção do autor perde seu espaço para o ambiente de recepção, que dará a palavra final sobre o que pode ou não ser entendido como um jogo de palavras. Por mais que se desautorizem significados impossíveis de serem criados na época de Shakespeare, ou que se priorize uma acepção em detrimento da outra, a nossa percepção como leitores/espectadores do século 21 – com toda a bagagem histórico-cultural que isso implica – forçosamente nos leva a produzir sentidos diferentes e contemporâneos, necessariamente transitórios e de validade limitada, gerados tanto intersubjetivamente (plano coletivo, consensual) quanto subjetivamente (plano individual, idiossincrático).

Essa fluidez dos significados não impede, no entanto, que sejam feitos estudos dos trocadilhos, na medida em que se elejam edições específicas cujos comentários fornecerão os parâmetros para a análise. Com isso em mente, foi desenvolvido este estudo, que tem por objetivo analisar o tratamento dado aos trocadilhos shakespearianos por três tradutores brasileiros. Para tanto, foi necessário, primeiramente, identificar o maior número possível de ocorrências observáveis na peça *O mercador de Veneza*, a partir das convenções de leitura vigentes, do conhecimento atualmente disponível a respeito do inglês shakespeariano e da exegese mais recente. Talvez um outro observador pudesse encontrar ocorrências adicionais, ou mesmo discordar das identificadas, mas acreditamos que o número aqui levantado seja suficiente para permitir um estudo comparado.

A motivação da pesquisa foi o fato de que a análise das soluções tradutórias encontradas para os trocadilhos e jogos de palavras é especialmente interessante para os Estudos da Tradução, na medida em que tais recursos retóricos não só representam um desafio considerável para os tradutores, como também permitem que estes se tornem mais visíveis e se inscrevam mais explicitamente no texto através de suas estratégias.

Paulo Rónai observa que o trocadilho está ligado à substância íntima de cada língua e, "como a rima, inspira-se em semelhanças formais para apontar ao espírito associações novas, às vezes apenas divertidas, às vezes, porém, espantosamente sugestivas" (1992:50). Essas características, no entanto, o tornam intraduzível, ainda na visão de Rónai, com a ressalva de que essa impossibilidade de tradução é, às vezes, parcial, pois alguns trocadilhos "se podem traduzir para algum idioma afim, mas nenhum para qualquer idioma" (ibidem). Dessa forma, a análise de algumas traduções brasileiras de uma comédia shakespeariana poderá dar alguns subsídios para se comprovar ou refutar a afirmação desse especialista em tradução. Além disso, sabe-se que traduzir textos implica, também, traduzir culturas, e as figuras de linguagem tornam-se objetos de análise especialmente interessantes na medida em que, além de literárias, são marcadamente culturais.

A peça escolhida para compor o *corpus* desta pesquisa sobre a linguagem shakespeariana e as soluções tradutórias propostas foi *O mercador de Veneza*. O estudo foi feito a partir do texto em inglês da New Swan Shakespeare (Longman, 1995), editado por Bernard Lott, e das três versões brasileiras publicadas, de autoria dos seguintes tradutores: Barbara Heliodora (Nova Fronteira, 1990), Carlos Alberto Nunes (Melhoramentos, 1956) e F. Cunha Medeiros (José Aguilar, 1969). Os dois primeiros procuraram reproduzir a combinação verso-prosa do texto shakespeariano, enquanto o último traduziu a obra toda em prosa.

A escolha de *O mercador de Veneza* foi relativamente aleatória, motivada apenas por preferências pessoais e pelo fato de pertencer ao gênero "comédia", no qual costuma ser observado um grande número de ocorrências desse recurso de linguagem, a fim de provocar um efeito cômico. Os jogos de palavras são recursos retóricos em que traços estruturais da língua usada são explorados de modo a produzir um efeito de humor ou de alguma importância comunicativa. O próprio Shakespeare fazia referências constantes, nas falas dos personagens, ao emprego de jogos de palavras e trocadilhos, numa espécie de metacomentário. Em *O mercador*, o personagem Lorenzo diz para Launcelot, que acabara de fazer um trocadilho: "How every fool can play upon the Word!" (III.v.35), fala traduzida como "Qualquer tolo sabe brincar com palavras!" (Bárbara Heliodora), "Como é fácil a todos os imbecis brincar com as palavras" (Cunha Medeiros) e "Como até os bobos sabem fazer trocadilhos!" (Carlos Alberto Nunes). E quando Launcelot responde com outro trocadilho, Lorenzo exclama: "Goodly Lord, what a wit-snapper are you!" (III.v.40), repetindo a menção à capacidade de brincar com palavras. O mais interessante, do ponto de vista da tradução, é que Medeiros traduziu a exclamação como "Bondoso Deus! Como és bom gracejador!", enquanto a versão de Barbara Heliodora foi

"Meu Deus, que piadista cansativo!". Como o texto em inglês não explicita uma opinião positiva ou negativa da capacidade de fazer gracejos, fica evidente, a partir das leituras contrastantes, que os tradutores podem efetivamente revelar-se nos textos que traduzem. Esse "revelar", no entanto, não se restringe à dimensão das preferências formais, mas estende-se inclusive à visão que o tradutor tem do autor e da obra com que está trabalhando.

2. "O dear discretion, how his words are suited!" – A análise das soluções tradutórias

Usando como referência teórica básica os estudos sobre jogos de palavras na obra de William Shakespeare realizados por M. Mahood (1988), Malcolm Offord (1990) e Dirk Delabastita (1993, 1994 e 1996), a análise foi desenvolvida em três etapas: (i) identificação dos jogos de palavras no texto-fonte; (ii) localização, no texto-alvo, das traduções de cada ocorrência previamente identificada; (iii) análise das estratégias tradutórias empregadas e dos efeitos gerais que estas provocaram nos diferentes produtos finais.

Para fins do estudo, os jogos de palavras foram subdivididos em duas categorias:

(a) **Trocadilhos**: jogos de palavras parecidas no som ou na forma, mas diferentes no significado, e que dão margem a equívocos, em função da ambigüidade criada. Considerados uma demonstração de domínio verbal, são de modo geral produzidos intencionalmente por personagens centrais e de inteligência refinada (Offord, 1990:104), e também pelos sábios e sagazes "bobos" da dramaturgia shakespeariana. Mahood ressalta que há certos vocábulos cuja multiplicidade de significados os torna especialmente atraentes para Shakespeare, que os elege como favoritos para criar trocadilhos. Encabeçando a lista está *dear*, seguido de *grace, will, light, crown, hart-heart, son-sun, bond, kind, prick, suit* e *arms*, entre outros, que também incluem *bound, mean* e *stomach*, estes encontrados e analisados em *O mercador de Veneza* (1986:51).

Como aponta Delabastita (1996), essa relação de identidade formal completa ou parcial pode ser de quatro tipos: **homonímia** (pronúncia e grafia idênticas), **homofonia** (pronúncia idêntica e grafia diferente), **homografia** (pronúncia diferente e grafia idêntica) e **paronímia** (diferença ligeira tanto na pronúncia quanto na grafia).

Além disso, as duas estruturas lingüísticas passíveis de configurar um trocadilho devido à sua semelhança fônica e gráfica podem gerar tal efeito em duas situações:

- uma relação de contigüidade, em que a palavra ou expressão é repetida, cada vez enfatizando-se uma acepção diferente ou uma mudança na classe da palavra. Um bom exemplo desse caso seria a fala de Launcelot: "... as I have set up my **rest** to run away, so I will not **rest** till I have run some ground."(II.ii.91-92), em que *rest* está sendo empregado como substantivo e como verbo, nessa ordem;
- uma relação de ambigüidade, em que a palavra ocorre uma única vez, embora passível de duplo sentido. Esta fala de Jessica pode ilustrar essa relação: "Nay, let me praise you while I have a **stomach**" (III.v.75), visto que, no inglês elisabetano, a palavra *stomach* tinha o duplo sentido de "disposição para fazer elogios" e "apetite para comida", como esclarece a nota 41 (Ato III) da edição de Lott.

(b) **Impropriedades (ou disparates)**: jogos de palavras aparentemente não intencionais (por parte de quem os profere) em que uma palavra existente é trocada por outra, criando um efeito cômico. Geralmente está presente nas falas de personagens de baixo nível social, menos instruídos ou de modos menos refinados (Offord, 1990:104).

O disparate pode ser vinculado morfologicamente e/ou semanticamente ao termo que se pretendia usar; ele pode também envolver uma mudança de classe de palavra. Um bom exemplo deste deslize, ou disparate, seria a frase "That is the very **defect** of the matter, sir" (II.ii.127), em que Gobbo quer dizer *efeito* (no sentido de conclusão) em vez de *defeito*, segundo a nota 57 (Ato II) da edição da New Swan.

De certa forma, os trocadilhos e impropriedades estabelecem um contraste entre os personagens simplórios, cujo pouco domínio da linguagem os leva a dizer disparates, e os mais sofisticados, que brincam com todos os significados possíveis de uma palavra (Mahood, 1986:29).

A primeira etapa do estudo, que consistiu na identificação dos trocadilhos no texto-fonte, foi realizada com o apoio dos glossários de Onions (1986), Partridge (1996 (1947)) e Rubinstein (1989(1984)) – os dois últimos voltados especificamente para as obscenidades e os jogos de palavras com conotação sexual –, além das notas da edição comentada da peça em inglês.

Procedeu-se, então, a um estudo microtextual para localizar, nas três traduções da peça, as soluções dadas para cada ocorrência de trocadilho ou impropriedade previamente identificada. Em seguida, já na terceira etapa do trabalho, empreendeu-se a análise dessas soluções, com o objetivo de verificar se o recurso retórico foi *recriado, reproduzido, neutralizado, substituído, omitido, compensado* ou *explicitado*. Para tanto, foi elaborado um quadro para categorizar as estratégias passíveis de serem empregadas pelos tradutores analisados nas traduções de *trocadilhos* e *impropriedades*. O quadro reproduzido abaixo, embora se refira apenas a trocadilhos, aplica-se, também, às impropriedades. As abreviaturas TF, TM e LM significam, respectivamente, texto-fonte, texto-meta e língua-meta.

(1) Trocadilho X (TF) ⇒ trocadilho Y (TM).

Nesse caso, o trocadilho identificado no TF gera um outro trocadilho na LM, embora não equivalente ao original em termos de estrutura formal, estrutura semântica ou função textual. Ou seja, observa-se uma *recriação*.

(2) Trocadilho (TF) ⇒ trocadilho (TM).

Nesse caso, o trocadilho identificado no TF é reproduzido na LM, mantendo-se inclusive o mesmo contexto. Ou seja, observa-se uma *reprodução*.

(3) Trocadilho (TF) ⇒ Ø trocadilho (TM).

Nesse caso, o trocadilho identificado no TF é traduzido por estruturas que não criam o mesmo efeito retórico, embora possam tanto explicitar os dois sentidos da palavra, como manter apenas um dos sentidos da mesma. Ou seja, observa-se uma *neutralização*.

(4) Trocadilho (TF) ⇒ recurso retórico afim (TM).

Nesse caso, o trocadilho é substituído, no TM, por algum recurso retórico afim, como repetição, aliteração, rima, ironia, paradoxo, etc.), com o objetivo de criar um efeito retórico substitutivo. Ou seja, observa-se uma *substituição*.

(5) Trocadilho (TF) ⇒ Ø (TM).

Nesse caso, o trecho onde se encontra o trocadilho identificado no TF é suprimido. Ou seja, observa-se uma *omissão*.

(6) Ø Trocadilho (TF) ⇒ trocadilho (TM).

Nesse caso, o tradutor introduz um trocadilho no TM em passagens nas quais o TF não apresenta tais recursos. O objetivo dessa estratégia é compensar os trocadilhos neutralizados ou omitidos em outros momentos. Ou seja, observa-se uma *compensação*.

(7) Trocadilho (TF) ⇒ paráfrase ou explicitação (TM).

Nesse caso, o trocadilho propriamente dito desaparece no TM, sendo substituído por paráfrases ou explicações. Ou seja, observa-se uma *explicitação*.

Por fim, ainda na terceira e última etapa, procurou-se verificar o impacto que as estratégias empregadas na tradução de trocadilhos e impropriedades tiveram sobre a forma final do trabalho. Elaborou-se um quadro comparativo (ver Apêndice) no qual se podem observar as soluções tradutórias propostas para os trocadilhos e impropriedades identificados em *O mercador de Veneza*, acompanhadas de suas respectivas categorizações e de comentários. Tanto a identificação das ocorrências quanto a explicação dos motivos de ambigüidade basearam-se fundamentalmente nas notas da edição de Bernard Lott e no glossário de C.T. Onions (1996). A categorização dos jogos de palavras formulada para analisar o *corpus* selecionado, bem como os comentários acerca dos resultados, seguem uma abordagem descritivista, ou seja, preocupada em identificar, descrever e explicar as soluções tradutórias, sem fazer julgamentos de valor com base em critérios e preferências subjetivas.

Foram identificadas 27 (vinte e sete) ocorrências de trocadilhos e impropriedades, embora com a ressalva de que esse número corresponde apenas aos trocadilhos e impropriedades percebidos nesta pesquisa, não esgotando as possibilidades significativas do texto. A análise das soluções tradutórias nas três versões brasileiras incluídas no *corpus* revelou que, das estratégias possíveis, categorizadas anteriormente, não foram observados casos de omissão, compensação ou explicitação. O quadro abaixo sintetiza o resultado da análise, indicando o número de ocorrências de cada estratégia nas traduções de Barbara Heliodora, Cunha Medeiros e Carlos Alberto Nunes, respectivamente.

	Barbara Heliodora	Cunha Medeiros	Carlos Alberto Nunes
Recriação	7	1	4
Reprodução	4	5	6
Neutralização	14	19	16
Substituição	2	2	1

A representação gráfica desse resultado é a seguinte:

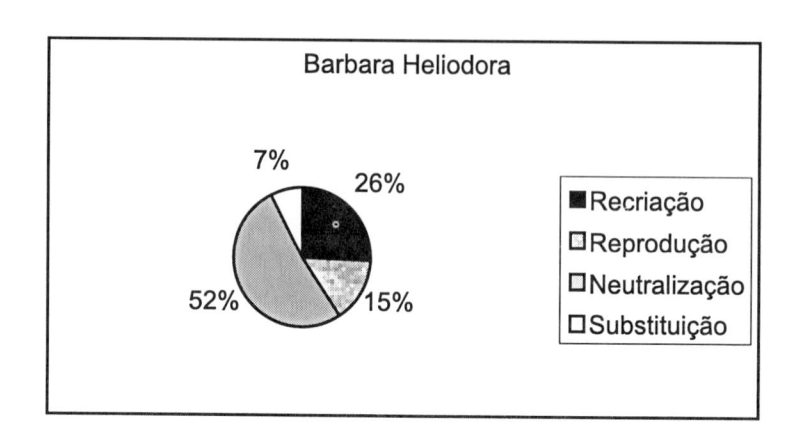

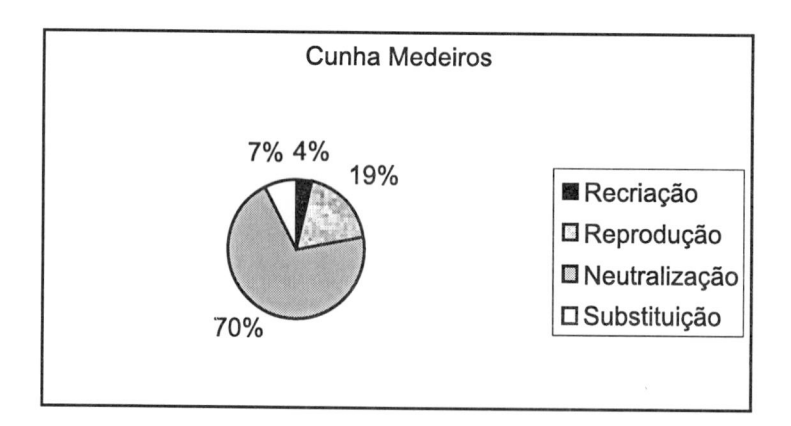

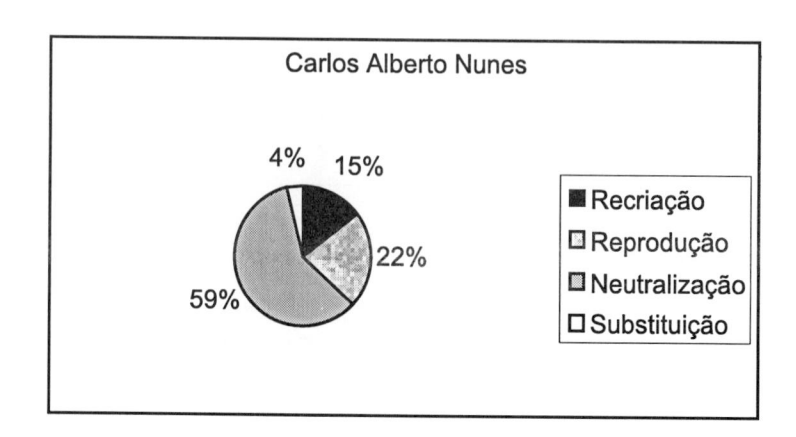

Barbara Heliodora

- 26% ■ Recriação
- 15% ☐ Reprodução
- 52% ☐ Neutralização
- 7% ☐ Substituição

Cunha Medeiros

- 4% ■ Recriação
- 19% ☐ Reprodução
- 70% ☐ Neutralização
- 7% ☐ Substituição

Carlos Alberto Nunes

- 15% ■ Recriação
- 22% ☐ Reprodução
- 59% ☐ Neutralização
- 4% ☐ Substituição

Dentre os tradutores, pode-se observar que Cunha Medeiros é o que mais recorre a neutralizações e menos a recriações, recurso do qual Barbara Heliodora se vale com mais freqüência do que os outros dois. Uma inferência possível a partir desses dados é que o efeito geral do texto de Medeiros é de uma certa simplificação, enquanto que a preocupação de Barbara em reproduzir e recriar jogos de palavras em português pode ter contribuído para enriquecer o texto traduzido no que se refere ao emprego de recursos retóricos. Carlos Alberto Nunes, por sua vez, está bem próximo de Barbara em termos de soluções que busquem preservar o espírito shakespeariano de brincar com as palavras e os sentidos. Foge do âmbito deste trabalho discutir até que ponto a tendência à neutralização de Medeiros pode se dever à sua estratégia de traduzir em prosa, enquanto que os outros dois, preocupados em reproduzir a combinação verso-prosa encontrada na poesia dramática de Shakespeare, buscaram recriar ou reproduzir os trocadilhos. Essa questão, no entanto, parece instigante, já que se estende a toda a obra shakespeariana, traduzida das mais diversas formas ao longo dos seus quatro séculos de existência. Por ora, nos restringimos a enfocar as estratégias tradutórias empregadas e seus respectivos efeitos, na convicção de que, na medida em que essas estratégias criam um "efeito geral" que influi significativamente para criar as imagens de um autor estrangeiro nos sistemas receptores, a análise do tratamento de trocadilhos, metáforas e jogos de palavras, entre outros recursos da linguagem shakespeariana, pode apontar alguns fatores que contribuem para construir as imagens – e as identidades – de Shakespeare em nossa cultura.

Referências bibliográficas

DELABASTITA, Dirk (1993) *There's a Double Tongue: An investigation into Shakespeare's wordplay, with special reference to* Hamlet. Amsterdam/Atlanta: Rodopi.

_____ (1994) "Focus on the Pun: Wordplay as a Special Problem in Translation Studies". In *Target* 6:2. Amsterdam: John Benjamins, pp. 223-43.

_____ (1996) "Introduction". *The Translator: Studies in Intercultural Communication. Wordplay and Translation.* Special Issue. Vol. 2, number 2, pp. 127-39.

MAHOOD, M.M.(1988 (1957)) *Shakespeare's Wordplay.* London/New York: Routledge.

OFFORD, Malcolm (1990) "Translating Shakespeare's Word Play". In Peter Fawcett and Owen Heathcote (eds.) *Translation in Performance: Papers on the Theory and Practice of Translation.* Bradford, West Yorkshire: University of Bradford, Department of Modern Languages, pp. 104-140. [Bradford Occasional Papers, 10.]

ONIONS, C.T. (1986) *A Shakespeare Glossary*. Ampliado e revisto por Robert D. Eagleson. Oxford: Oxford UP.

PARTRIDGE, Eric (1996 (1947)) *Shakespeare's bawdy*. London/New York: Routledge.

RÓNAI, P. (1992) *Como aprendi o português e outras aventuras*. São Paulo: Globo.

RUBINSTEIN, Frank (1989 (1984)) *A dictionary of Shakespeare's sexual puns and their significance* (2ª edição). London: Macmillan.

SHAKESPEARE, W. (1990) *A comédia dos erros / O mercador de Veneza*. Tradução e Introdução de Barbara Heliodora. Rio de Janeiro: Nova Fronteira.

_____ (1969) *Obras completas – volume II (Comédias)*. Tradução de F. Carlos de Almeida Cunha Medeiros e Oscar Mendes. Rio de Janeiro: José Aguilar.

_____ (s/d) *Sonho de uma noite de verão / O mercador de Veneza* (oitava edição). Tradução de Carlos Alberto Nunes. Rio de Janeiro: Ediouro.

_____ (1995) *The Merchant of Venice* (New Swan Shakespeare). Ed. Bernard Lott. Essex: Longman.

APÊNDICE
Quadro comparativo das soluções tradutórias encontradas para trocadilhos e impropriedades em *O mercador de Veneza*

Ato, cena, personagem	Texto-fonte	Barbara Heliodora	Cunha Medeiros	Carlos Alberto Nunes
Ato 1, cena 2 – Portia	"...when he is **best**, he is little worse than a man and when he is worst he is little better than a **beast**." (l. 74-76) TROCADILHO (*best* and *beast* provavelmente eram pronunciadas de forma similar na época de Shakespeare)	"...em seu melhor é um pouco pior que homem, em seu pior um pouco melhor que fera..." *Neutralização do trocadilho*	"...nos seus melhores momentos, vale pouco menos do que um homem e, nas piores horas, vale pouco mais do que um animal." *Neutralização do trocadilho*	"No seu melhor estado é pouco do pior do que um homem; no pior, pouco melhor do que um animal." *Neutralização do trocadilho*
Ato 1, cena 3 – Shylock	"...my meaning in saying he is a good man is to have you understand me that he is sufficient. Yet his means are in supposition..." (l. 12-14) TROCADILHO	"... o que quero significar quando digo que ele é um bom homem é que espero que compreenda que ele é suficiente – no entanto seus bens são meras suposições..." *Neutralização do trocadilho*	"Minha intenção, dizendo que é bom, é fazer-vos compreender que o tenha na opinião de solvente. Contudo, os recursos dele são hipotéticos,..." *Neutralização do trocadilho*	"Quando digo que ele é um bom homem, quero fazer-vos compreender que como fiador é suficiente. Mas seus recursos são hipotéticos." *Neutralização do trocadilho*
Ato 2, cena 2 – Launcelot	"...who, being more than **sand-blind**, high **gravel-blind**, knows me not." (l. 29-30) TROCADILHO (*sand-blind* significava "quase cego"; como *stone-blind* queria dizer "completamente cego", *gravel-blind* seria um grau intermediário de cegueira inventado por Launcelot, brincando com as palavras *stone* (pedra), *gravel* (seixo, cascalho) e *sand* (areia).	"e que não me conhece porque é mais cego que toupeira brincando de cabra-cega." *Substituição do trocadilho* (pelos recursos de repetição e comparação)	"Como está com a vista turva, quase cego, não me pode reconhecer." *Substituição do trocadilho* (reforçando-se a idéia de pouca visão)	"...que sendo mais do que míope, quase cego de gravela, não me reconheceu." *Substituição do trocadilho* (pelos recursos de comparação e reforço da idéia de pouca visão)

Ato, cena, personagem	Texto-fonte	Barbara Heliodora	Cunha Medeiros	Carlos Alberto Nunes
Ato 2, cena 2 – Launcelot	"I will try confusions with him." (l. 30-31)	"...para confusioná-lo. Brincar de confundi-lo."	"Vou fazer uma experiência com ele."	"Vou fazer uma brincadeira com ele."
	IMPROPRIEDADE (A palavra apropriada seria conclusions, compondo a expressão try conclusions, que significa "fazer experiências")	Recriação da impropriedade (através do emprego do verbo "confusionar", que não existe em português)	Neutralização da impropriedade	Neutralização da impropriedade
Ato 2, cena 2 – Launcelot	"... as I have set up my rest to run away, so I will not rest till I have run some ground."(l. 91-92)	"Vou dar o fora e só vou parar quando estiver muito fora daqui, mesmo,..."	"Bem, bem; mas, quanto a mim, como resolvi fugir do emprego, não pararei até que esteja a boa distância da casa dele."	"... por minha parte, como decidi ir embora, não hei de parar enquanto não houver corrido um bom pedaço."
	TROCADILHO (rest está sendo empregado como substantivo e como verbo, nessa ordem)	Recriação do trocadilho (através do emprego de fora como substantivo e como advérbio)	Neutralização do trocadilho (a palavra repetida em inglês, usada com diferentes sentidos, foi traduzida por dois vocábulos diferentes, sem semelhança fônica ou gráfica)	Neutralização do trocadilho (a palavra repetida em inglês, usada com diferentes sentidos, foi traduzida por dois vocábulos diferentes, sem semelhança fônica ou gráfica)
Ato 2, cena 2 – Gobbo	"He hath a great infection, sir, (as one would say) to serve – " (l. 112).	"Ele está com uma forte infecção, como se diz, de trabalhar..."	"Tem, como se disséssemos, uma grande infecção de servir..."	"Ele tem, como se diz, uma grande declinação para servir.."
	IMPROPRIEDADE (A palavra apropriada seria affection, no sentido de "desejo", "vontade")	Neutralização da impropriedade (a tradução de infection pelo seu cognato, "infecção", neutralizou o efeito cômico, já que tirou a possibilidade de duplo sentido)	Neutralização da impropriedade (a tradução de infection pelo seu cognato, "infecção", neutralizou o efeito cômico, já que tirou a possibilidade de duplo sentido; a nota 16, no final da peça, explica a estratégia do tradutor)	Recriação da impropriedade (através do emprego de "declinação" em lugar, possivelmente, de "inclinação")

Traduzindo o trocadilho: o humor de *O Mercador de Veneza* em português

Ato, cena, personagem	Texto-fonte	Barbara Heliodora	Cunha Medeiros	Carlos Alberto Nunes
Ato 2, cena 2 – Gobbo	"That is the very defect of the matter, sir." (l. 127) IMPROPRIEDADE (A palavra apropriada seria *effect*, no sentido de "efeito", "resultado")	"Esse é exatamente o defeito do pedido, Senhor." *Reprodução da impropriedade*	"Eis aí o único defeito de nosso pedido, senhor." *Reprodução da impropriedade*	"Justamente, senhor; é esse o defeito da questão." *Reprodução da impropriedade*
Ato 2, cena 2 – Bassanio	"Shylock thy master spoke with me this day,/ and hath preferred thee, if it be preferment/ to leave a rich Jew's service…" (l. 128-130) TROCADILHO (*preferred* significava "indicado", recomendado e *preferment*, "promoção", mas em inglês há o jogo de palavras em torno da base *prefer*.)	"Shylock, seu amo, já falou comigo. Mas eu não sei se é tão bom negócio deixar um judeu rico…" *Neutralização do trocadilho*	"Shylock, teu amo, falou hoje comigo e propôs fazer-te **progredir**, se progresso supõe o abandono do serviço de um rico judeu…" *Recriação do trocadilho* (através de palavras não equivalentes às usadas no texto-fonte)	"…obtiveste o que desejavas, pois falei hoje mesmo com Shylock a respeito de tua promoção, se assim poderemos chamar ao fato de deixares o serviço de um judeu rico…" *Neutralização do trocadilho*
Ato 2, cena 4 – Lorenzo	"It will be for his gentle daughter's sake;…" (l. 34). TROCADILHO (a palavra *gentle* fica com duplo sentido devido à sua homofonia com *gentile*, que significa "gentio")	"Há de ser por ter filha tão suave;…" *Neutralização do trocadilho* (ao manter apenas o sentido de *gentle*, sem tirar partido da homofonia)	"… será graças à **encantadora** filha;…" *Neutralização do trocadilho* (ao manter apenas o sentido de *gentle*, sem tirar partido da homofonia)	"… será por causa/ dessa adorável filha,…" *Neutralização do trocadilho* (ao manter apenas o sentido de *gentle*, sem tirar partido da homofonia)

Ato, cena, personagem	Texto-fonte	Barbara Heliodora	Cunha Medeiros	Carlos Alberto Nunes
Ato 2, cena 5 – Launcelot	"My young master doth expect your reproach." (l. 19-20).	"...meu jovem amo está contando com a sua ofensa."	"Meu jovem amo aguarda impaciente vossa presença."	"...meu jovem amo espera sua partida."
	IMPROPRIEDADE (A palavra apropriada seria *approach*)	*Recriação (parcial) da impropriedade* (a recriação é apenas parcial porque "ofensa" pode gerar efeito cômico mas não é prontamente associável com alguma outra palavra formalmente similar que fosse uma escolha vocabular mais pertinente)	*Neutralização da impropriedade* (a tradução de *reproach* por "presença" neutralizou o efeito cômico, já que tirou a possibilidade de duplo sentido; a nota 22, no final da peça traduzida, registra o termo usado em inglês)	*Recriação (parcial) da impropriedade* (a recriação é apenas parcial porque "esperar sua partida" pode gerar efeito cômico, mas não é prontamente associável com alguma outra palavra formalmente similar que fosse uma escolha vocabular mais pertinente)
Ato 2, cena 6 – Graziano	"Now, by my hood, a **gentle**, and no **Jew**." (l. 51)	"Pelo que vejo, a judia é gentil."	"Pelo meu capuz, é uma gentia, e não uma judia."	"Mas pelos céus! Não é judia; é deusa."
	TROCADILHO (a palavra *gentle* fica com duplo sentido devido à sua homofonia com *gentile*, que significa "gentio"; além disso, cria uma oposição com *Jew*, "judeu".)	*Reprodução do trocadilho* (em português, "gentil" e "gentia" têm praticamente o mesmo som)	*Reprodução do trocadilho* (em português, "gentil" e "gentia" têm praticamente o mesmo som)	*Neutralização do trocadilho* (só a palavra "judia" foi mantida)
Ato 3, cena 1 – Solanio e Shylock	Solanio: "And Shylock for his own part knew the bird was fledge, and then it is the complexion of them all to leave the **dam**." (l. 24)	"E Shylock, por seu lado, sabe quando a ave empluma e é de sua natureza abandonar o ninho."	"E Shylock, por seu lado, sabia que a ave já tinha penas; é natural nas aves abandonar o ninho quando têm penas."	"E, por sua parte, Shylock sabia que o pássaro estava emplumado, sendo da natureza deles abandonar o ninho."
	Shylock: "She is **damned** for it." (l. 25)	"Maldita seja por isso!"	"Está **condenada** por causa disto."	"Isso que ela me fez a condena às **penas** eternas."

Traduzindo o trocadilho: o humor de O mercador de Veneza em português

Ato, cena, personagem	Texto-fonte	Barbara Heliodora	Cunha Medeiros	Carlos Alberto Nunes
	TROCADILHO (através da exploração da homofonia observada em *them*, *dam* e *damned*, bem como da paronímia entre os dois últimos vocábulos)	*Neutralização do trocadilho* (não há palavras homófonas nem parônimas)	*Neutralização do trocadilho* (não há palavras homófonas nem parônimas)	*Recriação do trocadilho* (através da homonímia entre "penas" de um pássaro e "penas" no sentido de "castigo", "punição")
Ato 3, cena 2 – Portia	"Beshrew your eyes/ They have o'erlooked me and divided me./ One half of me is yours, the other half yours..." (l. 14-16)	"Esses seus olhos/ Enfeitiçaram-me e dividiram-me/ Eu sou metade sua e, o resto, sua..."	"Malditos sejam vossos olhos! Encantaram-me e partiram-me em duas **partes**: uma é vossa e outra é meia vossa..."	"Esses olhos malditos me dominam/ e em duas **metades** me partiram: uma já vos pertence; a outra, que é vossa..."
	TROCADILHO (*half* está sendo empregado como substantivo e como advérbio, nessa ordem)	*Neutralização do trocadilho*	*Neutralização do trocadilho*	*Neutralização do trocadilho*
Ato 3, cena 2 – Portia e Bassanio	Bassanio: "Promise me life, and I'll confess the truth." (l. 33)	"Se prometer-me a vida, então confesso."	"Prometei-me a vida e confessarei a verdade."	"Dai-me de prêmio a vida, e vos prometo confessar a verdade."
	Portia: "Well then, confess and live." (l. 34)	"Confesse e viva, então." (l. 198)	"Pois então, confessai e vivei."	"Pois que seja: 'Confessai e **vivei**.'"
	Bassanio: "'Confess and love'/ Had been the very sum of my confession." (l. 35-36)	"Confesso e amo." (l. 198)	"Dizendo-me: confessai e **amai**."	"Não; 'confessai e **amai**', resumiria."
	TROCADILHO (gerado pelo emprego do par mínimo live / love)	*Neutralização do trocadilho* (não há palavras homófonas ou parônimas)	*Neutralização do trocadilho* (não há palavras homófonas ou parônimas)	*Neutralização do trocadilho* (não há palavras homófonas ou parônimas)

Ato, cena, personagem	Texto-fonte	Barbara Heliodora	Cunha Medeiros	Carlos Alberto Nunes
Ato 3, cena 2 – Gratiano e Salerio	Gratiano: "(...) We are the Jasons, we have won the **fleece**." Salerio: "I would you had won the **fleece** that he hath lost." (l. 240)	"Somos Jasões, ganhamos velocinos." "Mas não ganharam o que ele perdeu."	"Somos os Jasões, conquistamos o **velocino de ouro**." "Por que não conquistaste o tosão que ele perdeu"?	"Somos Jasão que o **velo** conquistamos". "Desejara que houvésseis ganho o **velo** que ele perdeu há pouco."
	TROCADILHO (enquanto na primeira ocorrência de *fleece* o sentido unívoco é o de "velocino/velo", numa referência à história mitológica de Jasão e os argonautas que foram em busca do velocino de ouro, na segunda ocorrência ocorre o trocadilho, gerado pela associação com o parônimo *fleet*, que significa "frota", numa alusão ao navio de Antonio que havia naufragado.	*Substituição do trocadilho* (a palavra que gerou o efeito ambíguo em inglês foi omitida e substituída por "o que", de modo a dar uma idéia de imprecisão e possivelmente sugerir um duplo sentido)	*Neutralização do trocadilho* (não há jogo fonético entre homônimos ou parônimos)	*Neutralização do trocadilho* (não há jogo fonético entre homônimos ou parônimos)
Ato 3, cena 5 – Launcelot	"...and so now I speak my **agitation** of the matter,..." (l. 3)	"...e agora, tenho de lhe dizer que estou **muito preocupadíssimo** com o assunto,..."	"...pela qual **agito** diante de vós a matéria."	"Assim, podeis crer-me que estou **preocupado** convosco."
	IMPROPRIEDADE (a palavra apropriada seria *cogitation*, no sentido de "pensamento", "idéias").	*Recriação da impropriedade* (em vez de manter a impropriedade através da troca de palavras, como está em inglês, a estratégia empregada foi de usar uma construção imprópria sob outro aspecto: o da redundância)	*Reprodução da impropriedade* (a troca de palavras foi mantida, embora a classe gramatical tenha sido mudada de substantivo para verbo)	*Neutralização da impropriedade*

Traduzindo o trocadilho: o humor de *O mercador de Veneza* em português   143

Ato, cena, personagem	Texto-fonte	Barbara Heliodora	Cunha Medeiros	Carlos Alberto Nunes
Ato 3, cena 5 – Launcelot	"It is much that the Moor should be more than reason;…" (l. 32)	"É muito mourejar para expandecer uma moura;…"	"Tanto melhor, se ela torna a ganhar em gordura o que perde em virtude."	"Para mim, tanto faz que a moura morra;…"
	TROCADILHO (gerado pela homofonia das palavras em destaque)	*Recriação do trocadilho*	*Substituição do trocadilho* (em vez de explorar a homofonia de duas palavras, o tradutor recorreu à oposição ganhar/perder)	*Recriação do trocadilho*
Ato 3, cena 5 – Lorenzo	Lorenzo: "Go in, sirrah; bid them prepare for dinner!" (l.37-38)	"… vá lá dentro, rapaz, diga que eu mando dizer que todos se preparem para o jantar."	"Vamos, rapaz, vai lá e dize-lhes que se preparem para o jantar."	"Vai logo para dentro, maroto, e dize que se preparem para o jantar."
	Launcelot: "That is done sir, they have all stomachs!" (l. 39)	"Quem tem estômago está sempre preparado."	"Já se prepararam, senhor, pois todos têm estômago."	"Isso já está providenciado, senhor, porque todos têm estômago."
	Lorenzo: "(…) then bid them to prepare dinner!" (l. 40-41)	"(…) Então peça-lhes que preparem o jantar."	"(…) Vamos, vai e dize-lhes que preparem o jantar."	"(…) Dize-lhes que preparem o jantar."
	Launcelot: "That is done too, sir, only 'cover' is the word. (l. 42)	"Isso também já está feito. Só falta servir."	"O jantar está também pronto; deveríeis dizer a mesa."	"Isso também já está providenciado, senhor; só falta a **cobertura**."
	Lorenzo: "Will you cover then, sir?" (l. 43)	"Você, eu já vi que não me serve."	"Então, rapaz, queres pôr a mesa?"	"Nesse caso, pretendes cobrir-vos?"
	Launcelot: "Not so, sir, neither; I know my duty" (l. 44)	"Nem sempre, meu senhor. Só quando é meu dever."	"Absolutamente, conheço o meu dever."	"Eu, **cobrir-me**, senhor? Conheço o meu dever."
	Lorenzo: "(…) I pray thee understand a plain man in his plain meaning: go to thy fellows,	"(…) Faça o favor de compreender a linguagem simples de um homem simples: vá lá dentro e	"(…) Tem a bondade, por favor, de compreender um homem sensato que fala em termos sen	"(…) Por obséquio, interpreta um homem simples de acordo com sua maneira simples de

Ato, cena, personagem	Texto-fonte	Barbara Heliodora	Cunha Medeiros	Carlos Alberto Nunes
	bid them to cover the table, serve in the meat, and we will com in to dinner." (l. 46-49) Launcelot: "For the table, sir, it shall be served in; for the meat, it shall be covered." (l. 50-51) TROCADILHO (O verbo *cover* significa "pôr a mesa", ou seja, o jantar está servido e só é preciso arrumar/preparar a mesa, cobrindo-a com uma toalha. No entanto, Launcelot, ao usar a palavra *cover* e induzir Lorenzo a repeti-la, retruca com uma alusão ao outro sentido da palavra na época elisabetana, que é "pôr o chapéu" – o que não seria apropriado na presença de Lorenzo e Jessica. Por isso a afirmação "I know my duty".)	diga que ponham a mesa e sirvam a comida, que nós já queremos entrar para jantar." "A mesa não precisa ser posta lá dentro, senhor; sempre esteve lá. A comida será servida se servir..." *Recriação do trocadilho* (O trocadilho com *cover* é recriado com "servir", criando novos sentidos)	satos. Vai dizer a teus camaradas que ponham a mesa, que sirvam os pratos que nós vamos jantar." "É a mesa, senhor, que será posta e os pratos que serão servidos." *Neutralização do trocadilho* ("Cover the table" é traduzido como "pôr a mesa" e o jogo de palavras desaparece)	expressar-se. Vai procurar os teus camaradas e dize-lhes que ponham a mesa e preparem os pratos, que nós já chegamos para jantar." "Quanto à mesa, senhor, será preparada; quanto aos pratos, serão postos,..." *Reprodução do trocadilho* (O jogo de palavras com *cover* é reproduzido em português com as palavras "cobrir/cobertura" no duplo sentido de cobrir a mesa com a toalha e cobrir a cabeça com o chapéu)
Ato 3, cena 5 – Jessica	"Nay, let me praise you while I have a stomach." (l. 75) TROCADILHO (no inglês elisabetano, a palavra *stomach* tinha o duplo sentido	"com fome eu sou mais dada a elogios" Neutralização do trocadilho (através da explicitação dos dois sentidos da palavra)	"Não, deixai-me elogiar-vos, enquanto estou com apetite" Neutralização do trocadilho (através da explicitação dos dois sentidos da palavra)	"Não; deixai-me fazer-vos o elogio antes de farta." Neutralização do trocadilho (através da priorização de um dos sentidos da palavra e de uma

TRADUZINDO O TROCADILHO: O HUMOR DE O MERCADOR DE VENEZA EM PORTUGUÊS   145

Ato, cena, personagem	Texto-fonte	Barbara Heliodora	Cunha Medeiros	Carlos Alberto Nunes
	de "orgulho" e "apetite para comida")			inversão de ponto de vista em relação ao segundo sentido)
Ato 4, cena 1 – Duque	"We all expect a gentle answer, Jew!" (l. 34) TROCADILHO (a palavra *gentle* fica com duplo sentido devido à sua homofonia com *gentile*, que significa "gentio"; além disso, cria uma oposição com *Jew*)	"Que resposta gentil nos dás, judeu?" Reprodução do trocadilho (em português, "gentil" e "gentia" têm praticamente o mesmo som)	"Esperamos todos uma boa resposta, judeu." Neutralização do trocadilho	"Ora aguardamos resposta branda; todos nós, judeu." Neutralização do trocadilho
Ato 4, cena 1 – Graziano	"In christening shalt thou have two godfathers. Had I been judge, thou shouldst have had ten more, to bring thee to the gallows, not to the font". (l. 394-96) TROCADILHO (Na época de Shakespeare, a palavra *godfather* designava d'plamente o "padrinho" de um batizado cristão e membros do júri que condenavam os acusados a morrer na forca. Dessa forma, Graziano deseja que Shylock tenha não os dois padrinhos do batismo cristão, que o levariam à pia batismal (*font*), mas, sim, os doze membros do júri que o levariam à forca.)	"E no batismo terá dois padrinhos /– Sendo eu o juíz teria dez, pra ir à forca, nunca ao batistério." Neutralização do trocadilho (em português, "padrinho" não tem duplo sentido)	"Quando te batizares, terás dois padrinhos. Se fosse eu o juíz, terias tido dez mais para te levarem para a forca e não para a pia batismal." Neutralização do trocadilho (em português, "padrinho" não tem duplo sentido)	"Ao batizado,/ dois padrinhos vais ter. Se o juíz eu fosse,/ mais dez terias tido, para enviar-te,/ não para a fonte, mas para o patíbulo." Neutralização do trocadilho (em português, "padrinho" não tem duplo sentido)

Ato, cena, personagem	Texto-fonte	Barbara Heliodora	Cunha Medeiros	Carlos Alberto Nunes
Ato 4, cena 1 – Portia	"You taught me first to beg, and now methinks/you teach me how a **beggar** should be answered." (l. 435-36) TROCADILHO	"Mandou que eu escolhesse para, agora, tratar-me qual pedinte inoportuno." *Neutralização do trocadilho*	"Primeiro ensinaste-me a **mendigar** e, agora, está-me parecendo, vós me ensinais como se deve responder ao **mendigo**." *Reprodução do trocadilho*	"De começo, me ensinastes a **pedir**; mas agora só parece que me ensinais de que maneira eu devo responder aos que **pedem**." *Reprodução do trocadilho*
Ato 5, cena 1 – Lorenzo e Jessica	Lorenzo: "In such a night/ Did Jessica **steal** from the wealthy Jew..." (l. 14-15) Jessica: "In such a night (...)/ **Stealing** her soul with many vows of faith." (l. 17-19) TROCADILHO (No inglês elisabetano, palavra *steal* tinha o duplo sentido de "furtar/roubar" e "casar secretamente".	"Numa noite assim/ Fugiu Jessica ao ouro do judeu..." "Numa noite assim (...)/ Roubando-lhe a alma com mil belas juras,..." *Neutralização do trocadilho*	"Numa noite como esta, Jessica fugiu de casa do rico judeu..." "Numa noite como esta, (...) e roubou-lhe a alma com mil juramentos de fidelidade,..." *Neutralização do trocadilho*	"Numa noite tal como esta, Jessica **deixa** a casa do opulento judeu..." "Numa noite tal como esta, (...) a alma **roubando**-lhe com juramentos mil,..." *Neutralização do trocadilho*
Ato 5, cena 1 – Portia	"How many things by **season seasoned** are..." (l. 106) TROCADILHO (*to be seasoned* significa "ser apreciado", enquanto que *by season* quer dizer "por acontecer num momento propício").	"Quanta coisa, por vir na hora certa,/ Atinge, nesse clima, a perfeição!" (l. 246) *Neutralização do trocadilho*	"Quantas coisas há que só conseguem com a oportunidade das circunstâncias o perfeito sazonamento de louvores e de perfeição"! *Neutralização do trocadilho*	"Quantas coisas/ o tempo faz chegar à **estação** própria,/ à perfeição e ao merecido encômio!" *Neutralização do trocadilho*

Ato, cena, personagem	Texto-fonte	Barbara Heliodora	Cunha Medeiros	Carlos Alberto Nunes
Ato 5, cena 1 – Portia	"Let me *give* light, but let me not be light,/ For a light wife doth make a heavy husband,…" (l. 127-28)	"Prefiro a luz, mas não qual mariposa./ Esposa-mariposa traz problemas,…"	"A mulher leviana se torna insuportável ao marido, e não quero que Bassanio seja para mim nada parecido."	"Luz quero ser leviana, mas esposa./ leviana não serei, que uma consorte leve deixa o marido mui pesado,…"
	TROCADILHO (No inglês elisabetano, *light* tinha muitos dos mesmos significados atuais, inclusive "imoral", "frívolo" "desimportante/trivial", "rápido", "fácil", enquanto *heavy* também significava "triste".)	*Recriação do trocadilho*	*Neutralização do trocadilho*	*Reprodução (parcial) do trocadilho* (explorando as duas acepções da palavra *leviana*: "leve" e "inconstante", mas sem dar conta da antonímia entre "leve" (*light*) e "pesado" (*heavy*)
Ato 5, cena 1 – Bassanio e Portia	Bassanio: "…To whom I am so infinetely **bound**." (l. 134)	"…A quem sou infinito **devedor**."	"…a quem estou tão infinitamente agradecido."	"…a quem me sinto muito preso/ por favores inúmeros."
	Portia: "You should in all sense be much **bound** to him,/ For, as I hear, he as much **bound** for you." (l. 135-36)	"E, creio, muito **preso** a essa dívida,/ Já que ele esteve **preso** por você"	"Deveis de todo modo sentir grande gratidão por ele, pois, pelo que pude saber, **tomou grandes compromissos por vós**."	"Realmente,/ deveis estar preso a ele muito e muito,/ pois, segundo me consta, ele já esteve/ muito preso por vós."
	TROCADILHO (A explicação dos exegetas é que a primeira ocorrência de *bound* tem o sentido de "obrigado a fazer algo/comprometido com algo", enquanto que a segunda já quer dizer "preso".)	*Neutralização do trocadilho (na fala de Bassanio); Reprodução do trocadilho (na fala de Portia)*	*Neutralização do trocadilho*	*Reprodução do trocadilho*
Ato 5, cena 1 – Portia	"I will become as liberal as you". (l. 225)	"Pode ser que eu me mostre liberal…"	"…quero ser tão liberal quanto vós."	"… dar-se-ia o caso/ de eu me mostrar em relação a ele/ liberal como vós,…"

Ato, cena, personagem	Texto-fonte	Barbara Heliodora	Cunha Medeiros	Carlos Alberto Nunes
	TROCADILHO (no inglês elisabetano, a palavra *liberal* tinha sentido de "licencioso, libertino", além de "generoso, dadivoso", que permanece até hoje. De certa forma, a primeira acepção permanece, embora suavizada, designando uma pessoa "de idéias avançadas")	*Reprodução do trocadilho* (embora com menos ênfase, conforme apontado na coluna do texto-fonte)	*Reprodução do trocadilho* (embora com menos ênfase, conforme apontado na coluna do texto-fonte)	*Reprodução do trocadilho* (embora com menos ênfase, conforme apontado na coluna do texto-fonte)

A tradução das figuras de linguagem: o desafio de *Otelo*

CRISTINA RYMER WOOLF DE OLIVEIRA

1. Introdução

Este trabalho tem por objetivo analisar o tratamento das figuras de linguagem encontradas na tragédia *Otelo*, de William Shakespeare, em duas traduções para o português do Brasil publicadas na segunda metade do século 20.

A análise do *corpus* foi orientada por uma abordagem descritivista da tradução, que se volta para o texto traduzido, buscando determinar os vários fatores que contribuíram para criar aquele determinado produto. O interesse maior dessa abordagem é examinar a inserção do texto traduzido no contexto sociocultural da língua-meta, na medida em que este não só influi na escolha das estratégias tradutórias como também afeta a recepção das traduções. As tradicionais preocupações essencialistas, ou seja, a busca de uma definição para a "essência" da tradução, dão lugar a uma visão funcionalista, na medida em que esse paradigma tenta descrever, entender e explicar as estratégias textuais que determinam a forma final de uma tradução e o modo como esta é aceita e assimilada pela literatura receptora.

Um dos desafios encontrados pelos tradutores da poesia dramática de William Shakespeare reside na dificuldade de recriar na língua-meta as figuras de linguagem do texto-fonte e de produzir jogos de palavras correspondentes, com o mesmo sentido de ambigüidade, metafórico ou de ironia verbal, devido às diferenças estruturais específicas das línguas envolvidas. Além disso, é preciso levar em conta que tais traduções são sempre feitas não apenas de uma cultura para outra bem diferente, como também em uma época muito distante daquela que viu nascer o texto original, onde predominavam características culturais e lingüísticas tão distintas que, às vezes, não encontram paralelo no contexto de recepção.

A proposta deste estudo foi fazer um levantamento abrangente das figuras de linguagem encontradas no texto fonte, ou de origem, assim como de ressaltar alguns jogos de palavras considerados mais importantes e que mais me chamaram a atenção, e contrapô-los a duas traduções de profissionais consagrados, como Barbara Heliodora e Onestaldo de Pennafort, fazendo uma análise comparativa das estratégias tradutórias empregadas por cada um, procurando observar se houve preocupação por parte do tradutor em reproduzir as figuras de linguagem e os jogos de palavras do texto-fonte, ou se, pelo contrário, eles foram anulados, explicitados ou parafraseados.

A identificação e o levantamento das figuras de linguagem, divididas em figuras de palavras, ou tropos, e figuras de pensamento, foram baseados nos conceitos encontrados na *Gramática Normativa da Língua Portuguesa*, de Rocha Lima, José Olympio, 1978, 19ª edição.

2. O teatro shakespeariano e a tragédia do mouro de Veneza

Uma característica marcante da poesia dramática de Shakespeare se encontra na abundância de jogos de palavras e de figuras de linguagem. A força argumentativa e emotiva desses recursos é utilizada por Shakespeare, entre outros fins, para demonstrar como a comunicação persuasiva, personificada na figura do personagem Iago, pode habilmente perceber a fragilidade da mente humana e assim manipular suas fraquezas. As figuras de linguagem são essenciais para a literatura; sem elas a língua seria "but as our ordinary talk" (Muir & Schoenbaum, 1976). O poder da palavra em Iago desempenha um papel tão pronunciado e valorizado na trama que "quase chega a ter uma significação própria, autônoma, como se fosse uma outra personagem" (Pennafort, 1995:xvi). Iago é o "criminoso genial, dono de uma dialética infernal, o artista da palavra sabiamente dosada entre pausas, reticências, evasivas, silêncios, avanços e recuos, que sabe muito bem que maior será o poder da palavra se esta for precedida da ação" (ibidem). Cada nuance da fala de Iago tem um propósito definido; "elas coincidem e expressam as mudanças sutis em seu humor" (Harrison, 1966). O virtuosismo na utilização do jogo de palavras e o poder de persuasão de Iago é claramente revelado quando ele convence Rodrigo a ganhar muito dinheiro para, dessa forma, conquistar o coração de Desdêmona. "Put money in thy purse" é repetido dez vezes por Iago (I.iii.340-41[1]), em uma evidente indicação de que "para ele o que importa é o mundo material"[2] (Stauffer, 1973).

É imprescindível ter em mente, ao refletir sobre a linguagem de Shakespeare em sua obra, "de que nem ele nem o teatro de seu tempo são realistas, e que a transposição de atitudes e emoções para falas imaginativas que possam

---

[1] O número das linhas corresponde à edição da Oxford Shakespeare (1988), editada por Stanley Wells e Gary Taylor.

[2] Tradução minha, como as demais citações de obras estrangeiras.

provocar a imaginação do espectador é que constitui a tarefa principal do poeta dramático" (Heliodora, 1997).

Em *Otelo*, Shakespeare se utiliza amplamente da ironia dramática, artifício de grande efeito no palco por instaurar uma ambigüidade na trama. Outro instrumento de grande efeito dramático é o mal-entendido mútuo entre os personagens; os fatos e acontecimentos são sugeridos, insinuados, raramente enunciados. De acordo com Carrington (s/d), "um comentário feito por um personagem pode ter um significado diferente para cada um dos personagens da peça, e ainda um outro para o público", como por exemplo, na cena em que o Duque promete justiçar aquele que roubou a filha de Brabantio, mesmo que o culpado fosse seu próprio filho (I.iii), e descobre que Otelo, seu homem de confiança, é o "sórdido, infame charlatão" que fugiu para se casar com a filha de Brabantio, Desdêmona. Existem vários outros momentos que podem ser citados como exemplo, mas talvez o fato mais recorrente seja o de Iago ser chamado, pela quase totalidade dos personagens da peça, de honesto.

Segundo Mahood, Iago se utiliza "da ambigüidade de suas palavras para plantar em Otelo a suspeita entre a palavra e o fato" (1988:182). Além disso, Iago, "assim como Mefistófeles, tem humor, o humor irônico de um ser que se reconhece forte, e que pode se permitir brincar com suas vítimas" (Herford, s/d:xiii). Seu humor cínico é capaz de reduzir qualquer fato ou conversa aos termos mais mesquinhos e grosseiros. Seu diálogo com Desdêmona e Emília, ao desembarcarem em Chipre, em II.i, é cordial e alegre, mas seu espírito sarcástico e sua tendência para a vulgaridade permeiam toda a conversa; mesmo quando tenta ser espirituoso ao criar versos elogiosos a pedido de Desdêmona, sai-se com esta resposta: "to suckle fools, and chronicle small beer" ("amamentar tolos e cuidar da despensa").

Delabastita (1994) considera a metáfora também como uma forma de ambigüidade – "certos usos metafóricos podem se tornar tão comuns que passam a ser adotados pelo léxico da língua e conseqüentemente inerentes à estrutura da língua" (p. 92). Apesar da lei que proibia o uso profano de expressões religiosas, as imagens de céu e de inferno perpassam praticamente todo o texto: a revolta de Otelo – "Arise, black vengeance, form the hollow hell" (III.iii.451); a meditação religiosa de Otelo – "you chaste stars" (V.ii.2); a expressão aturdida e inesperada de Otelo, olhando para os pés de Iago para verificar se ele não possuía cascos – "I look down towards his feet, but that's a fable. If that thou beest a devil I cannot kill thee" (V.ii.292-93); ou quando Otelo cai em si, e se dá conta do crime que cometeu – "Whip me, ye devils, from the possession of this heavenly sight. Blow me about in winds, roast me in sulphur, wash me in steepdown gulfs of liquid fire!" (V.ii.284-87), são apenas algumas das ocorrências, entre muitas outras.

3. Os tradutores analisados

Barbara Heliodora, considerada uma das maiores autoridades brasileiras em Shakespeare, é tradutora consagrada de sua poesia dramática, além de crítica teatral e pesquisadora. Seu trabalho se destaca por dois aspectos que chamam a atenção do público e da crítica, e que, muitas vezes, são considerados incompatíveis: a qualidade do seu trabalho e a extensão da sua produção. Até a conclusão desta pesquisa, Barbara já havia traduzido mais da metade do cânone shakespeariano, tendo suas traduções publicadas inicialmente pela editora Nova Fronteira e, mais recentemente, pela Lacerda.[3] Segundo a tradutora, sua maior preocupação é ser fiel tanto à forma quanto ao conteúdo da obra shakespeariana, sem se descuidar da função dramática do texto poético. Shakespeare escreveu sua obra, ainda segundo Barbara, para o palco, e seu desejo era ver suas peças encenadas pelos atores e compreendida pelo público.

Em sua tradução de *Otelo*, observa-se uma grande preocupação em recriar a estrutura sintática e a dicção do texto fonte, aparentemente buscando uma fluência estilística que permita uma aproximação maior da palavra shakespeariana.

Onestaldo de Pennafort, falecido em 1987, era um poeta de prestígio e tradutor da obra de Verlaine. Traduziu pela primeira vez no Brasil a peça *Romeu e Julieta*, encenada em 1938. Sua tradução em versos granjeou-lhe prestígio e reconhecimento entre círculos literários e teatrais, sendo, por isso, em 1955, convidado por Adolfo Celi, produtor, diretor e ator de origem italiana, que por muitos anos morou no Brasil, para traduzir *Otelo*. Essa tradução, no entanto, dividiu as opiniões dos críticos. Se, por um lado, *Otelo* foi considerada a *non plus ultra* da versão shakespeariana para o palco, por outro, a tradução foi considerada traidora, "impondo uma linguagem artificial e pseudo-erudita, ao invés de uma recriação em outra língua" (Macksen Luiz, 1997 apud Martins, 1999). Mas, justifica-se esse crítico, "isso talvez sejam os ecos do momento cultural" – referindo-se à geração de 45, dos neoparnasianos – "que via a erudição como um Olimpo."

---

[3] Peças traduzidas e já publicadas: *Sonho de uma noite de verão, Noite de reis, Coriolano, A megera domada, A comédia dos erros, Medida por medida, O mercador de Veneza, Macbeth, Otelo, Rei Lear, Henrique V, Henrique IV, partes I e II, Romeu e Julieta, Antonio e Cleópatra, A tempestade, Julio César, Timon de Atenas* e *Titus Andronicus*.

4. As figuras de linguagem em *Otelo*

Para empreender esta análise, procurei selecionar as figuras de linguagem mais representativas e mais freqüentes na peça, segundo os critérios de Norman T. Carrington (s/d), C.H. Herford (s/d), Onestaldo de Pennafort (1995) e K. Muir & S. Schoenbaum (1976), a seguir. As figuras de palavras identificadas foram classificadas de acordo com a proposta de Rocha Lima, em *Gramática Normativa da Língua Portuguesa* (1978). As categorias usadas foram as seguintes: *figuras de palavras* (ou *tropos*), *metonímia* e *figuras de pensamento*.

A seguir, apresento o elenco de figuras de linguagem usado neste trabalho.

I – Metáfora e suas variedades

A *metáfora* consiste na transferência de um termo para uma esfera de significação que não é a sua em virtude de uma comparação implícita. Delabastita (1993:92), resumidamente, afirma que "a maneira mais simples para definir a metáfora é dizer que ela descreve uma coisa em termos de outra". Tem várias modalidades:

(a) *Personificação* – também chamada de animismo, ou prosopopéia, é a atribuição a seres inanimados de ações, qualidades ou sentimentos próprios do homem. Exemplos: "My spirit and my place have in their power... (I.i.105 – Brabantio)"; ou "... se a morte é nosso médico." (I.iii – Rodrigo);

(b) *Hipérbole* – é a figura do exagero. Tem por fundamento a paixão, que leva o escritor a deformar a realidade, glorificando-a ou amesquinhando-a segundo o seu particular modo de seguir. Exemplos: "... may the winds blow till they have wakened death,..." (II.i.187 – Otelo); ou "...e no dia que eu deixar de te amar, que o universo se converta de novo em caos." (III.iii – Otelo);

(c) *Símbolo* – é a metáfora que ocorre quando o nome de um ser ou coisa concreta assume valor convencional abstrato. Um dos símbolos mais significativos é o das cores, associação sempre presente no consenso geral. Exemplos: "...let housewives make a skillet of my helm..." (I.iii.272 – Otelo); ou "... tu serias capaz de levar a Justiça a quebrar sua espada!" (V.ii – Otelo);

(d) *Sinestesia* – é a interpenetração de planos sensoriais; as sensações visuais fundem-se com as auditivas, degustativas, olfativas e táteis, formando um amálgama de ricos efeitos expressivos. Exemplos: "... that it engluts and swallows other sorrows." (I.iii.57 – Brabantio) ; ou "... e com ouvido sôfrego devorava o narrado." (I.iii – Otelo);

(e) *Símile* – ou comparação, é uma metáfora "mais pobre", pois explicitada pelas partículas *como, qual, tal, assim*, etc. Exemplo: "... my invention comes from my pate as birdlime does from frieze..." (II.i.128-29 – Iago); ou "... tão fácil de levar pelo nariz quanto um asno." (I.iii – Iago).

II – Metonímia e Antonomásia

A *metonímia* é um tropo que consiste em designar um objeto por palavra designativa de outro com o qual apresenta certa interdependência baseada em uma relação de contigüidade. Othon M. Garcia (2000) a define como sendo "duas modalidades de uma mesma coisa". Exemplos: "...the general enemy Ottoman." (I.iii.48 – Doge); ou "Sua idade, senhor, comanda mais que as suas armas." (I.ii – Otelo).

A *antonomásia* é uma variação da metonímia "que consiste em substituir um nome próprio por um comum ou vice-versa" (Garcia, 2000). Trata-se de um atributo peculiar conferido a uma pessoa ou lugar, podendo ser chamado, em linguagem coloquial, de apelido. Exemplos: "It hath pleased the devil drunkenness to give place to the devil wrath." (II.iii.289-90 – Cássio); ou "Mas que sorte total tem o beiçudo ..." (I.i – Rodrigo).

III – Figuras de Pensamento

As *figuras de pensamento* são, segundo o gramático D.P. Cegalla (1985), em sua Novíssima Gramática da Língua Portuguesa, "processos estilísticos que se realizam na esfera do pensamento, no âmbito da frase. Nelas intervêm fortemente a emoção, o sentimento, a paixão." A seguir, apresento as principais figuras de pensamento, de acordo com os critérios de Rocha Lima (1978), seguidas de exemplos em inglês e português, extraídos de *Otelo*.

(a) *Antítese* – é a contraposição de uma palavra ou frase a outra de ação oposta. Exemplos: "... and do but see his vice. 'Tis to his virtue a just equinox,... " (II.iii.115-16 – Iago); ou "... amaldiçoado com uma bela esposa ..." (I.i – Otelo)

(b) *Paradoxo* – é a reunião de idéias contraditórias num só pensamento, o que nos leva a enunciar uma verdade com aparência de mentira. Exemplos: "She wished she had not heard it, yet she wished that heaven had made her such a man." (I.iii.161-62 – Otelo); ou "Antes prefiro ser muito traído que só saber um pouco" (III.iii – Otelo).

(c) *Preterição* – é a figura pela qual o escritor finge não afirmar o que, na realidade, está afirmando. Exemplos: "Ha, I like not that." (III.iii.33 – Iago); ou "Hum... Isso não me agrada..." (ibidem). Cito esse exemplo, em especial, tanto em português como em inglês, por ser considerado como o "turning point" de toda a trama.

(d) *Antífrase* – é a expressão que pela entoação e contexto, sugere o contrário do que as palavras ou frases exprimem, por intenção irônica. Questiona, também, certo tipo de comportamento com a intenção de ridicularizar ou de ressaltar algum aspecto passível de crítica. Exemplos: "... his Moorship's ensign" (I.i.32 – Iago); ou "E você, o que é?" (IV.ii – Otelo); ou ainda " I do love Cassio well, and would do much to cure him of this evil." (II.iii.135-36 – Iago).

(e) *Eufemismo* – é o meio pelo qual se evita uma palavra ou expressão molesta, odiosa ou triste, substituindo-a por outra palavra ou expressão menos desagradável. Exemplos: "No, let me know, and knowing what I am, I know what she shall be." (IV.i.71-72 – Iago); ou "... você, que ocupa cargo oposto ao de São Pedro e guarda as portas do inferno..." (IV.ii – Otelo)

(f) *Litote* – é uma variedade do eufemismo, em que se afirma algo pela negação do contário. Exemplos: "I am not what I am." (I.i.65 – Iago); ou "Não sou o que sou" (idem). Essa fala, assim como o exemplo de preterição citado, é uma declaração altamente reveladora da personalidade de Iago.

(g) *Alusão* – é a referência a um fato ou personagem conhecidos. Exemplos: "O Spartan dog!" (V.ii.371 – Ludovico); ou "... como soldado, ele é digno de César..." (II.iii – Iago).

5. Análise dos dados

Após fazer o levantamento do *corpus* e proceder à identificação das ocorrências de cada uma das diferentes modalidades de tropos, figuras de pensamento e metonímia, e à verificação das soluções propostas pelos dois tradutores em suas respectivas versões, procurei fazer uma análise comparativa das estratégias tradutórias empregadas e traçar um paralelo objetivo entre as obras.

Em termos estatísticos, identifiquei, na edição de *Otelo* em língua inglesa consultada, um total de **175** figuras de linguagem, assim distribuídas: 12 metáforas, 13 hipérboles, 16 personificações, 7 símbolos, 14 sinestesias, 5 símiles, 3 antonomásias, 33 metonímias, 14 antíteses, 16 eufemismos, 15 antífrases, 6 litotes, 7 paradoxos, 9 alusões e 5 preterições.

Em seguida, procurei verificar se essas diferentes modalidades de tropos, figuras de pensamento e metonímia tinham paralelo, no mesmo ponto de ocorrência, nas duas traduções analisadas. Na tradução de Barbara Heliodora, 172 dessas figuras são mantidas, no mesmo ponto de ocorrência, e na de Onestaldo de Pennafort, 165.

As estratégias tradutórias utilizadas consistiram, basicamente, nas seguintes: reprodução, anulação, substituição e explicitação, sendo que houve um caso em que o trecho todo (isto é, o contexto da figura) foi omitido.

Como resultado da análise feita, apresento a seguir alguns exemplos de ocorrências de figuras de linguagem em *Otelo*, acompanhadas das respectivas traduções, e de um comentário crítico, onde analiso o tratamento dado a essas figuras pelos tradutores.

5.1 Metáfora e suas variedades

Nos três textos (original e duas traduções) foram identificadas as seguintes ocorrências de metáforas e suas variedades, categorizadas por modalidade:

Metáfora (1):

Ato I, cena 1, linhas 88-91 – Iago: "... an old black ram is tupping your white ewe. (...) or else the devil will make a grandsire of you."
BH: "... um bode velho e preto cobre a sua ovelhinha... senão o demo vai fazê-lo avô."
OP: "... um velho carneiro negro está cobrindo a vossa ovelhinha branca!... Enquanto o diabo, num esfregar de olhos, não vos faz um neto!"
A fala é um bom exemplo da linguagem chula de Iago. BH e OP optam por reproduzir a metáfora e não recriam o jogo fonético. A homofonia de *ewe/you* não foi reproduzida em português.

Metáfora (2):

Ato I, cena 2, linhas 113-14 – Iago: "... you'll have your daughter covered with a Barbary horse; you'll have your nephews neigh to you, you'll have coursers for cousins and jennets for germans."
BH: "... terá sua filha coberta por um garanhão da Barbaria; terá netos que relincham, terá corcéis por primos e ginetes por consangüíneos."
OP: "... vereis a vossa filha coberta por um cavalo da Berberia. Quereis que os vossos netos relinchem para vos pedir a bênção? Agrada-vos uma parentela de corcéis e ginetes?"
Trata-se de mais uma ocorrência da linguagem chula de Iago que nenhum dos dois tradutores procura atenuar. BH e OP optam por reproduzir a metáfora, mas não o jogo fonético encontrado em *nephews/neigh, coursers/cousins, jennets/ germans*.

Metáfora (3):

Ato III, cena 3, linhas 264-67 – Otelo: "If I do prove her haggard, though that her jesses were my dear heart-strings, I'd whistle her off and let her down the wind to prey at fortune."
BH: "Se a provo indomada, mesmo peada às fibras do meu peito, eu a empurro, batida pelo vento, pro seu fado."
OP: "Ainda que as correias que a mim a trazem presa fossem feitas das próprias fibras do meu coração, – havia de soltá-la e de atirá-la ao vento para que fosse voando ao sabor da aventura, em busca de outros céus!"
Os dois tradutores optam por reproduzir a metáfora, mas não repetem os termos de falcoaria ou recriam o jogo fonético de *whistle/wind*.

Hipérbole (1):

Ato I, cena 1, linha 87 – Iago: "Your heart is burst, you have lost half your soul."
Barbara Heliodora (BH): "... seu coração partiu, sua alma foi-se..."
Onestaldo de Pennafort (OP): "Tendes o coração rompido! Perdestes a metade de vossa alma!"
Nesse caso, BH opta por suprimir a hipérbole e transformá-la em personificação, enquanto OP recorre à reprodução da hipérbole.

Hipérbole (2):

Ato I, cena 3, linha 396 – Iago: "Hell and night must bring this monstrous birth to the world's light."
BH: "... o inferno e a escuridão pro nosso mundo o monstro parirão."
OP: "...o diabo e a noite é que darão à luz do mundo o monstruoso embrião."
Ambos os tradutores optam por reproduzir a hipérbole, mas somente BH recria o jogo fonético de *night/light* recorrendo ao par *escuridão/parirão*.

Hipérbole (3):

Ato III, cena 3, linhas 451-54 – Otelo: "Arise, black vengeance, from the hollow hell. Yield up, O love, thy crown and hearted throne to tyrannous hate! Swell, bosom, with thy freight, for 'tis of aspics' tongues."

BH: "Negra vingança, salta de tua cova, amor, cede a coroa, o terno trono, parte pro ódio, peito que ora pesas como a tirania dos ferrões de abelhas!"

OP: "Já do seu antro escuso a Vingança se esgueira, espreitando à socapa, e o Amor abdica do trono e da coroa com que reinava no meu coração, onde agora se implanta a tirania do Ódio! Tenho o peito estufado de serpentes!"

Tanto BH quanto OP reproduzem a hipérbole, sendo que a primeira também modera a virulência do último sintagma e introduz um jogo fonético com *tua/terno/trono*.

Hipérbole (4):

Ato III, cena 4, linhas 70-71 – Otelo: "A sibyl that had numbered in the world the sun to course two hundred compasses…"
BH: "Uma sibila, que já vira o mundo cercar o sol mais de duzentas vezes,…"
OP: "…uma sibila que neste mundo viu o sol completar duzentas vezes o seu giro."

BH e OP optam por reproduzir a hipérbole, mas não recriam a paronímia encontrada em *numbered/hundred*.

Sinestesia (1):

Ato I, cena 3, linha 218 – Brabantio: "I never yet did hear that the bruised heart was piercèd through the ear."
BH: [trecho omitido na tradução]
OP: "E nunca ouvi dizer de um triste coração que pelo ouvido viesse a ser curado."

BH opta por suprimir esse trecho em seu texto, enquanto OP reproduz a sinestesia e a paronímia de *hear/ear* (por meio do par *ouvi/ouvido*).

Sinestesia (2):

Ato II, cena 3, linhas 198-200 – Otelo: "My blood begins my safer guides to rule, and passion, having my best judgement collied, essays to lead the way."
BH: "…que o sangue já começa a dominar-me, e a paixão, me atacando o julgamento, ameaça vencer."
OP: "…já me começa a referver o sangue: sinto a minha razão conturbada pela cólera."

Ambos os tradutores optam por reproduzir a sinestesia.

Personificação (1):

Ato I, cena 3, linhas 334-35 – Iago: "It is merely a lust of the blood and a permission of the will."
BH: "É só uma luxúria do sangue, e uma concessão da vontade."
OP: "É apenas uma efervescência do sangue tolerada pela vontade."
Tanto BH quanto OP optam por reproduzir a personificação.

Personificação (2):

Ato II, cena 3, linhas 275-77 – Cássio: "O thou invisible spirit of wine, if thou hast no name to be known by, let us call thee devil."
BH: "Oh espírito invisível do vinho, se não és conhecido por nenhum nome conhecido, vamos chamar-te de diabo!."
OP: "Ó espírito invisível do vinho! Se não tens nome com que te chamem, eu te batizo demônio!."
BH opta por reproduzir a personificação e a recriar o jogo fonético de *name/known, invisible/devil* introduzindo uma homonímia em *conhecido/conhecido*.
OP opta por reproduzir a personificação. Não há jogo fonético.

Personificação (3):

Ato III, cena 4, linhas 158-59 – Emília: "...but jealous for they're jealous. It is a monster begot upon itself, born on itself."
BH: "Não é por causa que se tem ciúme, ...; é um monstro que é gerado e parido por si mesmo."
OP: "O ciúme é um monstro que a si mesmo se gera e de si mesmo nasce."
Tanto BH quanto OP reproduzem a personificação, sendo que o segundo ainda recria a homonímia de *itself/itself* em *a si mesmo/de si mesmo*.

Símile:

Ato II, cena 3, linhas 354-55 – Rodrigo: "I do follow here in the chase, not like a hound that hunts, but one that fills up the cry."
BH: "... estou nesta caçada não como o cão que lidera mas como qualquer um da matilha."
OP: "Aqui ando eu à caça, não como o cão da dita, que rastilha a presa, mas como um daqueles tantos da matilha que só fazem número ladrando."

Ambos os tradutores optam por reproduzir a símile, mas apenas OP recria o jogo fonético de *hound/hunts* em *rastilha/matilha*.

Símbolo:

Ato III, cena 3, linhas 92-93 – Otelo: "...when I love thee not, Chaos is come again."
BH: "...e quando não a amar, é a volta do caos."
OP: "E no dia em que eu deixar de te amar, que o universo se converta de novo em caos."
BH opta por reproduzir o símbolo, enquanto OP o elimina, substituindo-o por uma hipérbole.

5.2 Metonímia e antonomásia

Nos três textos (original e duas traduções) foram identificadas as seguintes ocorrências de metonímia e suas variedades:

Metonímia (1):

Ato I, cena 1, linhas 2-3 – Rodrigo: "... that thou, Iago, who hast had my purse as if the strings were thine,..."
BH: "... que tu, Iago que da minha bolsa controla os cordões..."
OP: "...é que tu, que usas e abusas dos cordões da minha bolsa, como se ela fosse tua..."
Esse exemplo de tropo admite a possibilidade da ocorrência tanto de uma metonímia, no caso de Rodrigo se estar referindo à intimidade que possa existir entre ele e Iago, ou de um eufemismo, se levarmos em conta que, no desenrolar da trama, Iago toma, aos poucos, todo o dinheiro de Rodrigo, com a justificativa de cortejar Desdêmona em seu nome. Em suas respectivas traduções, tanto BH quanto OP optam por reproduzir a metonímia, mas apenas este tradutor introduz um jogo fonético – uma paronímia, em *tu/tua*, *usas/abusas*.

Metonímia (2):

Ato I, cena 1, linhas 43-44 – Iago: "We cannot be all masters, nor all masters cannot be truly followed."

BH: "Nem todos são senhores, nem são todos os senhores seguidos lealmente."

OP: "Nem todos neste mundo podem ser patrões; nem todos os patrões do mundo devem ser bem servidos."

Ambos os tradutores reproduzem a metonímia e não só recriam o jogo fonético de *masters/masters* (*senhores/senhores, patrões/patrões*), como também introduzem outros, com *mundo/mundo* e *nem/nem*.

Metonímia (3):

Ato I, cena 2, linhas 21-22 – Otelo: "I fetch my life and being from men of royal siege,..."

Barbara Heliodora: "...minha vida e sangue vêm de estirpe real."

OP: "...aqueles a quem devo a vida se assentavam em tronos reais."

A fala em questão indica que existe, em Otelo, uma necessidade de se auto-afirmar perante à sofisticada sociedade veneziana. BH omite a metonímia de trono, substituindo-a por "estirpe", enquanto OP opta por reproduzi-la.

Metonímia (4):

Ato I, cena 2, linhas 60-61 – Otelo: "... you shall more command with years than with your weapons."

BH: "Sua idade, senhor, comanda mais que as suas armas."

OP: "...maior é a autoridade das vossas cãs do que a das vossas armas."

Ambos os tradutores reproduzem a metonímia.

Metonímia (5):

Ato I, cena 3, linhas 268-70 – Otelo: "... when light-winged toys of feathered Cupid seel with wanton dullness my speculative and officed instruments,..."

BH: "...quando brinquedos ou asas de cupido, com luxúria, tolherem-me razão e atividade..."

OP: "...os voláteis brincos caprichos do Amor um dia vierem a embotar, com lascivo torpor, o meu ânimo e a minha inteligência..."

Tanto BH quanto OP optam por reproduzir a metonímia, embora apenas este introduza um jogo fonético (*amor/torpor*).

Metonímia (6):

Ato I, cena 3, linhas 289-90 – Duque/Doge: "...if virtue no delighted beauty lack, your son-in-law is far more fair than black."

BH: "... se a virtude bonita é em seu desvelo, seu genro é menos negro do que belo."

OP: "Se o emblema da virtude é a alvura, eu asseguro, senhor, que o vosso genro é mais branco que escuro."

Na peça, a cor da pele de Otelo é um fato freqüentemente mencionado. BH opta por reproduzir a metonímia e a recriar o jogo fonético de *lack/black* em *desvelo/belo*. OP também reproduz a figura e recria o mesmo jogo fonético de *lack/black* através do par *asseguro/escuro*.

Metonímia (7):

Ato III, cena 3, linha 365 – Otelo: "Give me the ocular proof..."
BH: "Quero certeza, provas oculares..."
OP: "Dá-me uma prova ocular, que eu quero ver com estes meus próprios olhos!"

Ambos os tradutores optam por reproduzir a metonímia, sendo que OP ainda introduz um pleonasmo em "estes meus próprios olhos".

Metonímia (8):

Ato III, cena 4, linhas 46-47 – Otelo: "The hearts of old gave hands, but our new heraldry is hands, not hearts."
BH: "Mãos liberais outrora o peito dava, mas hoje são só mãos, sem coração."
OP: "Nos emblemas de outrora, os corações davam-se as mãos. Mas a nossa moderna heráldica é: Mãos, sim: coração, não."

BH opta por reproduzir a metonímia e a recriar o jogo fonético de *hearts/hands/heraldry* em *mãos/coração*. OP, por sua vez, suprime a metonímia e, em seu lugar, introduz uma metáfora. Além disso, recria o jogo fonético mencionado através do par *corações/mãos*.

Metonímia (9):

Ato V, cena 2, linhas 274-75 – Otelo: "Here is my journey's end, here is my butt and very sea-mark of my utmost sail."
BH: "Meu caminho acabou, este é o meu fim; é o porto final da minha vela."
OP: "Aqui termino a viagem, aqui chega o meu barco ao derradeiro porto..."

BH e OP optam por reproduzir a metonímia. É importante notar como as imagens relacionadas ao mar são recorrentes na peça; no entanto, a metonímia formada por "sea-mark", talvez a mais significativa dessa fala, foi reduzida, nas duas traduções, à palavra "porto".

Antonomásia (1):

Ato II, cena 1, linhas 112-15 – Iago: "You are pictures out of door, bells in your parlours; wildcats in your kitchens, saints in your injuries; devils being offended, players in your housewifery, and hussies in your beds."
BH: "... na rua são como retratos; na sala, sinos; na cozinha, feras. Santas se ofendidas, demos na ofensa. Na casa brincam, o ofício é na cama."
OP: "Fora de casa, são como uma pintura. No salão, parecem campainhas; na cozinha, gatas selvagens; santas, se injuriam; demônios, quando são injuriadas; no trabalho doméstico, ociosas; diligentes e ativas... só na cama."
BH opta por reproduzir a antonomásia e a introduzir um jogo fonético em *ofendidas/ofensa/ofício*. OP também reproduz a antonomásia, mas sem jogo fonético.

Antonomásia (2):

Ato II, cena 3, linhas 289-90 – Cássio: "It hath pleased the devil drunkenness to give place to the devil wrath."
BH: "Por capricho do demônio embriaguez, que cedeu lugar ao demônio ira."
OP: "É que aprouve ao demônio da embriaguez ceder lugar ao demônio da cólera."
BH e OP optam por reproduzir a antonomásia e a repetição de *devil/devil* (*demônio/demônio*).

5.3 Figuras de pensamento

Nos três textos (original e duas traduções) foram identificadas as seguintes ocorrências de figuras de pensamento:

Antífrase (1):

Ato I, cena 1, linha 32 – Iago: "... his Moorship's ensign."

BH: "...e eu, por Deus, alferes do ilustríssimo."
OP: "Alfeireiro, só, de Sua Senhoria Amoriscada."

Como a fala em questão evidencia, desde o princípio Iago demonstra sua ironia e um certo despeito em relação a Otelo pela competência profissional deste, e também por ter sido preterido no almejado posto de tenente do Mouro. As duas traduções analisadas reproduzem a antífrase.

Antífrase (2):

Ato I, cena 2, linhas 3-4 – Iago: "I lack iniquity, sometime, to do me service."
BH: "Falta-me o mal que tanta vez nos serve."
OP: "Falta-me a crueldade nos momentos em que a devia ter."

Aqui, mais uma vez, é evidente a dissimulação de Iago. BH e OP optam por reproduzir a antífrase.

Litote (1):

Ato I, cena 1, linha 65 – Iago: "I am not what I am."
BH: "Não sou o que sou"
OP: "Nunca mostro quem sou!"

Segundo especialistas, esse é o grande segredo de toda a trama: Iago apresenta-se o exemplo máximo da dissimulação. BH opta por reproduzir a litote e o jogo de *am/am* em *sou/sou*. OP suprime a litote e não faz qualquer jogo de palavras.

Litote (2):

Ato III, cena 4, linha 98 – Emília: "Is not this man jealous?"
BH: "E esse homem não tem ciúmes?"
OP: "Este homem é que não é ciumento?"

Emília, entre surpresa e temerosa, vislumbra o que Desdêmona ainda não foi capaz de perceber. Na tradução desse verso, tanto BH quanto OP optam por reproduzir a litote.

Litote (3):

Ato V, cena 2, linhas 167-68 – Emília: "... this deed of thine is no more worthy heaven, than thou wast worthy her."

BH: "Isso que fez merece tanto o céu quanto o senhor a ela."
OP: "...que o teu ato pior nunca será tão indigno do Céu quanto o eras dela!"

Utilizando-se do recurso da litote, Emília atenua, de certa forma, sua revolta contra quem ela ainda deve respeito. BH suprime a litote, substituindo-a por um eufemismo, e não recria (ou reproduz) a homonímia encontrada em *worthy/worthy*. OP, por sua vez, opta por reproduzir a litote, igualmente sem jogo fonético.

Eufemismo (1):

Ato I, cena 1, linhas 117-19 – Iago: "... your daugther and the Moor are now making the beast with two backs."
BH: "...sua filha e o Mouro estão agora formando a besta de duas costas."
OP: "...a vossa filha e o Mouro neste momento estão fazendo de animal de duas costas!"

A fala em questão é outro exemplo da linguagem chula de Iago que também não é atenuada pelos tradutores. BH e OP optam por reproduzir o eufemismo.

Eufemismo (2):

Ato I, cena 2, linha 59 – Otelo: "Keep up your bright swords, for the dew will rust 'em."
BH: "Guardai as vossas lâminas brilhantes antes que o orvalho venha enferrujá-las."
OP: "Embainhai vossas armas reluzentes, para que não as embacie o orvalho..."

Nota-se aqui a grande elegância e sobriedade natural em Otelo, mesmo em uma situação em que é ameaçado. Os dois tradutores reproduzem o eufemismo.

Eufemismo (3):

Ato IV, cena 1, linhas 66-68 – Iago: "...there's millions now alive that nightly lie in those unproper beds which they dare swear peculiar"
BH: "...pois milhões vivem dormindo toda noite em cama alheia que dizem suas."
OP: "Quantos maridos há por esse mundo que a esta mesma hora estão deitados em leitos conspurcados, que eles juram de pedra e cal, que são somente deles!"

Ambos os tradutores optam por reproduzir o eufemismo, sem reproduzir (ou recriar) os jogos fonéticos presentes em *alive/lie, dare/swear*.

Eufemismo (4):

Ato IV, cena 1, linhas 71-72 – Iago: "No, let me know, and knowing what I am, I know what she shall be."
BH: "...quero saber, e sabendo o que sou sei o futuro."
OP: "Não; cá por mim, acho melhor saber, pois sabendo o que sou, sei o que ela será."

A partir desse momento, Iago decide não mais medir suas palavras em relação a Otelo e expor abertamente sua intriga. Os dois tradutores reproduzem o eufemismo e recriam o jogo de *know/knowing/know* em s*aber/sabendo/sou/ sei(/será)*.

Paradoxo:

Ato I, cena 3, linhas 161-62 – Otelo: "She wished she had not heard it, yet she wished that heaven had made her such a man."
BH: "Não o quisera ouvir, mas desejava que dela o céu fizesse um homem tal."
OP: "Disse-me que antes não o houvesse ouvido, embora lamentasse ainda mais não ter nascido homem,..."

BH opta por reproduzir o paradoxo e a não recriar o jogo fonético de *wished/ wished, heard/her, had/had, made/man*. Já OP suprime o paradoxo e recria o jogo fonético por meio do par *ouvido/nascido*.

Antítese (1):

Ato II, cena 1, linhas 135-36 – Iago: "... if she be black and thereto have a wit, she'll find a white that shall her blackness fit."
BH: "... se viva, mesmo sendo imitação, um branco há de escolher-lhe a escuridão."
OP: "Se é morena, mas se de espírito não manca, há de saber fazer com que a achem muito branca."

BH e OP optam por reproduzir a antítese e a recriar o jogo fonético de *black/blackness, wit/fit* em *imitação/escuridão, manca/branca*.

Antítese (2):

Ato II, cena 1, linhas 144-45 – Iago: "There's none so foul and foolish thereunto, but does foul pranks which fair and wise ones do."

BH: "Nunca houve ninguém tão tola e feia que, como a bela, não armasse teia."
OP: "Feia e tola que seja, inda assim é capaz de fazer o que a mais bonita e esperta faz."
Ambos os tradutores reproduzem a antítese e o jogo fonético resultante da homonímia de *foul/foul*, recriada por BH através de uma paronímia (*feia/teia*) e por Pennafort com o par *capaz/faz*.

Antítese (3):

Ato I, cena 3, linhas 207-08 – Duque/Doge: "The robbed that smiles steals something from the thief; he robs himself that spends a bootless grief."
BH: "O roubado que ri rouba o ladrão, rouba a si mesmo o que lamenta em vão."
OP: "É o roubado que ri furta algo ao seu ladrão; se a chorar perde tempo, a si se rouba então."
BH e OP optam por reproduzir a antítese. Além disso, recriam os jogos fonéticos de *thief/grief* através das soluções *ladrão/vão*, *ladrão/então*, e a paronímia de *robbed/robs* em *roubado/rouba*.

Alusão (1):

Ato I, cena 3, linhas 183-85 – Desdemona: "But here's my husband, and so much duty as my mother showed to you, preferring you before her father..."
BH: "... mas, casada, tanto respeito quanto a minha mãe lhe teve, preterindo assim seu pai..."
OP: "Mas vejo aqui também o meu marido. E a mesma submissão perante vós a que se sujeitou a minha mãe outrora, e que ela sobrepôs a que a seu pai devia..."
Desdêmona faz aqui uma referência bíblica. Os dois tradutores optam por reproduzir a alusão e a não recriar o jogo fonético.

Alusão (2):

Ato II, cena 3, linha 114 – Iago: "He's a soldier fit to stand by Caesar..."
BH: "...como soldado, ele é digno de César..."
OP: "Ali vai um soldado digno de César!"
Esse talvez seja um dos únicos momentos em que Iago se despe da sua malícia e do seu rancor. BH e OP optam por reproduzir a alusão.

Alusão (3):

> Ato V, cena 2, linha 372 – Ludovico: "O Spartan dog,..."
> Barbara Heliodora: "Cão danado,..."
> OP: "E tu, cão espartano!"

Trata-se de uma referência aos cães mitológicos de Esparta, famosos por sua implacável obstinação; associam-se, assim, duas idéias, a de um ser desprezível e a de ferocidade. BH suprime a alusão e a substitui por uma antonomásia, enquanto OP prefere reproduzir a alusão.

Preterição (1):

> Ato III, cena 3, linha 33 – Iago: "Ha! I like not that."
> BH: "Ah, eu não gosto disso."
> OP: "Hum...Isso não me agrada..."

BH e OP optam por reproduzir a preterição em que Iago finge desconfiar de algo que ele sabe inexistir, apenas com o intuito de lançar a semente da sua intriga.

Preterição (2):

> Ato IV, cena 1, linhas 272-74 – Iago: "He's that he is (...) If what he might he is not, I would to heaven he were."
> BH: "Está como está; (...) mas se não estiver, bom fora estar."
> OP: "Ele é como é.(...) E se não é como devia, então prouvesse aos Céus que o fosse."

De forma enigmática e jogando com as palavras, Iago se exime de qualquer responsabilidade. BH opta por reproduzir a preterição e o jogo fonético de *he's/he is, I would/he were* por meio de *está/está, estiver/estar*. OP igualmente reproduz a preterição e o jogo fonético, embora recorrendo a soluções diferentes: *é/é, prouvesse/fosse*.

Antítese (1):

> Ato III, cena 3, linhas 131-32 – Iago: "Men should be that they seem, or those that be not, would they might seem none."
> BH: "Todos devem parecer o que são; ou então não parecê-lo."
> OP: "Os homens deviam ser aquilo que parecem ou pelo menos que não parecessem aquilo que não são."

Mais uma vez temos um exemplo da irônica atitude dissimulada de Iago. As duas traduções dessa fala reproduzem não apenas a antítese mas também os jogos fonéticos encontrados, a saber: a paronímia de *should/would* (BH: *parecer/parecê-lo*; OP: *parecem/parecessem*) e a repetição de *seem/seem* (OP: *aquilo/aquilo*).

Antítese (2):

Ato III, cena 3, linhas 176-78 – Iago: "Poor and content is rich, and rich enough, but riches fineless is as poor as winter to him that ever fears he shall be poor."

BH: "São ricos pobre e rico satisfeitos, mas a maior riqueza é indigente pro que vive com medo de ser pobre."

OP: "Bem rico é o pobre a quem contenta o pouco que possui, que então passa a ser muito. Mas a opulência é hibernal pobreza para o rico que vive no constante temor de empobrecer."

Ambos os tradutores optam por reproduzir a antítese e também o jogo de palavras criado através da homonímia de *poor/poor*, *rich/rich*. BH o reproduz por meio dos pares *pobre/pobre*, *ricos/rico*, e OP, através do jogo de *pobre/pobreza/empobrecer*.

Antítese (3):

Ato V, cena 1, linhas 18-20 – Iago: "... if Cassio do remain, he hath a daily beauty in his life that makes me ugly;..."

BH: "...se sobrevive Cássio, ele tem tal beleza em sua vida, que me faz feio..."

OP: "Sobrevivendo Cássio, a sua boa vida é tão feliz que torna a minha horrenda..."

Através dessa antítese, Iago enxerga sua própria vileza. Nas duas traduções, a figura de pensamento é reproduzida.

6. Considerações finais

Conforme relatado anteriormente, foram identificadas, no texto fonte, um total de 175 figuras de linguagem, das quais Barbara Heliodora manteve 172, reproduzindo 163 e substituindo 9, enquanto Pennafort reproduziu 157 e substituiu 8, totalizando 165 figuras no mesmo ponto de ocorrência do original.

Verifiquei ainda que, nas traduções, além de algumas figuras de linguagem terem sido suprimidas ou explicitadas, houve casos em que, embora ausentes no texto de origem, foram introduzidas na versão brasileira pelos tradutores.

De modo geral, parece que na tradução de Barbara Heliodora existe uma maior preocupação em recriar a dicção e a estrutura sintática do texto fonte, procurando obter uma fluência estilística que se aproxime ao máximo da palavra shakespeariana. Já Pennafort, em seu *Otelo*, parece buscar uma explicitação semântica das idéias e expressões, possivelmente com o intuito de favorecer um "pleno entendimento" do texto.

Com base nos dados levantados, foi possível perceber que Barbara não procura atenuar a linguagem chula e as observações pouco abonadoras quanto ao caráter ou às atitudes dos outros personagens, feitas principalmente por Iago, mantendo as palavras de baixo calão e os comentários contundentes. Pennafort, por sua vez, ora os explicita, adotando uma estratégia facilitadora na tradução, ora os atenua, substituindo-os por palavras menos "pesadas".

Como exemplo de estratégia explicitadora, podemos citar o comentário que Iago dirige a Otelo a respeito das mulheres de Veneza: "... their best conscience is not to leave't undone, but keep't unknown" (III.iii.207-08). A solução de Barbara para tal fala é "... o feito só não pode ser sabido", enquanto Pennafort propõe "... lá a moral consiste não em se coibir alguém de certas cousas, mas no encobrir tais cousas". Outro exemplo é a fala em que Emília, mulher de Iago, questiona a participação deste na maquinação que conduz à tragédia: "... O, are you come, Iago? You have done well, that men must lay their murders on your neck." (V.ii.176-77). Pennafort opta pela paráfrase "... Boa cousa não deves tu ter feito para que os outros possam sobre ti jogar a culpa dos seus próprios crimes!", enquanto Barbara é mais concisa: "... então, Iago, que fez de tão certo pra responder pelos crimes dos outros?".

Em relação à estratégia de atenuação das expressões fortes que observei em Pennafort, um bom exemplo ocorre quando Otelo chama Emília de "subtle whore" (IV.ii.22), fala que traduz por "a velhaca é ladina", enquanto Barbara não se furta a usar palavra igualmente forte em português, optando pela tradução "puta sutil".

Quanto à forma e à dicção, parece que em Barbara existe uma maior preocupação em reproduzir não só o mesmo ritmo da prosa e do verso, como também a linguagem. Já Pennafort, aparentemente, não se satisfaz em apenas recriar as figuras de linguagem, recorrendo a explicitações e paráfrases a ponto de quase que sobrepô-las ao texto de Shakespeare, como em "give me the ocular proof", traduzido por "dá-me uma prova ocular, que eu quero ver com estes meus próprios olhos!" (fala de Otelo, em III.iii), ou então em "... for I fear Cassio with my night-cap too", traduzido por "... tanto mais que temo que o tal Cássio ande com o olho em cima também do meu barrete de dormir" (fala de Iago, em II.i).

Este estudo não é mais do que um dos primeiros passos para uma análise mais ampla e detalhada de *Otelo* e suas traduções para o português. Outras pesquisas que enfoquem mais profundamente os campos semântico, sintático, lexical e fonético dos textos certamente contribuirão para o maior conhecimento e entendimento da obra shakespeariana e das suas reescrituras em outros idiomas, culturas e épocas.

Referências bibliográficas

CARRINGTON, N.T. (s/d) *Notes on Shakespeare*. Bath: Coward & Gerrish Ltd., Larkhall.

CEGALLA, D. P. (1985) *Novíssima Gramática da Língua Portuguesa*, 29ª edição. São Paulo: Editora Nacional.

DELABASTITA, D. (1993) *There's A Double Tongue*. Amsterdam/Atlanta: Rodopi.

_____ (1994) "Focus on the Pun: Wordplay as a Special Problem in Translation Studies". In *Target* 6:2. Amsterdam: John Banjamins, pp. 223-43.

GARCIA, O. M. (1967(2000)) *Comunicação em Prosa Moderna*, 19ª edição. Rio de Janeiro: FGV.

HARRISON, G.B. (1939(1966)) *Introducing Shakespeare*, 3rd edition, revised & expanded. London: Penguin Books.

HELIODORA, B. (1997) *Falando de Shakespeare*. Rio de Janeiro: Perspectiva.

HERFORD, C.H. (s/d) *Othello, The Moor of Venice*. The Warwick Shakespeare. Glasgow: Black & Son.

HOUAISS, A. & CARDIM, I. (1982(1987)) *Webster's Dicionário Inglês-Português*. Rio de Janeiro: Record.

MAHOOD, M.M. (1957(1988)) *Shakespeare's Wordplay*. Cornwall: T.J. Press (Padstow).

MARTINS, M.A.P. (1999) *A instrumentalidade do modelo descritivo para a análise de traduções: o caso dos* Hamlets *brasileiros*. São Paulo: Programa de Estudos Pós-Graduados em Comunicação e Semiótica, Pontifícia Universidade Católica de São Paulo. Tese de doutorado (inédita).

Michaelis Moderno Dicionário da Língua Portuguesa (1962(1998)) São Paulo: Melhoramentos.

MUIR, K. & SCHOENBAUM, S. (1976) *A New Companion to Shakespeare Studies*. England: Cambridge UP.

PENNAFORT, O. (1956(1995)) "Introdução". Em William Shakespeare. *Otelo, o mouro de Veneza*. Tradução, introdução e notas de Onestaldo de Pennafort. Nota introdutória de Antônio Monteiro Guimarães. 4ª ed. revista. Edição bilíngüe. Rio de Janeiro: Relume Dumará.

Random House Webster's College Dictionary (1991(1999)) New York: Random House.

SHAKESPEARE, W. (1936(1994)) *Othello*. Penguin Popular Classics. Reading: Cox & Wyman.

_____ (1956(1995)) *Otelo, o mouro de Veneza*. Tradução, introdução e notas de Onestaldo de Pennafort. Nota introdutória de Antônio Monteiro Guimarães. 4ª ed. revista. Edição bilíngüe. Rio de Janeiro: Relume Dumará.

_____ (1988) "Othello". *The Complete Works*. In Stanley Wells & Gary Taylor (eds). Oxford: Clarendon Press. Compact Edition.

_____. (1999) *Otelo, o mouro de Veneza*. Tradução de Barbara Heliodora. Rio de Janeiro: Nova Aguilar.

STAUFFER, D.A. (1949(1973)) *Shakespeare's World of Images – The Development of His Moral Ideas*. Indiana: Indiana UP.

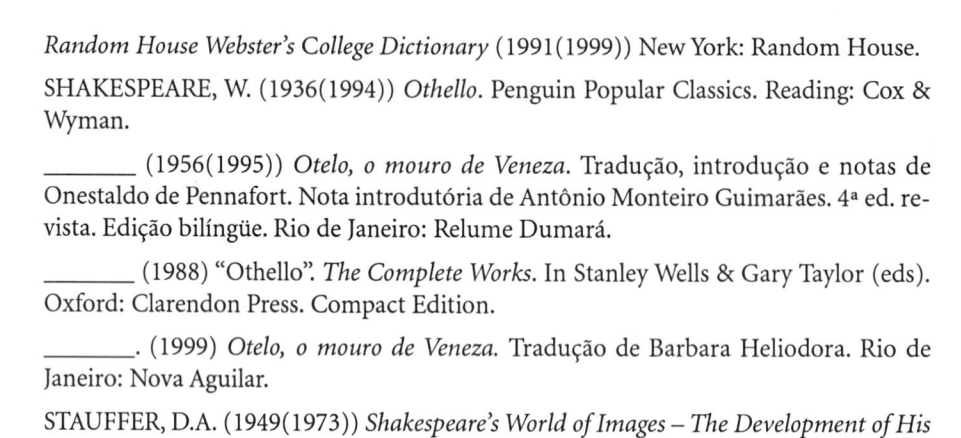

Uma reflexão sobre o tratamento da linguagem obscena em traduções brasileiras de *Hamlet*

NEUZA LOPES RIBEIRO VOLLET

Neste artigo[1], é meu objetivo argumentar que a leitura e conseqüente tradução de uma peça de Shakespeare, condicionada por um sistema de referências em que o autor é associado aos valores e interesses de uma elite sociocultural e sua transmissão cercada de *pompa e circunstância*, tenderá a reafirmar seu *status* divinizado, ignorando ou eufemizando quaisquer ocorrências lingüísticas que forem incompatíveis com esse pressuposto. Nesse contexto, em que a literatura de elite está relacionada à complexidade, nobreza, autoridade e até transcendência, a linguagem da tradução deverá, para realizar as expectativas do grupo cultural, seguir um padrão formal de linguagem e empregar um vocabulário sofisticado, uma sintaxe complexa, havendo inevitavelmente uma incompatibilidade com a linguagem popular em todas as suas manifestações.

O tratamento dado à expressão da linguagem obscena na peça *Hamlet* foi analisado de acordo com um contexto em que uma imagem de Shakespeare como autor de uma elite cultural é predominante, e existe numa relação de incompatibilidade com uma imagem de autor popular definida num discurso minoritário. Utilizarei, nesta análise, as traduções de Tristão da Cunha (1933), Oliveira Ribeiro Neto (1951), Carlos Alberto Nunes (1969) e Péricles Eugênio da Silva Ramos (1982)1955)), como representantes em nosso país da face nobre do Bardo inglês. A sintonia com o discurso "divinizador" e universalizante pode ser observada pela linguagem requintada, solene e complexa a que os tradutores citados recorreram. Quanto à linguagem da sexualidade de modo geral, e à linguagem vulgar e obscena e os trocadilhos grosseiros, em particular, verifica-se que os tradutores adotam uma atitude constante de desqualificar a possibilidade tabuizada, ignorando-a, eufemizando-a ou enobrecendo-a. O resultado é que suas traduções conformam-se à imagem predominante do Poeta Nacional da Inglaterra, em que Shakespeare é visto como uma entidade deificada, transcendente, acima das contingências da passagem do tempo e das mudanças históricas, um "mito divino", nas palavras de Austregésilo de Athayde

---

[1] As questões discutidas neste trabalho foram desenvolvidas na dissertação de Mestrado da autora, intitulada *"Ser ou não ser pornográfico, eis a questão": o tratamento da linguagem obscena em traduções brasileiras de* Hamlet (1997).

(1964:9), e são responsáveis pelo conseqüente reforço desta imagem para o público brasileiro.

Por outro lado, contrapondo-se ao discurso predominante, corre um discurso paralelo que busca contextualizar o Bardo. Assim, no lugar da figura mítica, surge a figura de um homem exposto, como dramaturgo, ator e indivíduo, aos valores, interesses e padrões de gosto de uma época. Aspectos antes deixados de fora nos estudos sobre o autor são vistos agora como pertinentes e dignos de atenção e serão utilizados para recompô-lo, para lhe dar uma nova feição. Um dos aspectos é a linguagem obscena que, no discurso predominante sobre o autor, pouca ou nenhuma importância havia recebido, já que, enquanto definido como um deus cultural, o Bardo não era compatível com uma linguagem de baixo prestígio e forte estigma social. Dessa forma, trechos das peças vistos como deselegantes, grosseiros ou obscenos têm sofrido um processo constante de censura em algumas edições inglesas e americanas de suas peças, especialmente naquelas utilizadas com objetivos didáticos. De acordo com o glossário de Eric Partridge, *Shakespeare's Bawdy* (1961), há passagens em *Hamlet*, por exemplo, que apresentariam um léxico "carregado" de conotações sexuais ou abertamente obsceno. A tradução de Geraldo de Carvalho Silos (1984) é representante, em nosso país, desse discurso minoritário, fugindo ao padrão das demais traduções ao empregar um vocabulário chulo, obsceno e vulgar e ao explicitar o tema sexual de certos trechos da peça.

Não é fácil precisar todas as traduções do *Hamlet* feitas no Brasil, devido à falta de um levantamento sistemático da bibliografia existente. Nesse sentido, ainda é muito útil o livro de Eugênio Gomes (s.d.(1961)), *Shakespeare no Brasil*, que traz informações sobre as primeiras traduções portuguesas e brasileiras publicadas. Quanto às traduções mais recentes, são de difícil localização nas livrarias, e não menos nos acervos das bibliotecas. Isso se aplica especialmente à tradução de Geraldo de Carvalho Silos, que pode ser considerada uma raridade, uma vez que só foi possível encontrar um exemplar na Biblioteca Nacional. Entretanto, não são poucas as traduções em língua portuguesa, praticamente uma tradução a cada geração. Para esta pesquisa, recorri às traduções mencionadas acima, analisando, em cada uma, apenas os trechos que interessavam a este trabalho, ou seja, aqueles cujo vocabulário representa o tema da sexualidade. Meu objeto de análise é o vocabulário que alude implícita ou explicitamente ao ato sexual, aos órgãos genitais, às funções do corpo e ao comportamento sexual de modo geral, considerando que o léxico que se refere às práticas sexuais tem estado confinado ao campo da linguagem tabuizada. Incluem-se nessa classificação a linguagem obscena, os termos ditos chulos e vulgares, os palavrões, os trocadilhos obscenos e grosseiros.

Lendo as declarações dos tradutores, notamos que o objetivo máximo é o de representar com fidelidade o autor. De modo geral, as traduções foram o resultado de muitos anos de empenho e pesquisa. Entretanto, há uma diferença importante entre as traduções, que aponta para pelo menos duas imagens conflitantes do dramaturgo inglês. Não podemos duvidar da postura ética que norteia o trabalho dos tradutores, nem de sua devoção e anseio de serem dignos representantes de Shakespeare em nossa cultura, nem podemos simplesmente descartar seu trabalho como fruto de uma idiossincrasia. Entretanto, quando lemos as traduções, surge uma pergunta: quem é esse Shakespeare que se traduz e de quem se fala? Um autor solene e nobre, representante da cultura elevada? Um autor debochado e irreverente, de gosto duvidoso, que escrevia para o povo? Um autor que tratava seus personagens como gente de carne e osso e que, portanto, usava a linguagem obscena como recurso dramático?

Meu objetivo é analisar essa diferença não em termos de erro, incompetência ou fracasso ou, ao contrário, como evidência de acerto e de sucesso, mas como uma proposta de reflexão sobre os tradicionais papéis ocupados pelo autor e pelo tradutor, assim como as tradicionais exigências de fidelidade nas teorias de tradução.

Meu ponto de partida é a reflexão de Michel Foucault sobre o *nome do autor*. Em "What is an author?" (1980), o filósofo analisa a relação "sólida e fundamental" que se estabelece entre o autor e sua obra, e aponta para o caráter controlador e autoritário dessa relação. O nome do autor funciona como um demarcador de limites, estabelecendo e controlando os significados que podem ou não ser atribuídos ao seu texto. Esse autor, entretanto, não é um indivíduo com uma intenção reconhecível e recuperável por um analista neutro, mas, citando Foucault, o "resultado de uma operação complexa que constrói um certo ser racional que chamamos de 'autor'"[2] (1980:150). Uma vez que a construção desse autor é fruto dos valores, das crenças e dos interesses de toda ordem que predominam numa sociedade durante um certo período histórico, a legitimidade dessa construção estará condicionada à vigência desses valores, dessas crenças e desses interesses. Nas palavras de Foucault, "não basta afirmar que o autor morreu", mas o fato de que uma determinada obra é apresentada sob o nome de um autor indica como ela deverá ser recebida no interior de uma determinada cultura.

Refletindo em termos do *nome do autor*, no sentido foucaultiano de regulador dos significados de um texto, o nome *Shakespeare*, como um rótulo ou um conceito contextualizado, representa um determinado "conhecimento" so-

---

[2] Esta e as demais traduções de citações em inglês são minhas.

bre o autor que funcionará para "sugerir, determinar, restringir, excluir e reprimir" (Foucault, 1980) os significados que poderão ser atribuídos à sua obra. Assim, todas as traduções do *Hamlet* analisadas neste trabalho, inevitavelmente, sintonizam-se com uma imagem de Shakespeare construída por um determinado discurso. Nesse sentido, meu interesse específico é mostrar que as traduções são perfeitamente coerentes com as imagens de Shakespeare adotadas pelos tradutores.

Ledo Ivo salienta o dilema de traduzir Shakespeare, quando pergunta:

> [...] como traduzir o traduzidíssimo Shakespeare? [...] Como verter para uma outra língua o seu inglês isabelino [...] cheio de palavras descabeladas ou indesejáveis e de imagens que não se afeiçoam aos ouvidos canônicos? (1982:68)

A questão do que fazer diante das tais palavras "descabeladas" e "indesejáveis" também é levantada por Jefferson Barata, em artigo para o *Correio da Manhã*. Elogiando a tradução que o escritor e poeta Onestaldo de Pennafort fez da peça *Romeu e Julieta*, Barata explica que o tradutor teria conseguido

> aperfeiçoar o original. Veja-se, por exemplo, aquela fala em que Romeu inveja a mosca por poder, esta, beijar os lábios de Julieta. Na tradução, ao invés de mosca lemos 'até o mais humilde inseto', com o que Onestaldo contornou a bárbara falta de gosto de Shakespeare. (1964:2)

Além disso, é possível acrescentar, o eufemismo tranqüiliza as expectativas daqueles que vinculam o nome de Shakespeare a uma atitude aristocrática, que excetuaria um comportamento lingüístico vulgar. Entretanto, um outro aspecto do problema é levantado por Barata: "o que faz o desespero do tradutor de Shakespeare são as passagens de duplo sentido indecoroso ou francamente pornográfico, aqueles trechos que os ingleses classificam de *offences against decency*" (1964:2). Segundo o autor, o "duplo sentido obsceno" teria, como única finalidade, "atender às exigências de um público vulgar. O gosto de Shakespeare, em verdade, reflete em grande parte o gosto das platéias de sua época" (ibidem). Não deixa de ser significativo notar que, se a culpa das inconveniências do autor pode ser tributada ao gosto da platéia, o tradutor que eufemiza e enobrece pode argumentar que não está escrevendo para uma platéia elisabetana e, mais, pode sugerir que o próprio autor teria escrito de modo diferente se não tivesse de agradar ao seu público. É o que faz um tradutor de Aristófanes, como adverte André Lefevere quando analisa um trecho em que esse tradutor procura defender o autor da acusação de indecência:

Em outras palavras, Aristófanes não poderia ter escrito de maneira diferente, mesmo que desejasse, e o tradutor pode tranqüilizar sua própria consciência e a de seus leitores inferindo que esse teria sido o desejo de Aristófanes caso ele tivesse tido escolha. (1992:46)

E quando se trata, então, de traduzir "os mais grosseiros trocadilhos, inconcebíveis até mesmo numa revista musical da Praça Tiradentes", capazes de "fazer corar um frade de pedra", como Barata classifica alguns dos jogos de palavras de Shakespeare? Vamos observar, a seguir, qual foi o tratamento dado pelos tradutores a uma dessas passagens embaraçosas, em *Hamlet*.

Enquanto a corte reunida aguarda o início da pantomima, Hamlet aproxima-se de Ofélia e trava com ela um diálogo, num contexto que é a seguir explicado por Péricles da Silva Ramos: "era comum, na época, os rapazes sentarem-se no chão, ao pé das moças, durante as mascaradas e representações particulares [...]" (1982:224, n. 275).

> Ato III, cena 2:
> *Hamlet.* Lady, shall I lie in your **lap**?
> *Ophelia.* No, my lord.
> *Hamlet.* I mean, my head upon your lap?
> *Ophelia.* Ay, my lord.
> *Hamlet.* Do you think I meant *coun***try matters**? (1983:901)

Segundo Malcom Evans, *lap* é um termo que, "em inglês jacobiano, conota tanto a genitália feminina como, mais especificamente, o clitóris" (1986:183). Essa é a mesma explicação encontrada no *OED*, "female pudendum", que o consigna como termo arcaico. De acordo com Ramos, *lap* é vocábulo equivalente "ao latim 'cunnus', segundo Hilda M. Hulme, que o dá como palavra regionalmente viva, nesse sentido" (1982:224 n.275). Em Partridge, o termo é explicado como tendo, além do sentido comum, "uma localização subentendida nas partes pudendas". Em suas edições da peça, Hubler e Harrison silenciam sobre o termo. O tradutor Silos também menciona Wilson e Colman, como confirmação, e acrescenta: "não há nenhuma dúvida sobre o sentido obsceno de *lap*, mas os glossaristas não o mencionam, apesar de registrado no *OED*" (1984: 218). No *Webster's English-Portuguese*, a palavra é traduzida como "colo, regaço".

Quanto a *country matters*, Ramos traduz em nota, porém não na obra, como "intercâmbio sexual" (1982:224 n.276). De acordo com Partridge, o "*lap* adjacente torna claro que Hamlet quer dizer 'você acha que estava me referindo a questões sexuais?' ", e acrescenta a seguir, "questões relacionadas a *cu*t*" [sic].

Hubler explica: "coisas rudes (trocadilho com a palavra vulgar para as partes pudendas)". Para uma idéia mais ampla do estigma em torno do termo *cunt*, é possível observar o próprio subterfúgio de apresentá-lo graficamente alterado, tanto no glossário de Partridge como na edição de *A Classical Dictionary of the Vulgar Tongue,* do Capitão Francis Grose, editado por Partridge. Aí o editor deixa claro qual é o *status* do termo chave no diálogo:

> C**T. [...] um nome desagradável para uma coisa desagradável: *un con* (Miège). Apesar de admitir que é um termo muito feio, o escritor acha que ignorar uma palavra usada com muita freqüência — na verdade, por uma ampla parcela, se bem que não pela maioria, da população branca do Império Britânico — é ignorar um componente básico da língua inglesa. Nenhum homem decente emprega, ou deseja empregar, essa palavra, mas isso não é razão suficiente para que sua existência seja arbitrariamente "esquecida". (Partridge, 1962)

Assim, a alusão sexual estaria implícita no duplo sentido de *lap* e no trocadilho com *cunt*, palavra que, em Lugani Gomes, recebe a seguinte definição: "boceta; mulher como objeto sexual; trepada". Nessa passagem de *Hamlet*, estamos, portanto, diante de um contexto extremamente delicado, uma vez que estão em jogo palavras tabuizadas, consideradas grosseiras e de baixo prestígio. Eis como Nigel Alexander analisa a cena em questão:

> Ele [o príncipe Hamlet] está sentado aos pés de Ofélia, na posição tradicionalmente adotada pelos jovens amantes em público. Suas palavras têm a ver com o que os jovens amantes geralmente fazem em particular. Elas são de uma franqueza sexual tão sem precedentes que têm provocado uma reação geral de choque crítico e um notável, ainda que constrangido, silêncio editorial. A linguagem de amarga obscenidade utilizada por Hamlet tem sido condenada com freqüência. Essa condenação, assim como o disfarce da auto-censura editorial, sugere que tais palavras devem exercer um efeito muito poderoso sobre uma audiência capaz de compreendê-las. (1971: 145)

Nas traduções que veremos a seguir, o significado grosseiro-obsceno foi suavizado. Não é impossível inferir que o príncipe está provocando Ofélia e sendo malicioso, mas certamente não poderemos culpá-lo de qualquer obscenidade explícita.

> Tristão da Cunha:
> *Hamleto.* Senhora, quereis que me deite em vossos **joelhos**?
> *Ophelia.* Não, meu Senhor.
> *Hamleto.* Quero dizer, com a cabeça sobre vossos joelhos?

Ophelia. Sim, meu Senhor.
Hamleto. Cuidaes que pensava em **cousas rusticas**? (1933:100)

Oliveira Ribeiro Neto:
Hamlet. Senhora, posso deitar-me em vosso **regaço**?
Ofélia. Não, meu senhor.
Hamlet. Quero dizer, a cabeça no vosso colo?
Ofélia. Sim, meu senhor.
Hamlet. Supusestes que eu tinha **intenções grosseiras**? (1951:175)

Carlos Alberto Nunes:
Hamleto. Senhorita, poderei sentar-me no vosso **regaço**?
Ofélia. Não, príncipe.
Hamleto. Quero dizer, recostar a cabeça em vosso regaço?
Ofélia. Sim, príncipe.
Hamleto. Pensastes que eu estivesse usando **linguagem do campo**? (1969:72)

Péricles da Silva Ramos:
Hamlet. Posso reclinar-me em vosso **regaço**?
Ofélia. Não, meu senhor.
Hamlet. Quero dizer, a cabeça em vosso regaço?
Ofélia. Sim, meu senhor.
Hamlet. Pensais que eu queria dizer alguma **coisa grosseira**? (1982:110)

O leitor atento poderá desconfiar do teor sexual do diálogo nas traduções. Entretanto, a sua expectativa com relação a uma obra shakespeariana não terá sido arranhada, caso esteja em sintonia com o discurso dominante sobre o Bardo inglês: o significado malicioso é apenas sugerido, os termos usados pelo príncipe não desfrutam de baixo status e, portanto, não destoam de sua condição aristocrática. A imagem canônica de Shakespeare está devidamente resguardada.

Entretanto, conforme veremos, quando o tradutor acredita que a obscenidade da peça de Shakespeare decorre de "imposição temática" (Silos, 1994:6) e não de concessões gratuitas à platéia, a situação pode resolver-se de maneira totalmente diferente. O tradutor Geraldo de Carvalho Silos, conforme já citado neste trabalho, argumenta que, como empresário, "naturalmente Shakespeare procurava faturar o máximo, o que não o levava, porém, ao uso de palavrões para atrair os 'freqüentadores das torrinhas' " (ibidem). Relembrando a perspectiva a partir da qual Silos assumiu suas decisões interpretativas, Shakespeare teria empregado "vocábulos e passagens pornográficas" por "necessidade dramática"; seus personagens são "seres de carne e osso, que se exprimem como gente" (ibid.) Vejamos a seguir como Silos defende sua decisão tradutória na cena específica que vimos analisando:

Antes da apresentação de 'A Pantomima' – a peça dentro da peça – Hamlet, agora definitivamente fingindo de louco e buscando convencer todo mundo da sua insanidade, desacata Ofélia perante a corte inteira. Acontecia que nas reuniões sociais da época os rapazes costumavam reclinar o rosto no colo das moças, antes pedindo-lhes permissão para fazê-lo. Hamlet aproveita-se do hábito de cortesia para transformá-lo num passo de alcova:

Hamlet. Senhora, posso reclinar a cabeça na vossa **boceta**?
Ofélia. Não, Alteza!
Hamlet. Quero dizer: reclinar a cabeça no vosso colo?
Ofélia. Sim, Alteza. (p.70)

Por que Ofélia responde negativamente à primeira pergunta? Porque aí 'lap' significa 'órgão genital feminino' e não 'colo' – o sentido da segunda pergunta. [...] Hamlet insiste em provar a sua demência. E prossegue:

Hamlet.   Pensais que me estava referindo à **foda**? [...]
'Country matters' equivale a 'foda', para Booth e Jenkins. (1994:6; meu grifo)

Em síntese, a tradução de Silos tornou-se possível – e note-se que digo *possível* e não *aclamada* ou aceita sem restrições – a partir de uma nova história sobre Shakespeare, que não pode deixar de estar vinculada a um momento histórico, cultural e ideológico específico. Embora Silos faça questão de justificar suas decisões em nome de Shakespeare, sua tradução é diferente das outras traduções analisadas porque se fundamentou num conhecimento sobre o autor que é diferente daquele exibido pelos demais tradutores. Sua tradução é legítima: foi publicada; foi comentada por críticos; recebeu espaço em jornal conceituado, *Folha de São Paulo*, e tem um lugar reservado na Biblioteca Nacional. Não detém o *status* de clássica, como a de Péricles da Silva Ramos, mas não pode ser descartada como uma idiossincrasia de seu tradutor. Em resumo, reflete o caráter minoritário do discurso que a possibilitou e legitimou.

As decisões dos tradutores não se dão num vácuo histórico. Também não são fruto de leituras idiossincráticas. Elas ocorrem, inescapavelmente, no interior de uma moldura cultural. Da perspectiva de um ou outro pressuposto sobre o que pode ou não ser um texto shakespeariano, as traduções são perfeitamente coerentes, dado que as atitudes dos tradutores diante do autor foram formadas pelas "histórias" vigentes sobre ele.

Os *Shakespeares* foram produzidos pelas traduções num gesto de interpretação ativa e não, como os próprios tradutores preferem defender, como uma compreensão de dados supostamente "objetivos", seja sobre o autor, seja do texto em si. Assim, as duas faces de Shakespeare são legítimas porque reconhecíveis pelas comunidades literárias e acadêmicas que produziram e autorizaram esses *modos de ver* Shakespeare.

Referências bibliográficas

ALEXANDER, Nigel. (1971) "The power of beauty: Hamlet and Ophelia". In *Poison, Play and Duel: a study in Hamlet*. London: Routledge & Kegan Paul.

ATHAYDE, Austregésilo de (1964) "O mito divino de Shakespeare". *O Cruzeiro*, 16 mai., p. 9.

BARATA, Jefferson. (1964) "O duplo-sentido em Shakespeare", *Correio da Manhã*, 22 ago., 2º.cad., Literatura, p. 2.

EVANS, Malcom (1989) "Truth's Truth". In *Signifying Nothing: Truth´s True Contents in Shakespeare's Text*. 2nd ed. London: Harvest Wheatsheaf, pp.145-190.

FOUCAULT, Michel. (1980) "What is an Author?" In HARARI, J. (ed.) *Textual Strategies: Perspectives in Post-Structuralist Criticism*. London: Methuen, pp.141-60.

GOMES, Eugênio (s.d.(1961)) *Shakespeare no Brasil*. Ministério da Educação e Cultura.

GOMES, Lugani Luiz. (1996) *Inglês proibido: dicionário do sexual vulgar*. 2ª. ed., São Paulo: Pioneira.

HOUAISS, Antônio (ed.) (1982) *Webster's English-Portuguese Dictionary: Illustrated*. Rio de Janeiro: Record, 2 v.

IVO, Lêdo (1982) "Uma Temporada no Inferno e Iluminações". Em W.M. Portinho (org.) *A tradução da grande obra literária: depoimentos*. São Paulo: Álamo, pp.66-79.

LEFEVERE, André (1992) *Translation, Rewriting and the Manipulation of Literary Fame*. London/New York: Routledge.

ONIONS, C.T. (1975) *A Shakespeare Glossary*. 2nd ed. Oxford: Clarendon Press.

Oxford Advanced Learner's Encyclopedic Dictionary (1992) London: Oxford University Press.

PARTRIDGE, Eric. (1961) *Shakespeare's Bawdy: a Literary & Psychological Essay and a Comprehensive Glossary*. London: Routledge & Kegan Paul.

_____, Eric (ed.) (1962) *A Classical Dictionary of the Vulgar Tongue by Captain Francis Grose*. London: Routledge & Kegan Paul.

SILOS, Geraldo de Carvalho (1994) "Pornografia e estilo em *Hamlet*". *Folha de São Paulo*, 17 abr., Ilustrada, p.6.

SHAKESPEARE, William (1933) *A tragédia de Hamleto, Príncipe da Dinamarca*. Tradução e prefácio de Tristão da Cunha. Rio de Janeiro: Schmidt.

_____ (1951)1948)). *Hamlet*. Tradução de Oliveira Ribeiro Neto. São Paulo: Martins (Coleção Excelsior).

_____ (1963) *The Tragedy of Hamlet, Prince of Denmark*. Edward Hubler (ed.) New York: Signet.

_____ (1963) "The Tragedy of Hamlet, Prince of Denmark". In John Dover Wilson (ed.) *The Complete Works of William Shakespeare*. London: Octopus.

_____ (1965) *The Tragedy of Hamlet, Prince of Denmark*. G.B. Harrison (ed.) Harmondsworth: Penguin.

_____ (1969) *Hamleto*. Tradução de Carlos Alberto Nunes. São Paulo: Melhoramentos..

_____(1982)1955)) *Hamlet*. Tradução, introdução e notas de Péricles da Silva Ramos. 4ª. ed. São Paulo: Círculo do Livro.

_____ (1984) *Hamlet*. Tradução, introdução e notas de Geraldo de Carvalho Silos. Rio de Janeiro: Editora JB..

The Oxford English Dictionary (OED) (1989) 2nd ed. Oxford: Clarendon Press.

A lâmina da palavra: a linguagem do horror em *Macbeth*

Vivien Kogut Lessa de Sá

> For murder, though it have no tongue, will speak
> *Hamlet* (II.ii.616)

> Between the acting of a dreadful thing
> And the first motion, all the interim is
> Like a phantasma, or a hideous dream.
> *Julius Caesar* (I.ii.63-65)

1. Introdução

No primeiro capítulo de seu livro *O Teatro da Essência*, Jan Kott narra uma história que vem a propósito para introduzir este trabalho.

Na primavera de 1976, em Washington, acontecia a 2ª Convenção Mundial de Estudiosos de Shakespeare. Estavam todos encerrados no centro de convenções, alheios às cerejeiras em flor ou qualquer outro espetáculo que estivesse acontecendo do lado de fora. Monasticamente dedicados às discussões acerca do bardo inglês, permitiam-se somente breves e formais pausas para o cafezinho.

Na véspera do encerramento, estava prevista a grande atração do evento: a conferência de Jorge Luis Borges. Conta Kott que o salão principal já se achava lotado uma hora antes do início; era visível a expectativa da chegada de Borges, vindo especialmente para aquela palestra.

À chegada do escritor, todo o público se pôs de pé e, por vários minutos, ovacionou a figura anciã e cega, colocada cuidadosamente em frente ao microfone.

Finalmente os aplausos cessaram e Borges começou a falar. Mas tudo o que se ouvia era um vago sussurro, em meio ao qual, "mediante enorme esforço, podia-se distinguir uma única palavra que voltava e voltava como um grito repetido de um navio distante perdido no mar: Shakespeare... Shakespeare... Shakespeare" (Kott, 1988).

Borges falou por uma hora, durante a qual só essa palavra foi ouvida. Ninguém se mexeu, ou deixou a sala, ou sequer ajustou o microfone, que estava alto demais. Quando terminou, todos se levantaram e os aplausos pareciam não ter mais fim. Foi o ponto alto do congresso.

O tema da conferência era: O enigma de Shakespeare.

* * *

Esta história nos é especialmente pertinente pois traz à tona a importância dos silêncios na abordagem de Shakespeare. O som e a fúria do texto shakespeariano oferecem ao leitor contemporâneo uma contrapartida de silêncio, de lacuna de sentido que demanda um salto interpretativo. Ou seja, não é possível ler Shakespeare sem que a lacuna do tempo e da linguagem nos leve a operar novas significações. É fundamental levar em conta que a leitura que se faz de Shakespeare é antecedida por uma encenação onde cabia ao texto quase a totalidade da eficácia dramática, num palco despojado e diante de uma platéia extremamente heterogênea. Somos leitores de um texto para espectadores, o que explica a presença de falas como "How camest thou hither, tell me, and wherefore? The orchard walls are high and hard to climb", em *Romeu e Julieta* (II.i.104-5), bem como, na mesma peça, a insistência em aludir a uma noite existente apenas no texto, já que o palco era iluminado pela luz do dia e, definitivamente, não continha muralhas intransponíveis. O resultado é uma interessante justaposição de sentido, uma mescla só possível pelo arsenal de recursos sonoros e visuais do próprio texto.

Ao lado do poder das palavras, a encenação contava com outros recursos, que em nada se parecem com os efeitos especiais contemporâneos. Por exemplo, havia naturalmente o uso de objetos em cena, as chamadas *properties*, que, no entanto, resumiam-se a poucos elementos emblemáticos. Dessa forma, uma árvore indicava uma floresta, e grupos de quatro soldados no palco entrando e saindo durante uma cena de luta podiam representar a presença de dois exércitos inteiros. Além dos objetos, os figurinos também ajudavam na indicação de tempo. Se uma cena se dava à noite, os atores poderiam surgir no palco vestidos de camisolas ou roupas de dormir. Mas um recurso dos mais interessantes do teatro elisabetano pode ser visto em algumas rubricas, como mencionado por Alan C. Dessen: "Típica é a direção de cena que convoca as figuras a entrarem no palco "como se" tivessem acabado de jantar (...) ou estivessem voltando da caça" (1996:89). Ou seja, o recurso do "como se" ("as if" ou "as from") representa o imperativo do imaginário na encenação da época – sem essa ajuda, nem atores, nem público conseguem sustentar o espetáculo. Afinal, é a platéia que é convocada com freqüência por Shakespeare "a aceitar a parte pelo todo e suprir com a imaginação o que não pode ser fisicamente apresentado no palco aberto"(ibidem). Conclusão: há muito pouco realmente visível no palco elisabetano.

Isso nos remete ao imaginário da época, que permitia a valência de certas convenções no palco. Um aspecto importante é o ponto de vista metonímico encontrado, por exemplo, nas *properties*. A parte valendo pelo todo materializada nesses acessórios reitera o imperativo associativo no imaginário elisabetano. Afinal, trata-se de uma época que tem como convenção intelectual básica o princípio da analogia. Não só ainda vigorava a correlação medieval entre Deus e o homem, como também entre os níveis da existência, como o humano e o cósmico. Assim também, o corpo humano tem uma correlação com o "corpo político", composto pelo rei (a cabeça ou o coração) e seus membros inferiores (povo). Assim, os membros obedecem à razão e ao coração, em perfeita escala hierárquica, outro padrão marcante no pensamento elisabetano (Elton, 1996).

O uso da analogia como ferramenta cênica remonta ao teatro medieval inglês, em que predominavam as *morality plays*, de cunho religioso e altamente alegórico, cuja herança é ainda visível na época elisabetana. As rígidas convenções que permeavam esse gênero ajudavam na compreensão das tramas. Sabia-se, por exemplo, que o "palco" possuía duas entradas/saídas, e que dependendo de sua localização, à esquerda ou à direita, estas representavam a porta do céu ou os portões do inferno. Quem quer que assomasse por uma delas seria imediatamente identificado por qualidades positivas ou negativas. O teatro elisabetano é tributário dessa linguagem que lhe antecede. Em *Macbeth* há uma curiosa referência às moralidades na célebre cena do porteiro (II.iii). Nela, um porteiro bêbado que guarda o castelo de Macbeth pondera se deve ou não abrir o portão no meio da noite para alguém que está batendo furiosamente nele. Entretanto essa cena vem imediatamente depois do assassinato cometido por Macbeth e Lady Macbeth, que irá selar seus destinos. O personagem que bate ao portão, Macduff, será, mais adiante, o grande "salvador" do reino, a encarnação das virtudes que Macbeth não possui mais. Ora, o portão está localizado no lado do palco de onde o público habitualmente via surgir os personagens virtuosos, o que informava ao público que quem ali estava para surgir opunha-se ao corrompido Macbeth.

Em vista das características do teatro elisabetano apontadas, retornemos ao "enigma". O fato é que o nosso paradigma de convenções difere em muitos aspectos do elisabetano. Se a expressão estética daquela época se utiliza de evocação e sugestão, hoje, com o cinema, o vídeo e, mais recentemente, a computação gráfica, a expressão estética vive o imperativo da imagem. Em lugar da palavra como vetor de significado metafórico, temos a possibilidade de traduzir em imagens até o invisível, sem sequer o auxílio do texto. Como se dá esse encontro entre o público contemporâneo e o texto shakespeariano? E como explicar que Shakespeare continue popular numa cultura em certos aspectos tão diferente da sua?

Longe de fornecer respostas a essas questões, gostaríamos de discuti-las à luz de uma das mais populares produções shakespearianas, a peça *Macbeth*. Contemporaneamente, essa é umas das peças que recebeu maior número de montagens, filmagens e até adaptações para ópera, em países e culturas diferentes. Entretanto, sua carga dramática reside, a exemplo de outras peças de Shakespeare, essencialmente no texto e no "entretexto" que compõem sua atmosfera aterrorizante. Que fascínio ela pode ter para o leitor moderno?

Primeiramente, é interessante observar algumas de suas peculiaridades. A primeira, talvez, diga respeito ao gênero a que ela pertence, largamente apreciado na Londres elisabetana: a chamada *revenge play*, ou tragédia de vingança. Suas características principais incluíam a exibição de cenas de assassinatos, mutilações, loucura e aparições sobrenaturais. Apesar de não enfocar o tema da vingança, *Macbeth* aproxima-se das *revenge plays* tradicionais pelo caráter violento da encenação, que aborda temas malditos e venerados na virada do século XVII, tais como bruxaria, maldade e delírio. Mas de que forma isso se imbrica com o nosso tempo? Não é difícil associar a temática ao fascínio moderno com a perversidade humana tematizado nos inesgotáveis filmes sobre psicopatas ou os chamados filmes de terror. A crença do público elisabetano em bruxas tem significado na peça, o que causa interessante choque de épocas com o espectador moderno.

Outra particularidade de *Macbeth* é o fato de esta ser considerada uma das peças mais violentas escritas por Shakespeare, primando pela intensidade de seu texto, econômico de um modo geral (é a peça mais curta), mas abundante em palavras relacionadas a violência. Um dos motivos é a repetição da palavra "sangue" – mais de cem vezes – o que, num texto econômico, confere uma concentração de violência que é, em parte, a razão de seu fascínio. A economia de palavras se contrapõe à abundância de sangue, o que leva estudiosos como Cavell (s/d) a associar as palavras em *Macbeth* à verdadeira causa e resultado de ferimentos. Não é fortuito, portanto o comentário que Shakespeare faz pela voz de Duncan logo ao início: "So well thy words become thee as thy wounds"(I.ii.40). Ainda que a peça abunde em cenas explícitas de assassinatos ou esfaqueamentos, o que nos interessa é precisamente onde a violência silencia na encenação, mas se dissemina pela linguagem.

Aqui reside o cerne de nossa indagação. Como, em uma cultura como a nossa, regida pela imagem, se dá o encontro do espectador/leitor com uma peça como *Macbeth*, em que o terror se funda mais no que não está visível, no que é só aludido, nos silêncios, nos espaços? De que forma a violência presente na peça pode tocar o público atual, tão afeito a ela quanto o elisabetano, mas informado por décadas de explicitação crescente de imagens, em que tudo é mostrado com o máximo de verossimilhança possível? Em *Macbeth* é o laconismo recheado de maldições que sublinha a escuridão permanente, que torna o tempo estático no instante propício a todas as indefinições e ambigüidades que sustentam a desordem trágica. É nas lacunas do texto que a violência ganha sua força comunicacional mais contundente, por meio de uma linguagem que fala por delírios, por invocações, por metáforas.

2. "O Bem e o Mal/– É tudo igual."
"Fair is foul and foul is fair"

Em uma primeira análise podemos observar que, em *Macbeth*, o processo trágico inicia-se com a presença do elemento sobrenatural "interferindo" com o humano na figura das bruxas e atinge seu ápice na crescente loucura e degradação do casal de protagonistas, imersos, junto com o reino, na mais terrível desordem. Os elementos estão convulsos, as inversões se multiplicam, parece que está tudo "fora do lugar", já que o lugar da legitimidade política foi violado com o assassinato do rei.

Essa desordem avassaladora encontra seu reflexo mais contundente no próprio tempo, reflexo de uma ordem cósmica inexorável, e convertido naquilo que lhe é contrário: desfaz-se numa inescapável noite para desembocar num "amanhã" sem renovação. O tempo torna-se muito mais do que o tradicional *setting* e passa a configurar um estado de perigo iminente, "um meio para dominar ou ser dominado" (Barker, 1993). É como se gradualmente se fosse configurando o espaço de atuação da mais pura maldade – disforme, penetrante, estático – feito névoa desprendida do caldeirão das bruxas em sua infernal maldição: "I'll drain him dry as hay;/ Sleep shall neither night nor day/ Hang upon his penthouse lid./ He shall live a man forbid." (I.iii.18-21) Ou, nas palavras de Lady Macbeth:

> ... Come, you spirits
> That tend on mortal thoughts, unsex me here
> And fill me from the crown to the toe top-full
> Of direst cruelty. Make thick my blood, (...)
> ... Come, thick night,
> and pall thee in the dunnest smoke of hell
> (I.v.38-48)

A noite tão invocada pelas bruxas e pelo casal de protagonistas é a atmosfera de indefinição perfeita para a confusão entre elementos que normalmente têm uma geografia bem delineada, clara. Essa desordem atinge até mesmo a relação aparentemente estável entre significados e significantes, já a partir do Ato I, por meio de um visceral processo de desidentificação, através de nomeações e renomeações (Barker, 1993). Lembremos que *fair* é, em inglês moderno, "claro", "justo", "limpo", "belo", "louro", e *foul* é "escuro", "mau", "sujo", "repulsivo"; a superposição de ambos resulta num choque de conceitos mais extenso do que parece à primeira vista.

Cumpre aqui observar brevemente a importância da dicotomia claro/escuro e sua gama de significações no teatro de Shakespeare, e que contraste ela apresenta para o leitor/espectador contemporâneo. A atmosfera sombria inteiramente criada pela linguagem e pela encenação ganha contornos ainda mais interessantes se lembrarmos que o palco do teatro público era, além de bastante vazio, completamente iluminado pela luz do dia. O resultado é que há momentos em que o palco todo ou partes dele "deveriam" estar pouco ou nada visíveis ao espectador ou a um ou outro personagem. O espectador elisabetano estava, portanto, habituado a um palco onde ele tudo via sob a luz "natural", mas onde nem tudo era mostrado. Shakespeare se faz valer dessa correspondência dentro/fora (espectador/palco) para explorar as múltiplas significações de claro/escuro, a mais comum, talvez, relativa à compreensão (visão) *versus* ignorância (cegueira). Em contrapartida, o espectador contemporâneo está habituado a uma suspensão do real por meio de iluminação artificial (com a platéia no escuro, bem entendido), assim como à exibição do máximo possível. Ou seja, no universo cênico de *Macbeth* o espectador é constantemente convocado a criar uma noite inexistente no palco a partir do próprio horror que o texto lhe provoca. Já o espectador contemporâneo é normalmente convocado a tomar como verdade o conteúdo imagístico cada vez mais realista, por influência do cinema. Talvez daí ser difícil uma montagem contemporânea que reproduzisse as mesmas condições cênicas da original ter o mesmo impacto de horror. Como aponta Alan Dessen (1996), "eliminar ou velar as convenções cênicas originais significa correr o risco de eliminar ou distorcer alguns efeitos e metáforas característicos do teatro shakespeariano". Por outro lado, é interessante ver o quanto as leituras cinematográficas de *Macbeth* conseguem traduzir da intensidade original do texto (como as versões de Akhira Kurosawa, Orson Welles e Roman Polanski).

Como dissemos anteriormente, a oposição claro/escuro evidencia outra, notadamente, conhecimento *versus* ignorância, que é central na peça. É a insaciável busca de conhecer o futuro, espaço proibido pela causalidade que ordena o universo, que leva Macbeth a penetrar no terreno do imponderável, do sobrenatural. É assim que descreve seu misterioso encontro na floresta na carta à esposa: "When I burned in desire to question them further, they made themselves into air, into which they vanished" (I.v.3-4). A outra testemunha, Banquo, ao contrário, antecipa o perigo de se envolver com uma linguagem estranha, que usa os conceitos pelo avesso, que se compraz em "brincar" na estreita linha entre *fair* e *foul*:

> And oftentimes, to win us to our harm
> The instruments of darkness tell us truths,
> Win us with honest trifles to betray's
> In deepest consequence.
> (I.iii.122-25)

Mas Macbeth "arde" de curiosidade quando se defronta com o terrível oráculo que, como todos, fala e silencia quando e como quer. Sua sede é tanta que sequer atenta para a linguagem com que o sobrenatural fala e, apressadamente, aplica literalidade onde opera o duplo sentido, a ambigüidade, a charada. O poder que Macbeth usurpa não se aplica às leis da irracionalidade personificada nas três bruxas ("Weird Sisters").

> I will not be afraid of death and bane
> Till Birnam forest come to Dunsinane.
> (V.iii.59-60)

> I pull in resolution, and begin
> To doubt the equivocation of the fiend
> That lies like truth. 'Fear not till Birnam Wood
> Do come to Dunsinane' – and now a wood
> Comes toward Dunsinane.
> (V.v.42-46)

Há algo mais no discurso do destino ("that lies like truth") que Macbeth não consegue captar de início e, quando o faz, a mensagem já perdeu a utilidade. Como quando está lutando com Macduff, e despreza-o, ingenuamente, contrapondo-lhe uma fé pueril e cega nas palavras das bruxas:

> MACBETH
> Let fall thy blade on vulnerable crests;
> I bear a charmed life, which must not yield
> To one of woman born.

MACDUFF
>   Despair thy charm,
> And let the angel whom thou still hast served
> Tell thee Macduff was from his mother's womb
> Untimely ripped.
> (V.vi.50-56)

Talvez aí se insira a mais contundente dimensão trágica do texto: após instalar a atmosfera de duplicidade como medida de seu poder, Macbeth vê-se inábil no uso desta linguagem, significando-a inutilmente a partir de sua própria rude literalidade. Além de evidenciar esse descompasso, o diálogo com Macduff superpõe duas imagens de violência sangrenta: a da criança ensangüentada emersa do caldeirão das bruxas (como duplo da evocação da origem violenta do bebê "arrancado" do ventre da mãe antes do tempo), e o final sangrento que aguarda Macbeth. Nascimento e morte, extremos do tempo e da violência que "Macbeth gostaria mas é incapaz de controlar [são] a própria imprevisibilidade" (Brooks, 1947).

O presente se caracteriza pela inadequação, simbolizada comumente pela metáfora das roupas emprestadas ("borrowed robes"), onde sobra, permitindo a inserção do ambíguo. O encaixe perfeito entre fundo e forma, entre rei e reino, entre aparência e essência foi sacrificado pela violência, restando apenas uma profunda nostalgia (Barker, 1993). Neste presente, "nothing is but what is not", donde a roupagem como disfarce, máscara, não esconde a desmedida interna, assim como os nomes e as coisas a que se referem encontram-se desajustados.

LADY MACBETH
> ... To beguile the time
> Look like the time; (...)
> ... look like the innocent flower,
> But be the serpent under't.
> (I.v.61-64)

3. "Sanguinárias instruções"

A atmosfera de violência que permeia *Macbeth* é intensificada pelo cenário de *iminência* e *contágio* desenhado na linguagem. A desordem que gradual e intensamente se instala no reino escocês não aterroriza tanto senão pelo fato de ter sua origem primeira nas palavras, na forma de previsões, encantamentos e invocações.

ALL (bruxas)
The weird sisters, hand in hand,
Posters of the sea and land,
Thus do go, about, about;
Thrice to thine, and thrice to mine,
And thrice again to make up nine.
(I.iii.31-35)

SECOND WITCH
When the hurly-burly's done,
When the battle's lost and won
(I.i.3-4)

LADY MACBETH
... The raven himself is hoarse
That croaks the fatal entrance of Duncan
Under my battlements.
(I.v.36-38)
(...)
Great Glamis, worthy Cawdor!
Greater than both by the all-hail hereafter!
(I.v.53-54)

O que entendemos por linguagem de iminência? Na chave da desordem que enfocamos anteriormente se evidencia, em *Macbeth*, uma linguagem que tramita no fio entre racional e irracional, claro e obscuro, legítimo e usurpado, abstrato (nomeando) e concreto (se materializando, como sangue, por exemplo). As bruxas são a própria corporificação da presença deste outro lado, latente e invisível, em que se dão os processos de construção e desconstrução de imagens. Elas são derivações de um subterrâneo apavorante a olho nu. Elas "não se parecem com os habitantes da terra", mas "parecem entender sua língua"; elas são "fantásticas", mas também possuem uma materialidade; e nisso, mais estranhas ainda, elas "deveriam ser mulheres", mas têm barbas. Ao nos colocar em contato com essa outra natureza, cujos poderes superam as contendas físicas que movimentam o universo humano, Shakespeare nos defronta com um terrível pesadelo: a falta total de controle sobre um mundo que, de certa forma, habitamos e nos habita. A eficácia do poder das estranhas personagens deriva diretamente da eficácia de seu discurso, donde a cada palavra sua, temos a clara impressão da iminência de um desastre. "The charm's wound up", o feitiço está feito, abriu-se o que não poderia ser aberto, e essa caixa de Pandora/caldeirão tem o efeito de prenunciar um futuro por certo trágico. É conveniente o paralelo por vezes estabelecido entre estas personagens fronteiriças e desencadeadoras da ação e o próprio dramaturgo/diretor em sua capacidade mágica de dar a ver e fazer desaparecer. Nessa imagística, o caldeirão figura a síntese das ações humanas, aparecendo "como a origem do teatro, como a cena das aparições; e como a origem ou representação do humano como aquilo que se identifica e se nega a si mesmo" (Cavell, s/d: 5)

A iminência se traduz, de forma diferente, na freqüência com que cenas de violência são narradas e não mostradas. Não podemos deixar de nos perguntar por que somos espectadores da mais terrível cena da peça, o assassinato de uma criança, mas somos poupados de presenciar o assassinato de sua mãe, restando-nos apenas ouvir seus gritos desesperados em fuga, nos bastidores? Mas essa pergunta é desdobramento de uma outra: por que o assassinato de Duncan, tão central e tão referido na peça, nunca é mostrado? Parece claro que o terror que falas como as seguintes causam seria infinitamente menor caso nos fosse dado ver a cena. Nessa medida, as palavras se inserem num espaço vago de encenação, mas atingem um efeito ainda maior, já que remetem a um imaginário pertencente ao espectador para que se materialize. Essa participação de falante e ouvinte na construção da cena que nunca é mostrada cria a assustadora identificação entre ambos, aproximando o segundo de uma realidade que este inicialmente credita ao primeiro. Lembremos as alusões, recorrentes na peça, ao fato de que o horror de assistir a um crime é maior do que o horror de cometê-lo.

> MACBETH
> ...Stars, hide your fires,
> Let not light see my black and deep desires.
> The eye wink at the hand; yet, let that be
> Which the eye fears, when it is done, to see.
> (I.iv.51-54)
>
> LADY MACBETH
> That my keen knife see not the wound it makes.
> (I.v.50)

Nessas falas, entre outras questões pertinentes, como a visão fragmentária do corpo humano freqüente no Renascimento, fica evidente a ilusão de que a culpa pode ser suprimida pela negação em "ver" o ato vil. Ou seja, este pode ser perpetrado, contanto que não seja *assistido* pelo criminoso.

Passemos, então, à descrição do cenário do assassinato (convém notar como os sentidos do ouvinte são constantemente convocados por meio de sons, cheiros, texturas etc.):

LADY MACBETH
The doors are open, and the surfeited grooms
Do mock their charge with snores; I have drugged their possets
That death and nature do contend about them
Whether they live or die.
(...)
... Hark! – I laid their daggers ready;
He could not miss'em. Had he not resembled
My father as he slept, I had done't.
[*Entra Macbeth, trazendo consigo duas adagas manchadas de sangue.*]
My husband!

MACBETH
I have done the deed. Didst thou not hear a noise?
(...)
[*Macbeth olha para suas mãos ensangüentadas.*]
This is a sorry sight.
(...)
There's one did laugh in's sleep, and one cried 'Murder!'
That they did wake each other. I stood and heard them.
But they did say their prayers and adressed them
Again to sleep.
(...)
One cried 'God bless us' and 'Amen' the other,
As they had seen me with these hangman's hands.
Listening their fear I could not say 'Amen'
When they did say 'God bless us'.
(II.ii.5-29)

Vale notar o efeito dramático causado pela alusão repetida aos guardas inocentes, dormindo e rezando no sono, coisa que Macbeth não poderá fazer nem mesmo acordado. A cena toda parece tão cruenta – com um rei coberto de sangue cuja figura lembra a de um velho pai, rodeado por guardas envenenados que falam durante o sono, como se estivessem presentes/acordados – que Macbeth, em seguida, se recusa a olhá-la de novo: "I'll go no more./ I am afraid to think what I have done;/ Look on't again I dare not" (II.ii.50-52).

A iminência de que falamos é resultante, em grande parte, da linguagem profética que surge nos cantos mais inesperados. Ela pode vir no sono dos guardas, como um sexto sentido; ela pode vir do nada, como no momento em que Macbeth ouve vozes imaginárias dizendo "Sleep no more!"; ela pode vir no sonambulismo de Lady Macbeth, em que ela demonstra saber mais do que deveria quando canta "The Thane of Fife had a wife; where is she now?". Em todos eles temos a terrível alusão a distorções do sono. O que se tem não é mais o merecido descanso ao fim do longo dia, mas "a great perturbation in nature, to receive at once the benefits of sleep and do the effects of watching" (V.i.9-10). A fronteira entre sono e vigília se dissolve trazendo a sensação opressiva de que não há saída, a névoa desprendida invade todos os espaços, todos os momentos, se reatualizando na forma de fantasmas e pesadelos presentificados nas palavras, mesmo contra a vontade do sujeito.

Entretanto, isso não significa que a realidade da peça tenha se uniformizado totalmente pelas forças subversivas da maldade. Isso retiraria grande parte do terror instaurado com a emergência das mesmas forças obscuras. É necessário que, para que ele se mantenha, permaneça, ainda que perifericamente, a antiga situação de ordem e normalidade. É ela que se imiscui, numa forma alusiva, nas contínuas "batidas na porta" que se ouvem ao longo da peça, sempre nos momentos de grande violência. A saudável normalidade de um mundo de soberania legítima fica agora como contraponto dessa outra realidade, incontrolável, invertida, que passa a predominar. Desta forma, o isolamento do casal de protagonistas do universo de valores humanos é intensificado quando, após o assassinato de Duncan, ouvem-se batidas no portão, em cena que já mencionamos na Introdução. Um outro exemplo é o segundo encontro de Macbeth com as bruxas, em que ele simplesmente bate no que seria uma porta, com tranca e tudo, e penetra no universo do sobrenatural. Diz a segunda bruxa: "By the pricking of my thumbs,/ Something wicked this way comes./ Open, locks, whoever knocks!" (IV.i.44-46).

Após sua apocalíptica entrevista com as bruxas – em que o espectador fica enredado em aparições do futuro calcadas em charadas visuais, como a da criança ensangüentada – somos subitamente lembrados do mundo familiar, em que operam noções corriqueiras de hierarquia e pequenos atos cotidianos:

MACBETH
Come in, without there.

LENNOX
        What's your grace's will?
(IV.i.134-35)

Podemos dizer que a porta que separa o mundo onde opera a racionalidade, a causalidade, e a legitimidade do mundo dos encantamentos, poções, previsões, fantasmas está presente quase todo o tempo em *Macbeth* como garantia do retorno à normalidade. Essa reversibilidade é, no entanto, relativa; não se passa incólume por um espetáculo trágico. Logo, se as duas realidades são mediadas por uma "passagem secreta", e se na tragédia abrimos a porta e passamos para o outro lado, ao voltarmos para o universo da ordem guardamos a lembrança da existência latente desse "espelho de Alice". O recurso das batidas na porta, dessa forma, não só configura espaços claramente delimitados e intercomunicáveis, como afia a percepção do espectador quanto ao horror que se instala na ausência das virtudes humanas, como bem assinalou De Quincey em seu artigo "On The Knocking on the Gate in *Macbeth*" (1961). Ao invés, portanto, de mitigar o terror causado pela extrema violência, a batida na porta só serve para realçá-lo, traduzindo uma situação de iminência na presença virtual dessa outra esfera.

O segundo aspecto da linguagem como instrumento de violência no texto é o seu caráter de contágio. As palavras se transmutam em instrumentos de contaminação, o que extrapola as fronteiras da Escócia de Macbeth e atinge o público assistente.

Lembremos que, em seu encontro com Macbeth, as bruxas primeiramente ficam em silêncio "com os dedos ressecados sobre os finos lábios", como para indicar a natureza secreta e misteriosa de sua comunicação. Em seguida, cumprimentam Macbeth como Thane of Cawdor, já lançando a faísca da ambição que vai fazer com que ele arda de curiosidade acerca do seu futuro. Essas palavras, no entanto, só têm eficácia porque encontram um eco na sua já existente, porém não nomeada, ambição, confinada a seus pensamentos e a algumas conversas com Lady Macbeth (fica sugerido no texto que este era um assunto já abordado entre os dois). Ou seja, as palavras efetuam um tipo de contaminação diversa da dos vírus: elas vêm apenas desfazer os laços da racionalidade superegóica, dando margem à realização do irrealizável. O assassinato de Duncan é de tal forma um interdito que ele não é sequer uma vez nomeado por Macbeth e Lady Macbeth, mas surge freqüentemente como um subentendido ("it"). Isso nos remete ao que Stanley Cavell denomina "linguagem como leitura da mente". Esta seria uma linguagem compartilhada entre personagens sem que eles estejam cientes disso. Assim, Macbeth entra em cena repetindo palavras ditas, cenas antes, pelas bruxas: "So foul and fair a day I have not seen." (I.iii.37)

Da mesma forma, como se vê adiante na peça, dá-se a conjunção de forças efetuada a partir de uma comunicação subliminar entre Macbeth, Lady Macbeth e as bruxas. O trânsito de palavras estabelecido entre os três vértices do triângulo sugere a mão dupla de significados arriscada nessa empreitada. Donde, na onda contaminadora das palavras, Macbeth torna-se vítima de si mesmo e vitimizador de outros: "We but teach/ Bloody instructions, which, being taught, return/ To plague th'inventor" (I.vii.8-10).

Essa generalizada ultrapassagem de fronteiras traz desdobramentos inesgotáveis da *hybris* necessária ao desencadeamento trágico; pensamentos, palavras e ações entram numa simbiose tão intensa que a própria linguagem individual fica ameaçada. As palavras se espalham, em par com a maldade, e mesmo o recurso tão usado por Shakespeare de caracterizar os personagens por sua linguagem fica subvertido: Macbeth, Lady Macbeth e as bruxas passam a "falar a mesma língua". O referencial que agora opera é o da violência – é ela que conecta os elementos embaralhados de uma realidade convulsa em que não há mais controle: fala-se dormindo, diz-se o que não se quer, vê-se o que é invisível, materializa-se o que é ar. É como se tudo se misturasse numa abominável poção diabólica preparada pelo Destino, personificado pelas *weird sisters*.

As palavras incantatórias das bruxas têm o permanente efeito de "preparar" o espectador para o terror que segue. São elas, em toda a peça, que efetuam mais completamente o cruzamento das duas esferas de atuação da linguagem aqui tratadas. Especialmente impactante é a cena da preparação da poção mágica no caldeirão. Seu fascínio sobre o espectador traduz a conjugação de se estar diante do interdito, a cerimônia secreta e proibida, e de essa cerimônia ser *fundo* e *forma* da violência, já que cada elemento da receita resulta de uma mutilação e, portanto, aponta para uma mutilação. Da desagregação para a desagregação:

> FIRST WITCH
> Round and round the cauldron go;
> In the poisoned entrails throw:(...)
>
> SECOND WITCH
> Fillet of a fenny snake
> In the cauldron boil and bake;
> Eye of newt, and toe of frog,
> Wool of bat, and tongue of dog,
> (...)
> For a charm of powerful trouble,
> Like a hell-broth, boil and bubble.
> (IV.i.4-19)

Em *Macbeth*, similarmente, presenciamos um verdadeiro aprendizado pela palavra perpetrado por Lady Macbeth: "Hie thee hither,/ That I may pour my spirits in thine ear,/ And chastise with the valour of my tongue (...)" (I.v.23-25).

Suas palavras incitam Macbeth em sua ambição, recheam-no de valores adequados ao assassinato de Duncan, tais como falta de escrúpulos, ambição cega, indiferença à hierarquia e aos vínculos sociais e familiares. Analogamente, ainda segundo Cavell, "cada um do casal fala o que o outro já sabe ou já disse", como na carta que Lady Macbeth recebe e na sua prontidão em entender a sugestão do marido e acatá-la. Essa língua comum entre os dois é exercitada na consecução do trono, mas rompida quando o "aprendizado" supera seus próprios objetivos; o "aluno" supera o "professor", uma vez que aquilo que em Lady Macbeth se realiza em palavras, ensinamentos, irá se concretizar em atitudes de Macbeth. Ele excede na prática, e esta materialização extrapola seus limites, como quando Banquo retorna como um fantasma invisível para Lady Macbeth. Analogamente, a culpa surge inicialmente em Macbeth para se transferir para Lady Macbeth, levando-a ao suicídio. Quem é quem?

A idéia de contágio pela linguagem se coaduna perfeitamente com a atmosfera doente do reino escocês. Nesse contexto não são gratuitas as aparições de Eduardo, o Confessor como rei inglês duplo de curandeiro e do médico chamado para "curar" Lady Macbeth de sua loucura. Após observá-la, ouvi-la e anotar suas palavras, este emite um diagnóstico particularmente interessante para o leitor de tempos posteriores ao advento da psicanálise: "This disease is beyond my practice;/ (...) infected minds/ To their deaf pillows will discharge their secrets./ More needs she the divine than the physician." (V.i.55 e 68-70)

A "mente infectada" e infectante de Lady Macbeth só reforça a imagem de Macbeth como doença social e psicológica. A maldade desencadeada pela usurpação espraia-se por todo o reino, passam a predominar o medo, a corrupção, o desregramento. Nas palavras de G.K. Hunter (1967), na introdução à peça: "Good struggles forward in the world of *Macbeth*; but evil is all-pervasive. The whole land lies under its interdict; good men die or fly; but even in flight they cannot escape from its power. They are walled up in the suspiciousness of the isolated individual."

Fica em evidência a noção de mútua dependência e identidade nacional como soluções curativas para a "doença" da desconfiança e do isolamento. A fragmentação do reino desencadeada com a morte de Duncan e a conseqüente fuga de seus herdeiros só é revertida totalmente quando re-centralizada num único indivíduo, mais especificamente em sua cabeça, espetada numa estaca para o povo ver. A vingança entra como duplo de expiação do mal e "dispositivo que socializa por meio da violência" (Lipovetzky, s/d), cujo efeito vai além do palco. É uma nem tão sutil alusão para um público habituado a ver as cabeças de traidores da coroa espetadas em postes na ponte de Londres, à entrada da cidade. Pareceria ao espectador contemporâneo anacrônica essa imagem? Possivelmente não, em épocas em que a realidade fornece tantas imagens cruentas veiculadas com realismo pelos meios de comunicação.

Nesta chave da violência como catalisador social convém observar a trajetória de Macbeth de herói a traidor. Na verdade, ele nos é apresentado como um soldado excepcionalmente bravo e sanguinário, cujo primeiro feito heróico que conhecemos é, ironicamente, a decapitação de um traidor: "For brave

Macbeth – well he deserves that name! –/ Disdaining fortune, with his brandished steel,/ Which smoked with bloody execution,/ Like valour's minion/ Carved out his passage till he faced the slave,/ Which ne'er shook hands nor bade farewell to him/ Till he unseamed him from the nave to th' chops,/ And fixed his head upon our battlements" (I.ii.16-23).

Essa força destruidora, até então usada a serviço da ordem de vassalagem, movida pela ambição, começa a trabalhar no sentido inverso, mas sua intensidade é a mesma. A violência, entretanto, muda de conotação. Isto nos defronta com o que G. K. Hunter vai definir como "terrível potencialidade destrutiva mantida dentro da moralidade humana somente por laços de lealdade facilmente desfeitos". Ou seja, assim como a *revenge play*, em que a violência a serviço da retratação de um crime se auto-legitima, em *Macbeth* é necessário corroborar a devastação feita pela campanha de Malcolm na recuperação do trono, ainda que a força de sua violência seja a mesma de Macbeth ao tomá-lo. Como está na *Ilíada*, é a guerra que nivela os homens.

4. "O que está feito não pode ser desfeito"

As palavras de Lady Macbeth que abrem a última parte deste ensaio são o emblema da própria experiência do trágico e o papel que a linguagem tem na consecução deste efeito. Em seus inúmeros aspectos, a linguagem é, sem dúvida, a grande protagonista das peças de Shakespeare, não tanto pelo que possa ter de poético, mas pela múltipla exploração de seu caráter individualizador e mesmo material. Assim, é ela a responsável pela "visibilidade" de uma série de cenas impossíveis de serem encenadas, não tanto pelo aspecto descritivo, mas sim por seu caráter eminentemente substantivo, que tramita entre o dizível e o indizível. Além disto, proporciona uma visibilidade mais interessante, resgatando o próprio imaginário do espectador. De modo geral é o espectador que está sempre presente, visível (no texto e na platéia iluminada), e é ele, em última instância, que complementa o processo de dar a ver iniciado pelo dramaturgo. Na experiência da encenação do trágico, a linguagem será o grande elo eficaz entre elementos do texto, marcações de palco, atores e espectadores, e espectadores consigo mesmos.

Em *Macbeth*, a linguagem expõe espectador/leitor aos limites da violência, proporcionando-lhe um senso de materialidade muito mais conseqüente do que nosso atual apego a uma visibilidade dada. O terror incutido nas palavras de *Macbeth* nos leva além do próprio texto, para vislumbrar suas dimensões mais profundas e terrivelmente próximas. Macbeth nos fascina por ser tão assustadoramente familiar e humano. A violência que exala de seu mundo desordenado não é senão a contraparte latente de uma construção de ordem e segurança. Como bem dizem as bruxas: "And you all know security/ Is mortals' chiefest enemy."(III.v.32-33)

Assim, a experiência do horror e do trágico em *Macbeth* não oferece reversibilidade. A lacuna de tempo que nos separa do teatro elisabetano acaba por propiciar uma leitura em vários níveis. Sai-se deste passeio pela floresta detentor de um novo conhecimento, e o terrível aprendizado de Macbeth é, de certa forma, nosso também, sua linguagem nos ecoa uma dimensão ainda mais humana do que os "vícios" da ambição e da busca desmesurada pelo conhecimento. Após uma catarse apenas parcial propiciada pelo processo trágico, entramos no labirinto da linguagem shakespeariana, que em última instância nos remete a nós mesmos, como as palavras de Borges, em sua magnífica palestra.

Referências bibliográficas

BARKER, Francis (1993) *The Culture of Violence: tragedy and history*. Manchester: Manchester University Press.

BROOKS, Cleanth (1947) "The Naked Babe and the Coak of Manliness". *The Well Wrought Urn*. New York: Harcourt, Brace & Co.

CAVELL, Stanley (s/d) Macbeth Appalled (II). *Raritan*, mimeo.

DE QUINCEY, Thomas (1961) "On the Knocking at the Gate in Macbeth". In Carl R. Woodring (ed.). *Prose of the Romantic Period*. Boston: Riverside Press Cambridge.

DESSEN, Alan C. (1996) "Shakespeare and the thought of his age". In Wells, Stanley (ed.). *The Cambridge Companion to Shakespeare Studies*, Cambridge: CUP.

ELTON, W. R. (1996) "Shakespeare and the thought of his age". In Wells, Stanley (ed.). *The Cambridge Companion to Shakespeare Studies*, Cambridge: CUP.

LIPOVETZKY, Gilles (s/d) "Violências selvagens, violências modernas". *A Era do Vazio*. Lisboa: Antropos.

SHAKESPEARE, William (1989) *Macbeth*. Tradução de Manuel Bandeira. São Paulo: Brasiliense.

_____ (1967) *Macbeth*. G. K. Hunter (ed.) London: Penguin.

_____ (1989) *Romeo and Juliet*. Essex: Longman.

_____ (1990) *The Tragedy of Hamlet, Prince of Denmark*. Essex: Longman.

_____ (1995) *Julius Caesar*. New Swan Shakespeare Advanced Series. H. M. Hulme, Ph.D. (ed.). Essex: Longman.

KOTT, Ian (1988) "William Shakespeare: Rey Lear". *Teatro* (37). Buenos Aires: Revista do Teatro Municipal General San Martin.

As primeiras estrelas shakespearianas nos céus do Brasil: João Caetano e o teatro nacional

José Roberto O'Shea

Iniciando com uma breve discussão sobre o estrelato na Itália e seus reflexos na Inglaterra, o presente ensaio identifica encenações da dramaturgia shakespeariana, com efeito, freqüentemente, a partir de Jean-François Ducis no Rio de Janeiro oitocentista, com destaque para o célebre ator-empresário João Caetano dos Santos, figura que esteve no centro da atividade dramática brasileira, pelo menos, ao longo de três décadas (1835-1863) e, segundo consta, o primeiro "ator shakespeariano" brasileiro a atuar como Hamlet e Otelo, profissionalmente. Em última análise, o ensaio procura testar a hipótese de Caetano ter sido, também, o preceptor de um teatro verdadeiramente nacional.

1. O "estrelato" em Shakespeare: da Itália para o mundo

Conforme Dirk Delabastita e outros têm demonstrado, auxiliados por circunstâncias tecnológicas, comerciais e estéticas, aliadas ao culto do intérprete genial e ao estilo romântico de atuação, atores, i.e., "estrelas" italianas formadas no *habitat* da ópera, em muito favoreceram o fortalecimento da reputação de Shakespeare como gênio dramático "universal". Na verdade, o sucesso de óperas italianas (e balés) compostas ao longo do século XIX que abordavam peças shakespearianas contribuiu de modo marcante para o estabelecimento de uma cultura teatral em torno de Shakespeare, na Itália e fora dela (Klein e Smith, 1994).[1] No cenário brasileiro, a ópera *Hamlet*, de Ambroise Thomaz, foi a obra selecionada para inaugurar o Teatro Municipal de São Paulo, em 1911, trazendo o grande Titta Ruffo no papel-título (Gomes, 1960:22). Sem dúvida, era grande, à época, a proximidade entre teatro e ópera, uma vez que ao uso que o teatro falado fazia da música, do balé e das cenas com elevado número de extras bastaria acrescentar-se o canto, para que as produções se tornassem, literalmente, operáticas (Jackson, 1996:117). Vale lembrar que as grandes dimen-

---

[1] Delabastita arrola exemplos: *Gli Equivoci*, de Storace; *Giulietta e Romeo*, de Zingarelli; *Falstaff*, de Salieri; *Otello*, de Rossini; *Amleto*, de Mercadante; *Capuletti e Montecci*, de Bellini; *Anna Bolena*, de Donizetti; *Macbeth*, *Otello* e *Falstaff*, de Verdi.

sões de muitos teatros da época exigiam interpretações histriônicas, que captassem e mantivessem a atenção dos espectadores localizados a grande distância do palco. Após ser reconstruído, em 1782, o Theatre Royal at Covent Garden, por exemplo, abrigava 2.000 espectadores; dez anos mais tarde, uma reforma aumentaria a capacidade do teatro para 3.000 pessoas. E quando o Drury Lane foi reconstruído, em 1794, o auditório comportava 3.500 espectadores (ambos foram destruídos pelo fogo, em 1808-09) (Bate, 1996:101).

A partir da segunda metade do século XIX, o teatro shakespeariano beneficia-se do fenômeno do estrelato, que promove atores como Adelaide Ristori (Lady Macbeth), Sarah Bernhardt (Hamlet), Ernesto Rossi (Hamlet, Macbeth, Lear, Coriolano, Shylock, Romeu), Tommaso Salvini (Hamlet, Lear e um Otelo que mereceu de Henry James uma comparação com Garrick). Temporadas por toda a Europa, pela América do Norte e pela América do Sul refletem e abonam o *status* de celebridade desses atores italianos, que, mesmo fora da Itália, falavam suas partes em italiano, em versões bastante cortadas que acentuavam o papel – e mesmo a personalidade – do protagonista.

Na Inglaterra, o culto ao ator excepcionalmente talentoso logo desponta, associado a avanços tecnológicos no teatro e ao estilo romântico de atuação. Nesse processo, destaca-se o grande David Garrick (1717-79), ator-empresário que estréia em Londres em 1741, no papel de Ricardo III, de Shakespeare, em adaptação de Colley Cibber. Garrick consolidaria seu estrelato com base em uma série de interpretações de heróis trágicos shakespearianos; seu impacto no teatro inglês setecentista é tamanho que, mais tarde, o período denominar-se-ia "A Era de Garrick". Com efeito, antes dele, nenhum outro ator-empresário atingira *status* artístico tão elevado; nenhuma outra figura do mundo teatral fora tão freqüentemente retratada em telas. O sucesso de Garrick é imediato e imenso, e William Hogarth imortaliza o Ricardo, de Garrick, assombrado por fantasmas, no acampamento, às vésperas de Bosworth (talvez, a imagem teatral do século XVIII mais celebrada e reproduzida). Nos anos seguintes, a celebridade de Garrick é estabelecida nos papéis de Rei Lear, Hamlet e Macbeth. Quando ele se torna gerente do Drury Lane, seu triunfo, como ator, já estava firmado, e fora conquistado com base em suas representações dos heróis trágicos shakespearianos (Holland, 1996:71). Na verdade, tendo alcançado uma posição preeminente no teatro inglês, Garrick declara sua "loucura por Shakespeare"[2] e associa seu *status* a Shakespeare, afinal, "a figura que fora a fonte de sua fama e à qual seu nome permaneceria sempre ligado" (ibidem, p.69).[3] O

---

[2] Todas as traduções de citações são de minha autoria.

[3] Vide, por exemplo, a gravura Garrick ao *Lado do Busto de Shakespeare*, feita a partir de um retrato pintado por Thomas Gainsborough.

epítome do comprometimento de Garrick com Shakespeare foi, sem dúvida, o momentoso Jubileu de 1769, como se sabe, infelizmente, arruinado pelo mau tempo, acarretando grande perda financeira para o ator.[4]

Especialmente quanto a Shakespeare, o estilo de atuação de Garrick é considerado inovador, introduzindo um decisivo rompimento com a tradição. Embora cortasse drasticamente os textos das peças,[5] Garrick reverteu a tendência favorável à adaptação, à reescritura, em voga em Londres desde a Restauração, e trabalhava incansavelmente, explorando versões sucessivas de um mesmo texto (ibid., pp.71-72).

A partir do início do século XIX, surge uma série de estrelas em Londres, invariavelmente associadas ao teatro shakespeariano, como John Philip Kemble e sua irmã Sarah Siddons; Eliza O'Neill; Edmund Kean; William Charles Macready; Henry Irving; Ellen Terry; etc. Para muitos praticantes de teatro, o estilo operático, personalizado, de atuação parecia artificial. Ainda no início do século XIX, Charles Lamb queixa-se de que o carisma pessoal de Kemble e Siddons interferia na empatia a ser estabelecida entre público e personagem (Bate, 1996:93). Para William Hazlitt, a limitação de Kemble devia-se ao fato de o seu estilo originar-se na arte, e não na natureza; nas palavras de Bate, "ao fato de ser classicamente polido, não romanticamente empático" (ibidem, p.94). Ainda segundo Hazlitt, a identificação pessoal entre ator e papel devia constituir um modelo – não uma distração – no processo de identificação entre público e papel, e, no entender de Hazlitt, apenas três atores em seu tempo haviam alcançado esse ideal: a própria Sarah Siddons, Eliza O'Neill e Edmund Kean, todos passíveis de serem classificados como "atores românticos" (ibid., pp.93-94).

Um levantamento do repertório shakespeariano apresentado nos teatros Covent Garden e Drury Lane na temporada de 1818-19 revela, claramente, a importância do estrelato na indústria dramática inglesa do século XIX. Drury Lane encenou as seguintes peças: *Romeo and Juliet*, *Othello*, *Richard III*, *Macbeth*, *Hamlet*, *1 Henry IV*, todas veículos para a grande estrela do referido teatro: Edmund Kean (ibid., p.97). Ao que parece, após a aposentadoria de Kemble, o

---

[4] Na temporada de verão de 2001, a Royal Shakespeare Company apresentou o espetáculo *Jubilee*, de autoria de Peter Barnes e dirigido por Gregory Doran. Na visão de Barnes, antes do século XVIII, Shakespeare era um poeta esquecido, mas David Garrick revitaliza a reputação do dramaturgo, estabelece a indústria da bardolatria shakespeariana e "põe Stratford-upon-Avon no mapa".

[5] Um *Hamlet* por ele encenado em 1772 foi destituído de todo o quinto ato, reduzindo a 60 linhas as mais de 800 linhas relativas ao trecho que vai da última saída de cena de Ofélia ao final da peça, o que significa deixar de fora os coveiros, o enterro de Ofélia e o duelo (Holland, 1996:72).

Covent Garden vê-se diante do problema de encontrar um rival à altura de Kean, e recorre – em vão – a Charles Mayne Young, sucessivamente, nos papéis de Macbeth, Otelo e Bruto; em seguida, o Theatre Royal lança William Charles Macready, nos papéis de Hotspur e Ricardo III, e ao longo da década de 1820 Macready se estabelece como a nova presença dominante nos palcos londrinos, apropriando-se de algumas das técnicas românticas de Kean, como as modulações vocais e o tempo, as pausas dramáticas, de certo modo, domesticando a "selvageria" de Kean (ibid., p.98).

A partir da década de 1830, o teatro britânico é dominado por atores-empresários, e as peças shakespearianas passam a ser apresentadas em produções extremamente elaboradas (o chamado realismo pictórico), sendo seus textos adaptados (*sotto voce*, cortados) para satisfazer às exigências das novas especificidades de encenação e destacar, o máximo possível, a atuação da estrela da companhia. Na definição de Jackson, o ator-empresário vitoriano era "um artista cada vez mais competente na conjunção dos elementos disponíveis, em favor de sua própria visão artística" (ibid., p.112). O ator-empresário parece a versão à la Kemble do ator-protagonista: diligente, culto, aplicado, suplantando o modelo instável, insubordinado, cujo exemplo máximo é Edmund Kean (ibid.). Em que pese o culto à personalidade, na maioria dos casos, os atores-empresários britânicos buscavam a ampliação e a melhoria do repertório dramático, e a realização cênica do que eles consideravam um efeito pictórico adequado (Jackson, 1996:114-15).

2. Estrelas shakespearianas no céu do Brasil

Estrelas shakespearianas (ou "pseudo"-shakespearianas) brilharam no Brasil a partir da terceira década do século XIX, quando o teatro shakespeariano passa a ser divulgado entre nós, em português, castelhano e italiano, quase sempre por intermédio de adaptações francesas, especialmente via Ducis, trazidas por atores portugueses, espanhóis e italianos. Os primeiros registros de produções "pseudo"-shakespearianas entre nós remontam a 1835, um *Julieta e Romeu* e um *Coriolano em Roma*. No entanto, também em 1835, João Caetano nos apresentou um *Hamlet* shakespeariano; em 1837 o mesmo ator encenou *Otelo*, e, em 1838, atuou em *Shylock ou A Terrível Vingança de um Judeu* (baseado em *Shylock*, de Alboise e Du Lac); em 1840, Caetano fez *Hamlet*, e em 1843, *Macbeth* (estas duas nas versões de Ducis) (Gomes, 1960:13-14).[6]

---

[6] Mais adiante, o trabalho de Caetano em papéis-títulos shakespearianos voltará a ser comentado.

Uma das primeiras encenações de *Otelo* no Brasil ocorreu em 1838, por uma companhia espanhola em viagem de retorno à Europa, vinda da Argentina. Em 1843, a peça foi novamente encenada por um grupo espanhol, no Teatro de São Pedro de Alcântara, no Rio de Janeiro, em ambos os casos se tratando da adaptação de Ducis. Em 1886, duas companhias portuguesas visitaram o Brasil: a de Álvaro Filipe Ferreira trouxe-nos um *Otelo* e, no ano seguinte, Eduardo Brazão atuou em *Hamlet* e *Otelo* (Gomes, 1960:21).

Em 1871, a companhia italiana de Ernesto Rossi chega ao Rio de Janeiro pela primeira vez, trazendo um grande repertório de tragédias, inclusive shakespearianas. A primeira a ser encenada foi *Otelo*, seguida de *Romeu e Julieta*, *Hamlet* e *Macbeth*. Apesar da celebridade da estrela italiana, a primeira temporada brasileira de Rossi não foi um sucesso de bilheteria. O célebre italiano não foi capaz de atrair o grande público que, à época, fluía para o famoso Alcazar Lyrique, para assistir aos espetáculos de cancã. O Otelo de Rossi foi mal recebido devido aos mesmos "excessos românticos" que levaram Caetano a ser severamente criticado.[7] Ainda em 1871, Tommaso Salvini veio ao Brasil, encenando um Otelo e um Hamlet que causaram mais impacto e mereceram mais elogio do que as respectivas interpretações de Rossi (ibidem, pp.17-20).[8]

Apesar do grande sucesso de Salvini, em 1879, é Rossi que volta ao Brasil, trazendo *Otelo*, *Romeu e Julieta*, *Hamlet*, *Macbeth*, *Ricardo III*, *Coriolano*, *O Mercador de Veneza* e *Rei Lear*. Em 1882, a companhia de Giacinta Gualteri apresentou-nos a primeira mulher atuando no papel de Hamlet (a segunda seria Sarah Bernhardt, em 1905) (ibid., pp.20 e 22).[9] E, em 1887, Giovanni Emmanuel causa tamanho impacto em São Paulo com seu Otelo, que Olavo Bilac, aos 22 anos, escreve um inflamado soneto, em francês, celebrando a "*mémoire sublime*" do *Othelo vivant* encenado por Emmanuel.[10] Foi grande o

---

[7] Uma charge da época, de autoria de Ângelo Agostini, retrata Rossi, caracterizado de Otelo, sapateando, furiosamente, sobre o corpo de uma de suas vítimas (Gomes, 1960:18).

[8] O talento superior de Salvini foi corroborado cinco anos mais tarde, em 1876, quando ele e Rossi atuaram na Inglaterra, onde o Otelo de Salvini fez tanto sucesso que o italiano teve de repetir a atuação trinta vezes em uma mesma temporada (Gomes, 1960:19-20).

[9] Segundo Faria, Bernhardt estivera no Brasil duas vezes, em 1886 e 1893 (2001:180).

[10] O soneto merece citação integral:
Être surnaturel, féroce et noir fantôme,
Je l'avais vu passer jusqu'alors... Maintenant,
Tu me le fais comprendre: Othelo est un homme...
Eh bien! J'ai rencontré mon Othelo vivant!
Ah! J'aime comme toi! Je sens ta jalousie,
Et ma bouche rougit quand je t'entends rougir!
Et puisque j'ai vécu un moment de ta vie,
Merci! tu peux partir! et moi... je peux mourir!

estrelato de Emmanuel entre nós, e ele se tornou o ator estrangeiro que mais visitou o país no século XIX, tendo chegado até Belém e Manaus, no auge do ciclo da borracha (ibid., pp.21, 131-32). Em 1891, a companhia de Andrea Maggi se apresenta no Rio de Janeiro; em 1894, é a vez da de Enrico Cuneo; em 1895, a de Ermete Novelli. De maneira que, entre 1871 e o final do século, oito companhias teatrais italianas estiveram no Brasil, totalizando dez temporadas, sempre encenando peças de Shakespeare, embora, como vimos, freqüentemente via adaptações de Ducis.

3. João Caetano (1808-63)

João Caetano dos Santos nasceu no Rio de Janeiro em 27 de janeiro de 1808, filho de um capitão de ordenanças de D. João VI. Quando jovem, Caetano teve pouca educação formal. Mais tarde, foi feito cadete do batalhão do Imperador, e fez toda a campanha rio-platina. Seguindo sua vocação dramática, deixou o quartel e iniciou a carreira teatral, atuando em pequenos teatros particulares, mambembando pelo interior, atuando como galã em papéis-títulos (Azevedo, 1961:26). Em 1833, com o apoio de patronos, Caetano funda, em um teatro em Niterói, a primeira companhia dramática integrada exclusivamente por atores brasileiros (Prado, 1972:10). O ator faleceu em 1863.

Caetano era considerado o Frédérick Lemaître brasileiro, supostamente, exibindo, segundo Arthur Azevedo, "o mesmo temperamento, a mesma índole, os mesmos ímpetos e a mesma fenomenal grandeza" (ibidem, p.25). De fato, Caetano encenou no Brasil papéis celebrizados por Lemaître na França: Kean, César de Bazan e Buridan. Era também conhecido como o "Talma brasileiro", pois, tanto quanto o célebre trágico francês, Caetano devia muito da sua celebridade às imitações de Ducis (Gomes, 1960:15), ainda que, no que concerne às imitações shakespearianas de Ducis, Caetano tenha atuado apenas como Otelo e Hamlet. Com efeito, Prado identifica coincidências importantes nos repertórios de Caetano e Lemaître, totalizando 14 grandes papéis (1972:112). Em 1838, Caetano recebe seu primeiro prêmio significativo: uma medalha de ouro com a inscrição: "Ao Talma do Brasil – a fama – a glória" (ibidem, p.21).

Pars! va-t'en! Mais toujours, comme au fond d'un abîme
Brille une étoile d'or, ta mémoire sublime
Inéffaçablement brillera dans mon coeur...
Je garderai ta voix dans mon âme écrasée!
Je garderai dans mon oreille épouvantée
L'inénarrable cri de ta grande douleur.

No entanto, contrastando os repertórios de Talma e Caetano, Prado conclui que o paralelo é mais um símbolo de excelência em atuação dramática do que uma afinidade estética e estilística (ibid., p.108).

Com boa estatura, pele clara e cabelos negros, Caetano era muito elogiado por seus atributos físicos. Joaquim Manoel de Macedo descreve-o como padrão de beleza masculina:

> (...) rosto realmente belo, olhos onde radiavam todas as paixões imagináveis, formosa boca, e dentes alvejantes, iguais, e lindos, corpo perfeitamente talhado e elegante, voz (...) suave e insinuante em sereno sentimento [ou] trovão horrível em tempestades do ânimo (...) (*Ano Biográfico*, citado em Prado, 1972:106).

Para Valentim Magalhães, Caetano fora "dotado pela natureza com a formosura plástica de um hércules infante" (citado em Ferreira, 1979:61). E Décio de Almeida Prado afirma que João Caetano "exercia sobre o público [um] tipo de fascínio de natureza já quase sexual" (1972:106), mas conclui que, mais do que os atributos físicos, a personalidade e o "encanto pessoal" explicavam o magnetismo do ator (ibidem).

Estilo de atuação

Além dos atributos físicos e do carisma, o estilo romântico de atuação de João Caetano foi objeto de comentário freqüente, assim como o foram as "raízes portuguesas" de sua arte (Prado, 1972:5-20). Escrevendo sobre o trabalho do ator brasileiro em Lisboa, em 1860, o autor português Júlio César Machado afirma que "com um rasgo do (...) olhar esplêndido [Caetano] alumia, através da ação, límpidos abismos, voragens do coração humano que ninguém suspeitava" (citado em Azevedo, 1961:25). E Nazareth Menezes, em discurso pronunciado na solenidade de transladação da estátua de João Caetano, do antigo Campo da Aclamação para a Praça Tiradentes, em agosto de 1916, celebra "os grandes gestos, as mutações da máscara, a nevrose tumultuária que se desenha [em suas] feições [de grande intérprete]" (1916:8). Acima de tudo, a voz versátil do ator, supostamente, capaz de modulações que iam dos tons mais brandos aos mais estentóreos, era sempre celebrada (Prado, 1972:50 e 106).

No entanto, não só elogios recebeu o estilo de atuação de João Caetano. Para atores de orientação realista ou, mais tarde, naturalista, o trabalho de Caetano parecia demasiadamente artificial. Na opinião de Procópio Ferreira, por exemplo, Caetano era "uma estátua viva, não um ser humano", subordinando a arte à retórica:

Os gestos, a dicção, a própria maquilagem eram produtos de convenção exagerada. Compreendendo o teatro como ficção (...) tudo lhe parecia dever ser fantasiado. (...) o personagem era uma criação irreal. O intérprete ia para a cena mais preocupado com as atitudes exteriores da sua própria figura do que com a forma natural de conduzir a psicologia do seu personagem. Esse ator identificava-se com a falsidade da ação do seu herói e deixava arrastar por ela toda a sua personalidade (1979:38).

Procópio nos lembra ainda que as representações românticas, mais do que cenas humanas, eram quase *tableaux vivants*, nos quais as figuras preocupavam-se com suas poses impecáveis (ibidem). A análise de Décio de Almeida Prado, no entanto, parece mais ponderada. Caetano teria experimentado uma "renovação estilística" (1972:22-23), tendo evoluído da rigidez da atuação supostamente clássica, da monotonia da declamação, em "busca de uma nova naturalidade (...), de uma gesticulação menos hierática, mais vibrante e realista, à maneira dos atores shakespearianos ingleses" (ibidem). Mais recentemente (2001), João Roberto Faria explica o paradoxo, por assim dizer "clássico-romântico", que configura o estilo de atuação de Caetano. Em termos teóricos (se é que se pode falar em formação teórica quando se trata de João Caetano), a formação do ator foi clássica. Ele aprendera com Riccoboni, autor de *L'Art du Théâtre* (1750), e com Aristippe, autor de *Théorie de l'Art du Comédien ou Manuel Théâtral* (1826)[11], "que a interpretação devia ser equilibrada, natural, vigiada sempre pela razão e inteligência. No entanto, na prática, [Caetano] afastou-se muitas vezes do ideal clássico, deixando que os sentimentos se sobrepusessem à razão" (p.59).

Caetano e Shakespeare

Em qualquer discussão das relações de João Caetano com Shakespeare é preciso esclarecer, de início, que o argumento da parte de alguns (e.g., Pires de Almeida), como o de que o ator brasileiro teria interpretado traduções dos originais shakespearianos, não se sustenta. O levantamento feito por Celuta Gomes em jornais da época (publicado na obra *William Shakespeare no Brasil*) assim resultou: 1838, uma representação de *O Mercador de Veneza*, tradução da peça *Shylock*, de Alboise e Du Lac; 1843, uma representação de *Macbeth*, de

---

[11] Por sinal, as duas obras identificadas por Prado como fontes quase exclusivas do estudo *Lições Dramáticas*, treze lições publicadas em forma de livro por Caetano, em 1861, abordam questões como respiração, expressão facial, gesto, como andar e morrer no palco, e, naturalmente, como empregar a voz.

Ducis; 1843 e 1844, seis representações de *Hamlet*, sem menção do autor; de 1837 a 1860, vinte e seis representações de *Otelo* (citado em Prado, 1972:25). Segundo Prado, tanto no caso de *Hamlet* quanto no de *Otelo*, os textos encenados eram traduções do dramaturgo Domingos José Gonçalves de Magalhães, a partir das versões de Ducis. Prado conclui que, ao "procurarmos Shakespeare em João Caetano, acabamos por encontrar, com uma única e pouco significativa exceção, Jean-François Ducis" (ibidem).

Segundo consta, a exceção ocorreu em 1835, quando Caetano teria feito o primeiro *Hamlet* "shakespeariano" em português, em tradução de Oliveira Silva, produção que fracassou. Para Eugênio Gomes, o público brasileiro (tanto quanto o francês?) não estava preparado para lidar com a aspereza de Hamlet no trato com Ofélia, nem com a situação constrangedora entre mãe e filho, tampouco com a cena do cemitério, ao mesmo tempo lúgubre e cômica. Cinco anos mais tarde, Caetano encenaria o *Hamlet* de Ducis, e o mesmo público que rejeitara o original shakespeariano aplaudiria a imitação (Gomes, 1960:238).

Sob a influência de Gonçalves de Magalhães, Caetano, relativamente cedo em sua carreira, decide enfrentar os desafios dos papéis de Otelo e Hamlet, em traduções do próprio Magalhães, como vimos, a partir de Ducis. Embora Caetano não encenasse as peças de Shakespeare, é curioso observar que a celebridade do ator parecia, em grande parte, se dever ao seu trabalho como "shakespeariano". Para Menezes, por exemplo, com "as brilhantes interpretações das tragédias admiráveis de Shakespeare (...) o gênio [de Caetano] se patenteou assombrosamente e o palco nacional pôde, em definitivo, conquistar a mais luminosa página da sua triste e pequena história" (1916:10).

Em 1837, Caetano atuou como Otelo (versão de Ducis), com grande sucesso de público, mas não de crítica. Segundo Gomes, Caetano fez um Otelo de tez negra, fugindo à tradição cênica francesa, que, para satisfazer às expectativas da sociedade burguesa, apresentava o Mouro como sendo branco, e vestiu figurino copiado do ator africano Ira Aldrige, quando este se exibiu no Surrey Theatre (1960:16). Segundo a crítica, Caetano fez uma "caricatura de Otelo" (Prado, 1972:50), um Mouro exageradamente impulsivo e irado. A atuação provocou não apenas críticas negativas, mas serviu de inspiração à sátira e à farsa. Diversas paródias e apropriações de *Otelo* foram identificadas, como *Leonor de Mendonça*, de Gonçalves Dias, e Martins Pena escreveu a farsa em um ato *Os Ciúmes de um Pedestre* (Gomes, 1960:89-93; 97-104).

Os relatos sobre a ira do Otelo parecem sustentáveis. Na verdade, o ator parece ter "vivido" o papel do Mouro ciumento já em 1832, anos antes de tê-lo encenado pela primeira vez, em uma cena mórbida por ele próprio registrada em suas *Lições Dramáticas*:

Foi no drama *Os seis degraus do crime*[12] que eu levei a ficção à realidade, chegando quase a cometer um crime atroz na cena em que Júlio se apossa do maior ciúme por haver sido abandonado por Luíza, que aceitara o amor de um americano. (...) nesta cena atirei brutalmente a jovem atriz[13] contra o tablado, coloquei-lhe um joelho sobre o peito, e, passando-lhe os cabelos em volta do pescoço, a sufocava com todas as minhas forças proferindo em alta voz: — Morre, diabo! (1956:12)

A reminiscência é surpreendente e, sem dúvida, didática, porque, mais tarde, o próprio Caetano recorreria à sua interpretação de Otelo para exemplificar o ideal do ator dramático, no que diz respeito ao controle em cena sobre os sentimentos e as emoções da personagem. Falando de sua atuação no quinto ato do *Otelo* de Ducis, quando apunhala Hedelmonda (personagem correspondente a Desdêmona) e a atira sobre o leito, apesar de tomado pelo ciúme, desespero e cólera, Caetano se diz cioso de não machucar a companheira de palco e de deitá-la no leito de maneira decente (Faria, 2001:60).

Em outra de suas *Lições Dramáticas* (a Quarta), discutindo técnicas de inflexões de voz, Caetano explica seu método de encenação de Otelo:

(...) quando me encarreguei do papel de Otelo (...), depois de ter dado a este personagem o caráter rude de um filho do deserto, habituado às tempestades e aos combates, entendi que este grande vulto trágico quando falasse devia trazer à idéia do espectador o rugido do leão africano, e que não devia falar no tom médio da minha voz; recorri por isso ao tom grave dela e conheci que a poderia sustentar em todo o meu papel (1956:29).

Para Gomes, *Otelo*, mais do que *Hamlet*, combinava com o estilo melodramático de Caetano, e agradava às platéias brasileiras. O sucesso da interpretação que Caetano conferia a Otelo pode ser constatado pelas já mencionadas vinte e seis apresentações da peça, entre 1837 e 1860, como vimos, sempre na tradução que Magalhães fizera da versão de Ducis. Registre-se ainda que o *Otelo* de Ducis foi a peça que mais prestígio artístico emprestou a Caetano, em sua carreira teatral de mais de trinta anos (Prado, 1972:28).

Caetano e o estrelato

Embora D. Pedro V, de Portugal, em 1853, tenha conferido a Caetano a Ordem de Cristo, o ator não foi condecorado pelo imperador D. Pedro II – corria que o Imperador não se agradava da sua atuação (Azevedo, 1961:28).

---

[12] Melodrama de autoria de Nézel e Antier.
[13] Prado acredita que a atriz fosse Estela Sezefreda, companheira de Caetano à época (1972:7).

Contudo, tais rumores não parecem ter fundamento, pois, conforme argumenta Procópio, extensiva e convincentemente, o governo imperial subsidiava o ator (1979:3). Decerto, com o apoio do Imperador, e graças à iniciativa do comediante Francisco Correia Vasques (o Ator Vasques, o "Taborda Brasileiro"), pupilo e antigo amigo de Caetano, em maio de 1891, foi inaugurada uma estátua de João Caetano, em bronze, em frente à antiga Academia de Belas Artes, no Rio de Janeiro. Na célebre estátua, o trágico é imortalizado "na situação mais patética da tragédia *Oscar, filho de Ossian*, de Arnault (Azevedo, 1961:32).[14] Quando, em 1916, a estátua foi transferida para a Praça Tiradentes e posicionada em frente ao Teatro de São Pedro – mais tarde demolido, para dar lugar ao atual Teatro João Caetano –, o célebre ator foi aclamado por Nazareth Menezes, no já mencionado discurso, como "o assombroso gênio do teatro brasileiro (...), a mais perfeita, a mais legítima e a mais pura glória do teatro nacional" (1916:7).

Prado estabelece que, em 1841, João Caetano já é uma celebridade nacional (1972:21). Entretanto, ironicamente, a consagração definitiva do ator só ocorreria sete ou oito anos após a sua morte, quando da já mencionada vinda, em 1871, de Rossi e Salvini ao Rio de Janeiro, ocasião em que os mestres italianos interpretaram papéis shakespearianos (especialmente Otelo e Hamlet) outrora representados por Caetano, e o fizeram com um estilo dramático que a muitos pareceu bastante próximo da arte intuitiva do ator brasileiro, cujo estilo fora considerado exagerado por tantos de seus contemporâneos (agora, naturalmente, qualificados como "mal avisados") (Azevedo, 1961:23; Prado, 1972:188). Na verdade, o paralelo tardio entre os italianos e o colega brasileiro foi o primeiro argumento utilizado por Vasques em carta de 4 de agosto de 1883, endereçada ao Visconde de Coaracy, em que o pupilo solicita ao governo imperial a construção da estátua em honra do "grande trágico nacional" (citada na íntegra por Ferreira, 1979:226-27). Mais tarde, por ocasião da inauguração da estátua, Joaquim Nabuco invoca os referidos paralelos, assinalando que "os defeitos que seus patrícios tinham notado [no ator brasileiro] eram exatamente as grandes qualidades que admiravam por fé na Ristori, em Rossi e Salvini" (citado por Ferreira, 1979:146).

---

[14] A tragédia fora encenada por Talma, em 1796 (Prado, 1972:32). E Caetano explica o momento e comenta a sua própria performance no clímax da peça, precisamente a cena imortalizada na estátua: trata-se da "situação em que Oscar, delirante, reconhece a sua espada, proferindo estas palavras – É minha! O intervalo que eu fazia antes de falar, a expressão da fisionomia, a atitude e o gesto exprimiam com a mais perfeita verdade o horror com que Oscar se convencia de ter sido o assassino de seu melhor amigo" (*Lições*, 1956:41).

Caetano e o teatro nacional

Segundo Faria, o debate sobre a situação decadente do teatro brasileiro intensificou-se na última década do século XIX. Muitos eram os fatores apontados para a explicação de tal decadência: a falta de bons artistas, de uma escola de arte dramática, de severidade da imprensa e do público, de boas peças, a indisciplina e a "vadiagem" dos artistas e sua busca de popularidade a todo custo, a inexistência de contrato de trabalho, etc. No entanto, o que surpreende Faria é que a longa lista de problemas não inclua a presença maciça de companhias dramáticas estrangeiras no Rio de Janeiro e em outras cidades do país (2001:179). Se a estranheza de Faria procede, no que toca ao desenvolvimento do teatro nacional, as constantes visitas das grandes companhias européias surtiam duplo efeito: de um lado promoviam a vida cultural da capital do Império, que aspirava a uma condição de metrópole cosmopolita, e emprestavam charme à vida teatral no Rio de Janeiro (ibidem, p.182); de outro, ocupavam o espaço das companhias dramáticas brasileiras, prejudicadas por não conseguirem competir com as estrangeiras (ibid., p.183).

Como entender a posição de João Caetano com respeito ao surgimento do teatro nacional brasileiro? Sem dúvida, tendo organizado companhias teatrais, produzido espetáculos, construído e reconstruído teatros arrasados por incêndios, criado escolas dramáticas, Caetano foi um dos nossos primeiros atores-empresários, versão brasileira dos seus colegas ingleses e italianos. A capacidade gerencial (ou mesmo de iniciativa e improvisação) de Caetano ficou evidente durante a celebração da maioridade de Sua Majestade Imperial, D. Pedro II, em 1843. Segundo um relato da época, o governo permitiu a Caetano menos de 48 horas para preparar o espetáculo, e o ator-empresário se houve surpreendentemente bem, solenizando "com um pomposo espetáculo a maioridade de S. M. Imperial" (Dias da Mota, citado por Prado, 1972:59). Mais tarde, em 1847, a primeira grande experiência de Caetano como empresário, no Teatro de São Francisco, foi elogiada por Martins Pena (Prado, 1972:65). E quando o Teatro São Pedro ardeu em chamas pela primeira vez, em 1851 (o segundo "acidente" ocorreu em 1856), o indômito ator-empresário transferiu a companhia para o São Januário e dedicou-se à reconstrução do São Pedro, levantando recursos através de uma diligente venda de ações: os compradores adquiriam por quatro anos uma poltrona, ou um camarote, podendo revendê-los nos dias de espetáculo, com exceção de dez representações anuais reservadas em benefício do perspicaz empresário (ibidem, pp.69 e 71).

Se o *status* de grande ator-empresário é inquestionável, a tese, por alguns defendida, de que João Caetano fora o "pai" do teatro brasileiro carece de melhor sustentação. Propositadamente passando ao largo de controversas definições de nação, nacionalismo, nacionalidade, etc., antes de refletir sobre a questão da "paternidade" do teatro nacional brasileiro, quero examinar a visão empresarial do ator, no que toca ao próprio teatro, à formação de atores, ao financiamento privado e público para as artes, etc.

Já no início da carreira (1833), ainda no espírito da independência (1822), Caetano estabeleceu a já mencionada primeira companhia teatral composta exclusivamente por atores brasileiros. Porém, pelo que consta, essa companhia teve um sentido mais simbólico do que real, pois, carente de uma tradição dramática nativa, o teatro brasileiro, à época, não podia prescindir da colaboração européia (Prado, 1972:10-11). Não havendo no Brasil uma indústria teatral, o repertório de Caetano, até 1836, vinha de Portugal e da França. Na realidade, essa situação de dependência da dramaturgia européia não se alteraria muito, nem mesmo quando, em 1850, ocasião em que o governo imperial entregou ao ator-empresário a administração do Teatro de São Pedro, a última cláusula do contrato protegia autores brasileiros, exigindo que o teatro apresentasse "pelo menos três peças novas (dramas ou comédias) de composição nacional aprovadas pelo Conservatório Dramático" (citado por Prado, 1972:67).

E no final da carreira do ator, apesar de algumas tentativas pessoais e, às vezes, institucionais, *mutatis mutandis*, a condição um tanto precária do teatro nacional continua patente. Um memorial que João Caetano, pouco antes de falecer, dirigiu ao Marquês de Olinda, então Ministro do Império, instando-o a apoiar o subsídio de um teatro nacional e de uma escola de atores,[15] revela, ao mesmo tempo, a referida condição de precariedade e a avançada visão administrativa do ator-empresário. Em 1860, Caetano visitara Portugal e França e, obviamente, ficara impressionado com o que vira, especialmente no Teatro Dona Maria II, em Lisboa, e no Conservatório Real Francês, em Paris. No referido memorial, Caetano afirma ser o teatro uma "grande máquina que civiliza, instrui e entretém o povo" (Ferreira, 1979:15) e, após apresentar uma descrição desoladora das condições do teatro no Brasil, reclama uma "reforma pronta e decidida", caso contrário, o teatro nacional jamais atingiria o "grau de perfeição a que hão chegado os teatros europeus" (ibidem). Empresário experiente, Caetano lamenta que a falta, ou insuficiência, de subvenção pública torna os produtores teatrais excessivamente dependentes dos recursos angariados na bilheteria, o que muitas vezes os obriga a escusos expedientes artísticos (ibid., p.16). Exigindo mais apoio oficial, Caetano recomenda que o teatro nacional seja propriedade do Estado, que os atores da companhia nacional sejam remu-

---

[15] O memorial é citado na íntegra por Procópio Ferreira (1979:14-21).

nerados de acordo com uma escala salarial em quatro níveis, e que tenham direito à aposentadoria remunerada. Na proposta de Caetano, a sede do teatro nacional deveria ser, precisamente, o Teatro de São Pedro de Alcântara.[16] A escola de arte dramática, mantida pelo Estado, formaria a força de trabalho do teatro nacional, oferecendo aos alunos bolsas de estudo. Ainda no memorial, Caetano queixa-se de que sua iniciativa de criar uma escola não subvencionada falhara, devido à falta de alunos, que não reconheciam na atividade nenhuma possibilidade de ganhar a vida, fosse no presente ou no futuro. Diante de preocupações tão conscientes, não surpreende a pronta aceitação da hipótese de que o trabalho de João Caetano "marca o início do teatro brasileiro enquanto atividade profissional contínua" (Prado, 1972:10).

O "contra-argumento"

Para Procópio Ferreira, a exaltação à brasilidade de Caetano parece exagerada: "João Caetano não representou o Teatro Brasileiro, porque esse ainda não existia na pessoa do autor" (1979:12). Na ausência de um teatro nacional, Caetano, simplesmente, viu-se "na contingência de recorrer ao teatro estrangeiro" (ibidem). Com efeito, a formação artística do ator teria se processado através do repertório shakespeariano e de outros atores estrangeiros (ibid., p.13). E mais, ainda segundo Procópio, Caetano representava para "o escol intelectual e palaciano (...) [que] não era o povo brasileiro, não era a multidão" (ibid., p.12). Estabelecendo um contraste com a situação lastimável do teatro brasileiro na segunda metade do século XIX, ao menos, de acordo com o memorial escrito por Caetano, Procópio argumenta que o tablado nacional vivenciou um grande avanço com o advento de um ator mais jovem do que Caetano e praticante de outro gênero dramático. Trata-se do já mencionado comediante Francisco Vasques (ibid.,p.21). Na opinião de Procópio, o trabalho do Ator Vasques é o divisor de águas entre o teatro romântico, aristocrático e estrangeiro de João Caetano e o desenvolvimento de um teatro natural, popular e nacional. Para Vasques, que trabalhava quase exclusivamente em comédias de dramaturgos nacionais, o ator não é um boneco, e o personagem é sempre humano.

---

[16] A história do São Pedro está diretamente relacionada às vicissitudes da política nacional. Construído em 1813 sob a égide de D. João VI, o teatro foi, inicialmente, "batizado" em homenagem ao seu primeiro patrono: Real Teatro de São João; quando o teatro foi reconstruído em 1826, depois de ser destruído pelo fogo em 1824, um novo patrono (na verdade, um novo governante) foi homenageado, D. Pedro I: Teatro de São Pedro de Alcântara; após a abdicação de Pedro I, em 1831, o teatro foi imediata e devidamente "re-batizado": Teatro Constitucional Fluminense, de acordo com o ethos liberal (Prado, 1972:53). Como já foi dito, atualmente, o moderno teatro construído onde outrora existira o São Pedro chama-se João Caetano.

Defendendo a visão de Vasques, Procópio afirma que "interpretar é humanizar, e não fantasiar, como compreendiam os atores românticos" (ibid., p.39), e destaca Vasques como o criador da escola naturalista no Brasil (ibid., p.43).[17]

O cerne do argumento de Procópio, vale lembrar, é que, à época de Caetano, o teatro brasileiro era incipiente, carecendo de grandes atores (além do próprio Caetano) e autores, e que o teatro nacional buscava emancipar-se da arte convencional, aristocrática de Caetano, mais admirada pelas elites do que pelas massas (ibid., p.36). Nessa ótica, o grande público, na verdade, não compreendia o trabalho do ator, e de sua arte aplaudia tão-somente "o vigor dos arroubos violentos nos gritos impressionantes das tragédias" (ibid., pp.36-37). A multidão não admirava em Otelo o ciúme, mas o punhal; não admirava em Hamlet a dúvida, mas o amante desgraçado (ibid., p.37). Concluindo sua argumentação, Procópio propõe que o grande público brasileiro jamais tolerou o que ele chama de "teatro importado", i.e., produções dramáticas de caráter meramente literário, que não correspondem ao nosso panorama moral, social e mental (ibid., p.155), e reitera a hipótese de que o trabalho do Ator Vasques na comédia, e não o de João Caetano na tragédia, foi crucial para o estabelecimento de um teatro verdadeiramente brasileiro.

Há quem discorde de Procópio. Destacando a elogiada atuação de Caetano na comédia *Roberto Macario*, Décio de Almeida Prado afirma que a posteridade parece ter ignorado o gênio cômico do referido ator, "talvez para não lhe empanar a glória dramática" (1972:91). O mesmo estudioso põe em dúvida o suposto elitismo de Caetano, lembrando que, a partir de 1845, à medida que aumentam os encargos comerciais e as responsabilidades empresariais do ator, todos os sucessos de bilheteria por ele produzidos têm, de certo modo, natureza *popular* (ibidem, p.88). Contudo, embora defendendo o talento cômico e a dimensão popular do trabalho do ator, Décio de Almeida Prado conclui que a participação de João Caetano no desenvolvimento do teatro brasileiro não deve ser medida pelo número reduzido de textos dramáticos nacionais por ele produzidos, mas pelo número elevado de peças que ele deixou de encenar, seja como ator ou empresário (ibid., pp.122, 127 e 132).

Em 1900 (quase 40 anos após a morte de Caetano), Arthur Azevedo, talvez o mais nacionalista dos críticos, enuncia uma condenação: "Pode-se mesmo dizer que ele antipatizava com as peças nacionais, embora recebesse uma subvenção do Estado para representá-las de preferência às estrangeiras" (citado

---

[17] O trabalho de Vasques como *autor* de comédias também merece destaque. Sua peça de maior sucesso foi uma paródia de *Orphée aux enfers*, de Offenbach, intitulada *Orfeu na Roça*, que estreou em 31 de outubro de 1868 e se manteve em cena por cem representações consecutivas (Procópio, 1979:97 e 165).

por Prado, 1972:137). É preciso registrar, porém, que o primeiro "ator shakespeariano" brasileiro não se restringiu a papéis supostamente shakespearianos (videlicet Ducis), tendo interpretado uma pletora de personagens, seja de criação de outros autores europeus, ou de (alguns) dramaturgos brasileiros. Deixando de lado questões de paternidade, em última análise, sem sombra de dúvida, o então crescente nacionalismo brasileiro tornou-se mais autoconsciente, no que diz respeito ao teatro, à dramaturgia e à atuação, em conseqüência do trabalho de Caetano. Postumamente garantindo para si uma posição ao lado das grandes estrelas brasileiras que brilharam no céu do país no século XIX, João Caetano dos Santos entra para a história do teatro nacional como o primeiro grande ator-empresário, a primeira grande estrela *brasileira*.

Referências bibliográficas

AZEVEDO, Arthur (1961) "João Caetano". *Revista do Teatro*. Julho-Agosto, pp. 25-32.

BATE, Jonathan (1996) "The Romantic Age". In Jonathan Bate e Russell Jackson (eds.) *Shakespeare: An Illustrated Stage History*. Oxford: OUP, pp. 92-111.

BRAGA, Rubem (1984) "João Caetano não estudou anatomia". *Jornal do Comércio*. Rio de Janeiro, 18 nov.

CAETANO, João (1956) *Lições Dramáticas*. Ministério da Educação e Cultura. Serviço de Documentação. Rio de Janeiro: Departamento de Imprensa Nacional.

DELABASTITA, Dirk (no prelo) "Shakespeare Translations in Romance-Language Countries in the 19th and 20th Centuries". *Handbuch Übersetzungswissenschaft*.

FARIA, João Roberto (2001) *Idéias Teatrais: o Século XIX no Brasil*. São Paulo: Perspectiva/Fapesp.

FERREIRA, Procópio (1979) *O Ator Vasques*. Coleção Memória. Segunda Edição. Rio de Janeiro: Serviço Nacional de Teatro.

GOMES, Eugênio (1960) *Shakespeare no Brasil*. Rio de Janeiro: Ministério da Educação e Cultura.

HOLLAND, Peter (1996) "The Age of Garrick". In Jonathan Bate & Russell Jackson (eds.). *Shakespeare: An Illustrated Stage History*. Oxford: Oxford UP, pp. 69-91.

JACKSON, Russell (1996) "Actor-Managers and the Spectacular". In Jonathan Bate & Russell Jackson (eds.) *Shakespeare: An Illustrated Stage History*. Oxford: Oxford UP, pp.112-27.

"João Caetano, homem de teatro". *Jornal do Brasil*. Rio de Janeiro. 12/9/72.

KLEIN, Holger & SMITH, Christopher (eds.) (1994) *The Opera and Shakespeare. Shakespeare Yearbook* 4. Lewiston/Queenston/Lampeter.

MENEZES, Nazareth (1916) *João Caetano*. Rio de Janeiro: Typ. Revista dos Tribunaes (sic).

NEVES, Basílio & BONFIM, Daniel (1978) "Ficção Jornalística: Entrevista com João Caetano". *Revista do Teatro*. Maio-Junho-Julho, pp.3-5.

PRADO, Décio de Almeida (1972) *João Caetano: o ator, o empresário, o repertório*. São Paulo: EDUSP/Perspectiva.

RAUEN, Margarida G. (2001) "Brazil". In Michael Dobson e Stanley Wells (eds.). *The Oxford Companion to Shakespeare*. Oxford: OUP, p. 54.

Resumos/Abstracts

Seriam Tamora, Créssida e Cleópatra "Riot Grrrls"?
AIMARA DA CUNHA RESENDE

As "Riot Grrrls", ou "Garotas Malvadas", formam um grupo de feministas que se rotulam de *femenistas*, visto não abdicarem de sua sexualidade, para se igualar aos homens, mas usam-na a fim de atestar sua superioridade. Faz-se, aqui, uma leitura de três heroínas shakespearianas, Tamora, Créssida e Cleópatra, numa análise comparada das mesmas com as "Riot Grrrls", identificando-se as características comuns que fazem daquelas precursoras desse *femenismo* que subverte o sistema hegemônico machista, colocando seu criador, talvez, como um antecessor dos movimentos de libertação da mulher.

Were Tamora, Cressida and Cleopatra "Riot Grrrls"?

The "Riot Grrrls", or "Bad Girls" are members of a group of feminists who label themselves *femalists*, as they do not give up their sexuality in order to equal men, but who use it, instead, to claim their superiority. This article is a reading of three Shakespearean heroines, Tamora, Cressida and Cleopatra, where a comparative analysis of these heroines and the "Riot Grrrls" identifies common characteristics that make the former appear as precursors of this *femalism* that subverts the hegemonic *macho men* system, showing their creator as a probable predecessor of the liberating women's movements.

A identidade feminina em Otelo
WILLIAM SOARES DOS SANTOS

Concebendo a leitura como um ato social, este trabalho tem como objetivo discutir a problemática da identidade social no discurso escrito enfocando, para isso, a peça *Otelo*, de William Shakespeare. O paradigma de pesquisa que conduz esta investigação é o de cunho interpretativista de caráter hermenêutico, que leva em conta que toda leitura se desenvolve em contextos e práticas específicas, com objetivos determinados. O trabalho aponta para a possibilidade de que a ação dos personagens femininos shakespearianos reflete, até certo ponto, o mundo limitado no qual a mulher elisabetana tinha permissão para transitar e evidencia a importância do discurso para a construção e manutenção da identidade feminina dependente da ideologia do patriarcado.

Feminine Identity in Othello

Conceiving reading as a social act this paper intends to discuss the problem of feminine identity in written discourse, focusing for this purpose on the play *Othello* by William Shakespeare. The research paradigm which informs this investigation is interpretive hermeneutics, which considers that reading as a whole happens in specific contexts and practices aiming at established objectives (Cf. Sarbin & Kitsuse, 1994:02). This work points to the possibility that the action of Shakespearean feminine characters reflects – to a certain extent – the limited world in which the Elizabethan woman was allowed to move herself and demonstrates the importance of discourse for the construction and maintenance of the feminine identity dependent on patriarchal ideology.

A (des)construção discursiva da megera shakespeariana: os casos de Katherine e Beatrice
RITA DE CÁSSIA MARINHO PAIVA

Segundo o modelo sociointeracional, a leitura é um processo comunicativo em que autor-leitor estão envolvidos na negociação e construção dos significados do texto, o que remete à questão do discurso. Este é apontado pelo socioconstrucionismo – ao lado de contexto, gênero e ideologia – como um poderoso instrumento de operação no social, atuando inclusive, e principalmente, na formação da identidade dos seres sociais. Atenta a isso, através da leitura de *A megera domada* e *Muito barulho por nada*, busquei observar os mecanismos que (des)constroem as identidades e cassam a voz dos dominados – aqui representados pela megera, personagem teatral e, ao mesmo tempo, figura real da sociedade elisabetana.

The Discursive (De)Construction of the Shakespearean Shrew: Katherine and Beatrice as Cases in Point

According to the socio-interactional approach, reading is a communicative process in which writer and reader are involved in the negotiation and the construction of text meanings. This refers us to the issue of discourse, which is considered by socioconstructivism – together with context, gender and ideology – as a powerful operating tool in the social sphere, contributing inclusively – and mostly – to the formation the identity of social beings. With this in mind, I have attempted to observe, in both *The Taming of the Shrew* and *Much Ado About Nothing*, the mechanisms that (de)construct the identities and silence the oppressed – here represented by the shrew, a staple drama character and, at the same time, a real figure in Elizabethan society.

Tradução e (identidade) política: as adaptações de Monteiro Lobato e o Julio César de Carlos Lacerda
JOHN MILTON AND ELIANE EUZEBIO

Este ensaio examinará diferentes aspectos das relações entre tradução e política, focalizando traduções que foram realizadas no Brasil entre 1930 e 1945, período marcado pelo governo ditatorial de Getúlio Vargas, e entre 1950 e 1954. Inicialmente, será analisada a associação entre tradução e política fiscal. Em um segundo momento, serão estudadas as traduções – ou melhor, adaptações – de *Peter Pan* e *Dom Quixote* feitas pelo escritor e editor brasileiro Monteiro Lobato. A última parte do trabalho descreverá o contexto em que o político Carlos Lacerda, governador do então Estado da Guanabara de 1960 a 1965, realizou a tradução da peça *Julio César*.

Translation and Politics: The Adaptations of Monteiro Lobato and Carlos Lacerda's Julius Caesar

This article will look at different aspects of the connection between translation and politics, concentrating on translations which were carried out during and immediately after the dictatorship of Getúlio Vargas in Brazil from 1930 to 1945, and then from 1950 to 1954. Initially, the connection between government fiscal policy and translation will be analyzed. Then the translations, or rather, adaptations, of *Peter Pan* and *Don Quixote*, by the Brazilian writer and publisher, Monteiro Lobato, will be studied. The final section of the paper will describe the situation surrounding the translation of Shakespeare's *Julius Caesar* by the Brazilian politician, Carlos Lacerda, governor of the state of Guanabara (greater Rio de Janeiro) (1960-1965).

A análise lingüística de diálogos de Shakespeare (em tradução brasileira) via implicaturas conversacionais
BEATRIZ VIÉGAS-FARIA

O trabalho apresenta uma interface entre pragmática lingüística e tradução literária; apresenta a Teoria das Implicaturas de Grice e ilustra o cálculo inferencial de sentidos implícitos do tipo implicatura particularizada com passagens de *Romeu e Julieta, A tempestade* e *Muito barulho por nada*. Para cada diálogo examinado, constrói o contexto conversacional e verifica em tradução para o português brasileiro os mesmos cálculos do texto na língua-fonte. Conclui-se que uma tradução adequada de diálogos ficcionais com implicaturas deve apresentar o mesmo cálculo inferencial que há no texto de origem, por argumento dedutivo dentro de uma lógica não-trivial.

Linguistic Analysis of Shakespearean Dialogues via Conversational Implicatures in Brazilian Portuguese Translations

This study presents an interface between linguistic pragmatics and literary translation; it presents Grice's Theory of Implicatures and illustrates the inferential calculation of implicit meanings (particularized implicatures) with passages from *Romeo and Juliet*, *The Tempest* and *Much Ado About Nothing*. The conversational context is constructed for each dialogue analyzed; it verifies in translation into Brazilian Portuguese the same calculations present in the English text. The conclusion is that an adequate translation of fictional dialogues with implicatures must present the same inferential calculation of the source-text, by deductive argument, according to a non-trivial logic.

Traduzindo o trocadilho: o humor de O mercador de Veneza *em português*
MARCIA A. P. MARTINS

Este estudo tem por objetivo analisar o tratamento dado aos trocadilhos shakespearianos identificados na peça *O mercador de Veneza* por três tradutores brasileiros: Barbara Heliodora (Nova Fronteira, 1990), Carlos Alberto Nunes (Melhoramentos, 1956) e F. Cunha Medeiros (José Aguilar, 1969). A análise foi desenvolvida em três etapas: (i) identificação dos trocadilhos no texto-fonte; (ii) localização, nos textos-alvo, das traduções de cada ocorrência de trocadilho previamente identificada; (iii) análise das estratégias tradutórias empregadas e dos efeitos gerais que estas provocaram nos diferentes produtos finais. A motivação da pesquisa foi o fato de que a análise das soluções tradutórias encontradas para os trocadilhos e jogos de palavras é especialmente interessante para os estudiosos da tradução, na medida em que tais recursos retóricos não só representam um desafio grande para os tradutores, como também permitem que estes se tornem mais visíveis e se inscrevam mais explicitamente no texto através de suas estratégias.

Translating Puns: Humor in Brazilian Portuguese Translations of The Merchant of Venice

The purpose of this study is to analyze the treatment of Shakespearean puns in *The Merchant of Venice* by three Brazilian translators: Barbara Heliodora (Nova Fronteira, 1990), Carlos Alberto Nunes (Melhoramentos, 1956) and F. Cunha Medeiros (José Aguilar, 1969). The analysis involved three steps: (i) to identify puns in the source text; (ii) to find their respective counterparts in the translations; (iii) to examine the translation strategies used and their impact on the final products. The analysis of translation strategies for puns and wordplay seems particularly interesting and revealing for Translation Studies, since such rhetorical devices, besides posing a great challenge to translators, also give them more visibility and the opportunity to inscribe themselves in the text more explicitly.

A tradução das figuras de linguagem e dos jogos de palavras: o desafio de Otelo
CRISTINA RYMER WOOLF DE OLIVEIRA

Este trabalho tem por objetivo analisar o tratamento das figuras de linguagem encontradas na tragédia *Otelo*, de William Shakespeare, e em duas traduções para o português publicadas no Brasil na segunda metade do século 20. A pesquisa e análise do *corpus* foram orientadas por uma abordagem descritivista da tradução cujo foco reside na inserção do texto traduzido no contexto sócio-histórico e cultural da língua-meta. Após a identificação, análise e classificação das figuras de linguagem e dos jogos de palavras encontrados no texto-fonte e em cada uma das traduções, foi feito um estudo comparativo das soluções tradutórias.

Translating Figures of Speech and Wordplay: Othello *as a Challenge*

The purpose of this study is to analyze the figures of speech and wordplay found in William Shakespeare's tragedy *Othello* and in its two Brazilian Portuguese versions published in the second half of the 20th century. Both the research and the *corpus* analysis were informed by a descriptive approach, which focuses on the insertion of the translated text into the social, historical and cultural context of the target language. After identifying, analyzing and categorizing the figures of speech and wordplay found both in the source text and in each translated version, the proposed translations for each occurrence were compared.

Uma reflexão sobre o tratamento da linguagem obscena em traduções brasileiras de Hamlet
NEUZA LOPES RIBEIRO VOLLET

A partir do estudo de duas abordagens diferentes à questão da linguagem da sexualidade em *Hamlet*, de William Shakespeare, em traduções brasileiras, pretendo argumentar que as diferenças de tratamento a essa questão dependem da adoção pelos tradutores de concepções diferentes sobre o autor. Adoto a concepção foucaultiana segundo a qual o nome do autor funciona como regulador dos significados atribuídos à sua obra e procuro mostrar que os significados do autor, suas condições de produção da obra e seus objetivos dramáticos não foram recuperados, mas interpretados de uma determinada perspectiva histórica, cultural e ideológica.

On the Treatment of Bawdy Language in Translations of Hamlet into Brazilian Portuguese

Having as a starting point two distinct approaches related to sexual language in *Hamlet* in Brazilian translations, I intend to argue that the differences in handling such issues depend on the translator's adopting different concepts about authorship. According to Foucault's concept, the name of the author regulates the meaning attributed to his work. Thus the author's meanings, his conditions of work writing and dramatic objectives can not be recovered. They can only be interpreted from a specific historical, cultural and ideological perspective.

A lâmina da palavra: a linguagem do horror em Macbeth
VIVIEN KOGUT LESSA DE SÁ

Este trabalho se detém sobre o potencial da linguagem shakespeariana como elemento essencial para a construção do *páthos* na própria encenação da peça. Para isso, foi usada a peça *Macbeth*, pois seu texto, apesar de altamente conciso, apresenta uma densidade de violência responsável por criar a atmosfera de horror que permeia a história. Os personagens nomeiam a violência tanto quanto a perpetram; pela linguagem eles partilham dessa violência, seja nas palavras encantatórias das bruxas, seja na cumplicidade do casal de protagonistas. Analisamos, portanto, várias maneiras como essa violência se manifesta pela linguagem na peça, constituindo o que chamamos de "linguagem de contágio", "linguagem compartilhada" e "linguagem de iminência".

The Word as Blade: The Language of Horror in Macbeth

This paper focuses on the power of the Shakespearean language as an essential element in creating the *páthos* for the performance itself. *Macbeth* was used as an example since the density of violence of its highly concise text creates the all-pervading atmosphere of horror. The characters name violence as much as they commit violent deeds; they share this violence through language, be it in the witches' spells or in the complicity shared by Macbeth and Lady Macbeth. We analyze, therefore, the various ways in which such violence is manifested through language in the play, including what we chose to call "language of contamination", "shared language" and "language of iminence".

As primeiras estrelas shakespearianas nos céus do Brasil: João Caetano e o teatro nacional
José Roberto O'Shea

Iniciando com uma breve discussão sobre o estrelato na Itália e seus reflexos na Inglaterra, o presente ensaio identifica encenações da dramaturgia shakespeariana, com efeito, freqüentemente, a partir de Jean-François Ducis no Rio de Janeiro oitocentista, com destaque para o célebre ator-empresário João Caetano dos Santos, figura que esteve no centro da atividade dramática brasileira, pelo menos, ao longo de três décadas (1835-1863), e, segundo consta, o primeiro "ator shakespeariano" brasileiro a atuar como Hamlet e Otelo profissionalmente. Em última análise, o ensaio procura testar a hipótese de Caetano ter sido, também, o preceptor de um teatro verdadeiramente nacional.

Early Shakespearean Stars in Brazilian Skies: João Caetano and the National Theater

Starting with a brief discussion about stardom in Italy and its reflections on England, this article reviews performances of Shakespearean drama, which were often based on French translations by Jean-François Ducis, in nineteenth-century Rio de Janeiro. It places special focus on the famous actor-manager João Caetano dos Santos, a spearhead in the Brazilian theatre for at least three decades (1835-1863) and the first known Brazilian "Shakespearean actor" to play Hamlet and Othello professionally. Ultimately, this article attempts to test the hypothesis that Caetano was also the founder of a truly national theatre.

Editora Lucerna® e **Editora Zeus®**
são marcas registradas da **Editora Y.H. Lucerna Ltda.**

Visite nossa página na Internet
WWW.LUCERNA.COM.BR

Este livro foi impresso na gráfica Sermograf
R. São Sebastião, 199 – Petrópolis – RJ
em junho de 2004 para a
Editora Lucerna